SE NOURRIR
L'ALIMENTATION EN QUESTION

38, rue Rantheaume
BP 256, 89004 - Auxerre Cedex
Tel. : 03 86 72 07 00/Fax : 03 86 52 53 26
ISBN = 978-2-912601-82-7

SE NOURRIR
L'ALIMENTATION EN QUESTION

Sous la direction de
MICHEL WIEVIORKA

LES ENTRETIENS D'AUXERRE

Éditions
SCIENCES HUMAINES

Les Entretiens d'Auxerre

Chaque année, les Entretiens d'Auxerre rassemblent autour d'un thème important des personnalités compétentes, françaises ou étrangères, et tous ceux qui désirent participer à un débat de qualité, accessible et ouvert. Les entretiens se veulent résolument pluridisciplinaires et mobilisent l'histoire, la philosophie, l'économie, la sociologie, et, plus largement, les sciences humaines, sans exclure les sciences exactes et la littérature.

La définition du contenu des Entretiens est confiée à un comité scientifique présidé par Michel Wieviorka. Leur mise en œuvre est assurée par le Cercle Condorcet d'Auxerre et la Ligue de l'enseignement de l'Yonne.

Thèmes déjà traités :

- *L'Avenir de l'islam en France (2002)*
- *L'Empire américain (2003)*
- *La Laïcité (2004)*
- *Disposer de la vie, disposer de la mort (2005)*
- *Douce France ? (2006)*
- *Nos Enfants (2007)*
- *Se nourrir (2008)*

Introduction

Michel Wieviorka

« Se nourrir, manger », voilà qui évoque, pour un sociologue, ce que Marcel Mauss appelait un « fait social total », un fait qui conjugue en lui seul toutes sortes de dimensions. Il lui faudra donc envisager un grand écart intellectuel afin d'examiner, dans le fait de manger, tout à la fois ce qu'il y a de plus personnel, de plus intime et de plus subjectif, et ce qu'il y a de plus mondial – la géopolitique de l'alimentation, les injustices et inégalités planétaires en la matière, par exemple, ou bien encore les jeux économiques des grandes entreprises du secteur. Et, entre les deux, tout ce qui structure le fait de manger ou de se nourrir à l'échelle d'un pays, d'une région, d'une ville, d'un groupe humain délimité, que ce soit en termes culturels, sociaux ou politiques.

Non seulement nous sommes confrontés à des questions susceptibles de mobiliser toutes les sciences humaines et sociales, mais de plus, nous sentons bien qu'il nous faut aller à leurs frontières, et même les transgresser, pour examiner aussi ce qu'en disent la médecine et les sciences plus exactes, les sciences de la nature, la biologie, la chimie. Je pense ici à la façon dont la gastronomie s'empare de la chimie ou s'en approche pour proposer des recettes inédites, des modes de cuisiner nouveaux, ce que Hervé This appelle la cuisine moléculaire, et que mettent en pratique des grands chefs comme Pierre Gagnaire.

Nous devons également envisager des questions d'ordre moral ou éthique qui révèlent d'emblée le caractère ambivalent ou ambigu de notre questionnement. N'y a-t-il pas quelque chose d'obscène à nous préoccuper de la faim dans le monde, des famines, des problèmes de subsistance, et dans le même temps, à traiter de la nourriture comme un fait de culture, et même, avec la gastronomie, de haute culture, à l'associer au plaisir, au désir ? N'est-il pas insoutenable de constater que la sous-nutrition et la faim affectent des millions d'humains, tandis que nos sociétés déploient d'intenses efforts pour éviter les conséquences de leurs excès alimentaires : lutter contre le cholestérol, ne pas grossir, nous conformer à des idéaux de minceur, mais aussi combattre l'anorexie – ce qui nous rappelle que la santé et l'alimentation non seulement sont indissociables, mais sont aussi fonction de la culture, des représentations, et des messages diffusés par la publicité et les médias ? Une charte a d'ailleurs été signée le 9 avril 2008 à Paris, dans laquelle des professionnels de la mode, des médias et de la communication s'engagent à faire évoluer les représentations et les comportements relatifs à l'image du corps et en particulier à agir contre les modèles de l'extrême maigreur.

Il existe enfin des enjeux structurels qui exigent une réflexion sur la longue distance et qui, en même temps, varient considérablement avec l'actualité.

D'un côté, nous pouvons nous intéresser à l'alimentation, en général, et par exemple à la place qu'elle occupe dans la modernité contemporaine, à la consommation de masse, avec ses dérives dans l'excès qui deviennent ou risquent de devenir structurelles : l'obésité, fléau qui atteint les jeunes de familles pauvres dans les sociétés d'abondance (moins en France qu'ailleurs néanmoins), ce qui n'empêche pas qu'elle soit source de profits pour les industries que Paul Campos, dans un livre à scandale (*The Obesity Myth. Why America's Obsession with Weight is Hazardous to your Health*, 2004) appelle les « *dieting industries* », qui prospèrent en vendant des régimes, et plus largement la « mal bouffe » dont se sont saisis certains courants de l'écologie politique ; et cette autre pathologie qu'est l'anorexie, cette tyrannie de la minceur extrême.

D'un autre côté, nous sommes fréquemment soumis à une actualité qui envahit les médias et met momentanément l'accent sur un problème particulier : la « vache folle », la « fièvre aviaire », par exemple, qui nous rappellent le caractère parfois mondial des grands problèmes alimentaires, mais aussi le scandale du lait frelaté en Chine, qui est une affaire interne à ce pays – de nombreux commentaires soulignant néanmoins que même s'il n'y a pas eu d'exportation de ce lait, ce qui caractérise l'économie chinoise est aussi l'importance de son commerce avec le reste du monde.

La contestation, lorsqu'elle porte sur des enjeux liés à l'alimentation, porte la marque de ces contradictions. D'une part, des mouvements de consommateurs veulent moderniser leur alimentation, manger sain, biologique, faire preuve de raison, préserver aussi l'avenir, penser en termes de développement durable, et pas seulement en fonction de leur seule existence. Ils refusent la manipulation de leurs besoins, s'informent, comparent, réfléchissent à ce qu'ils mangent, se constituent en groupes de pression. Et d'autre part, on l'a vu au printemps 2008, des marches et des émeutes de la faim nous indiquent que dans le monde entier, le problème peut être celui de la survie, et non pas de la modernisation de l'alimentation.

Individus et sociétés

Dans son livre *L'Homnivore*[1], Claude Fischler souligne un paradoxe : l'être humain, lorsqu'il mange, le fait pour répondre à une exigence biologique fondamentale, vitale, qui est commune à tous les humains. Mais en tant qu'être social, et omnivore, il passe de l'unité anthropologique – je dois me nourrir – à la diversité culturelle – je me nourris de mille et une façons, selon mon groupe social, comme l'avait rappelé Pierre Bourdieu dans *La Distinction*[2], mais aussi selon la culture de mon pays, selon aussi celle

1/Odile Jacob, 1990.

2/Minuit, 1979.

de mon temps, car l'évolution peut être considérable, ce qui alors nous éloigne des thèses de Pierre Bourdieu. Je note ici, au passage, qu'Émile Durkheim ne nous aide pas à trancher dans ce paradoxe, puisque dans *Les Règles de la méthode sociologique* (1894), il affirme d'abord que « chaque individu boit, dort, mange (…) si donc ces faits étaient sociaux, la sociologie n'aurait pas d'objet qui lui fût propre et son domaine se confondrait avec celui de la biologie et de la psychologie », mais qu'un peu plus loin, quand il s'agit pour lui de donner des exemples de faits sociaux, il évoque le boire et le manger à propos de l'enfant que nous « contraignons à manger, à boire à des heures régulières ».

Ce que nous mangeons, la façon dont nous mangeons varie considérablement, d'un pays à un autre, au point de fournir toutes sortes de stéréotypes nationaux plus ou moins fondés : les Français, par exemple, mangent des grenouilles et règlent leurs affaires importantes à table, ce qui n'est pas le cas des Américains, et ces derniers pensent en termes de santé là où les Européens pensent d'abord au plaisir de manger – je renvoie ici à la passionnante enquête de Claude Fischler comparant les attitudes envers l'alimentation, le corps et la santé, conduite en France, en Italie, aux États-Unis, en Angleterre, en Suisse et en Allemagne, publiée sous le titre *Manger. Français, Européens et Américains face à l'alimentation*[3].

À partir de là, d'importantes questions se posent. La première est celle de la culture, et plus exactement, de sa reproduction. Pouvons-nous accepter l'idée que nos façons de manger se reproduisent pour rester fidèles à des habitudes, comme si nous mangions ce que nos parents, dans notre culture d'origine, nous ont appris à manger ? Il est vrai que les ethnologues montrent que ce qui subsiste le plus longtemps, chez les migrants, de leur culture d'origine, c'est précisément leurs habitudes alimentaires ; pour le reste, ils s'assimilent ou en tout cas s'intègrent. Mais ne devons-nous pas plutôt admettre que nos modes d'alimentation évoluent considérablement dans le temps, y compris pour une même personne ?

3/ Odile Jacob, 2007.

Et si oui, à qui, à quoi devons-nous ces changements ? Aux industries alimentaires, à la recherche, qui nous proposent de nouveaux produits ? Au marketing, à la publicité qui manipulent nos besoins, nous invitent à consommer des marques, c'est-à-dire des symboles, nationaux ou étrangers, à commencer alors par ceux qui renvoient à la culture américaine – Coca Cola, McDonald's ? À l'ouverture des marchés, à la globalisation économique qui fait circuler intensément les produits et les modes de consommation, mais aussi les individus et les groupes, ce qui fait que nous trouvons sur nos marchés, ou plutôt dans nos centres commerciaux, des produits venus du monde entier et en toute saison, ou que nous apprenons à aimer, par le tourisme ou la migration, des plats que nous ignorions, des produits que nous ne consommions pas ? L'histoire de la pizza, telle qu'elle est relatée par Franco La Cecla (*Pasta and Pizza*[4]) est ici paradigmatique : ce plat est d'abord celui de l'Italie du Sud, elle gagne le Nord avec Garibaldi et ses troupes, et peu de temps après, elle migre aux États-Unis, avec les nombreux émigrés venus surtout du Nord de l'Italie, où elle devient le plat italien par excellence, mais surtout un plat auquel tout le monde accède, commercialisé par des chaînes dans les années 1950 ou 1960, et devenant alors extrêmement populaire. De là, elle revient en Italie. Elle est aujourd'hui le produit « global » par excellence (on trouve des pizzerias partout dans le monde, bien plus que des McDonald's) en même temps qu'un symbole national de l'Italie, ce qu'elle n'était pas dans un passé même récent.

Devons-nous le changement à des modifications culturelles en profondeur, qui font que nos goûts se transforment, ce qui nous éloigne des perspectives à la Bourdieu, qui insistait au contraire sur la pérennité des goûts, selon les milieux sociaux ? Comme l'a établi l'historien Jean-Louis Flandrin, les goûts évoluent massivement dans le temps : le goût médiéval était dominé par la passion des épices et, au Moyen Âge, le goût français était bien plus ouvert aux ingrédients acides dans la cuisine que le goût italien ; de même, l'antinomie sucré/salé s'est mise en place à partir du

4/Prickly Paradigm Press, 2007.

milieu du XVIIe siècle seulement. Le changement proprement social n'est-il pas aussi ou davantage la source des modifications alimentaires ou culinaires, par exemple : dans une France qui cesse d'être rurale pour devenir industrielle, puis post-industrielle, les besoins ne sont-ils pas différents ? Ainsi, lorsque les travailleurs de l'industrie étaient en nombre important des manœuvres, des ouvriers dont on utilisait avant tout la force de travail, le vin constituait une ressource énergétique importante, et la consommation de vin très ordinaire était une réalité massive, aujourd'hui en grand déclin. Le changement ne s'accélère-t-il pas en raison de l'association, dans nos préoccupations, de la santé et de l'alimentation, ce qui débouche sur l'idée sinon d'une science de la nutrition, du moins d'une mobilisation de diverses disciplines scientifiques autour d'elle ?

Mais si l'alimentation est éminemment question de culture et de changements généraux, elle est aussi de toute évidence une question personnelle, hautement subjective ; elle constitue même un enjeu qui permet aisément d'associer dans une même réflexion le corps et l'esprit, la réalité biologique de chacun de nous, et sa réalité comme sujet – Maurice Merleau-Ponty[5] dit fort bien que « comme par une sorte d'osmose, le corps et le sujet diffusent l'un dans l'autre. Mon corps redevient mien pendant que je m'incarne en lui ». Il y a des dimensions qui relèvent de l'intime dans le fait de se nourrir, et qui interdisent de se limiter, pour l'analyse, aux seuls aspects biologiques, sociaux et culturels de la question.

En tout cas, il devient difficile d'expliquer nos modes d'alimentation par des impératifs anthropologiques alimentaires, comme le faisait l'anthropologue marxiste Marvin Harris expliquant le cannibalisme des Aztèques, et tout particulièrement de leurs élites, en termes de réponse au manque de protéines animales de leur régime alimentaire ordinaire. Qui peut accepter de réduire nos aliments à leur seul apport calorique ou énergétique, et oublier qu'ils font sens, qu'ils ont des dimensions symboliques, voire sacrées ? Comment ne pas voir, pour parler comme l'anthropologue

5/Cité par Denise Jodelet dans sa préface à Christine Durif-Brickert, *La Nourriture et nous. Corps imaginaires et normes sociales,* Armand Colin, 2007, p. 12.

David Le Breton, que « l'aliment est un objet sensoriel total[6] » ? Comment ne pas admettre que les goûts résultent pour chacun de nous d'une histoire collective, familiale et individuelle, qu'ils sont à la fois profondément subjectifs et ancrés dans des réalités passées et présentes objectives, qu'ils ont une dimension de reproduction, et une autre de changement, d'évolution ? Manger est associé à des sensations, des émotions, du plaisir (ou du dégoût), à des images – la fameuse madeleine de Proust – ce qui n'interdit pas une certaine rationalité dans les décisions alimentaires – c'est le thème du livre de Jean-Pierre Corbeau et de Jean-Pierre Poulain, *Penser l'alimentation*[7].

Nous nous éloignons de plus en plus de ce type de matérialisme ou de déterminisme à la Marvin Harris pour analyser la façon dont les hommes s'alimentent en accordant une place considérable aux dimensions sociales, culturelles, symboliques, imaginaires. En apprenant aux enfants à se nourrir, et à faire leurs choix en matière de nourriture, nous les socialisons, nous leur apprenons aussi à être des sujets capables de déterminer par eux-mêmes ce qu'il est bon, ou non, de manger. La cuisine est même, à suivre Claude Lévi-Strauss[8], une expression importante, et inconsciente, de la structure sociale. Il y a une analogie, selon lui, entre le langage et la cuisine, et il existe des systèmes culinaires comme il existe des langages. D'une certaine façon, on peut dire que nos conceptions de l'alimentation, en changeant, soulignent des changements plus généraux, ou en font partie, au point d'illustrer aussi les débats auxquels ces changements donnent lieu.

En voici un exemple : il y a quelques années, alors que faisait rage en France le débat sur le multiculturalisme, on a vu se mettre en place une querelle des « chefs », les uns expliquant que la haute cuisine française est immuable, et doit le rester, qu'elle est la plus haute expression d'une tradition solidement établie, et qui doit être respectée scrupuleusement, les autres affirmant au contraire

6/*La Saveur du monde. Une anthropologie des sens*, Métailié, 2006.

7/Privat, 2002.

8/*L'Origine des manières de table. Mythologiques 3*, Plon, 1968.

qu'elle résulte d'apports nombreux qui, au fil du temps, ont chacun fourni des éléments de changement qu'il s'est agi d'intégrer, et sans lesquels la gastronomie française n'existerait pas. D'une certaine façon, ce débat venait prolonger celui ouvert au début des années 1970 par Gault et Millau, faisant la promotion de la « nouvelle cuisine », contre la tradition, dans ce qu'elle avait de figé et d'immuable ; et il existe aujourd'hui d'autres variantes de ce débat, entre les tenants de la reproduction, et ceux de l'innovation, que celle-ci se tourne vers l'avenir (on l'a dit par exemple à propos de Hervé This et de Pierre Gagnaire), ou qu'elle soit plutôt recherche d'une authenticité des saveurs qui se seraient perdues, de la nature et de ses rythmes (les produits « du marché »).

Géopolitique de l'alimentation

Toutes ces questions semblent bien éloignées des grands problèmes que posent la famine, la crise alimentaire mondiale. Le *Journal du CNRS*[9] dans un important dossier qu'il consacre à ces problèmes, en donne la mesure. Aujourd'hui, sur les 6,6 milliards d'humains que compte la planète, 2 milliards sont mal nourris, c'est-à-dire qu'ils vivent avec moins de deux dollars par jour et disposent d'un apport énergétique inférieur à 2 700 kilocalories. Plus de 850 millions de personnes ont faim chaque jour (moins de 2 200 kilocalories). Et selon la FAO (Food and Agriculture Organization, qui dépend des Nations unies), un enfant de moins de dix ans meurt de faim quelque part dans le monde toutes les cinq secondes. Le manque de nourriture tue 25 000 personnes par jour dans le monde, 9 millions d'individus par an.

Ces chiffres dramatiques ne renvoient en aucune façon à une quelconque injustice naturelle, leurs sources sont humaines, politiques et économiques. La faim, voire la famine, caractérisent souvent des pays non démocratiques, des régimes autoritaires et

9/n° 224, septembre 2008. Voir aussi, sur ce sujet, l'ouvrage de Gilles Fumey, *Géopolitique de l'alimentation*, éditions Sciences Humaines, coll. « Petite Bibliothèque de Sciences Humaines », 2008.

corrompus, ou accompagnent des processus de violence extrême, impliquant des déplacements forcés de population. Elles ont pu néanmoins affecter ces derniers temps des pays plus démocratiques, ou des populations urbanisées, et plus seulement rurales, vivant dans des conditions jusque-là moins difficiles, du fait, avant tout, de la hausse impressionnante des prix des produits alimentaires : le blé, le riz, qui ont vu leur prix être multiplié par trois ou quatre. Ces hausses sont à l'origine des émeutes de la faim qui ont éclaté dans plusieurs pays au printemps 2008, au Mexique, en Haïti, en Côte-d'Ivoire, en Égypte, à Madagascar, au Maroc, etc. Les explications de ces hausses spectaculaires des prix renvoient certainement à l'internationalisation des marchés agricoles, au renforcement de l'emprise des grandes firmes agro-alimentaires au détriment des petites paysanneries des pays du Sud, elles sont d'abord le fruit d'une dérégulation qui crée une concurrence inégale entre les entreprises puissantes du Nord, et les petits paysans du Sud. Elles tiennent aussi à l'histoire récente de l'aide alimentaire, qui a consisté, pour l'essentiel, à exporter des céréales à bas prix du Nord vers le Sud, ce qui fait que les pays du Sud ont perdu une partie de leur capacité à produire les céréales nécessaires à leur alimentation. Autre explication souvent avancée : quand les couches moyennes des pays émergents, Chine et Inde notamment, ont commencé à modifier leur consommation pour se nourrir davantage de volailles, d'œufs, de viande et de produits laitiers, cela a eu pour effet d'accroître leur demande en céréales et en tourteaux, nécessaires à la nourriture des volailles, des porcs et des bovins – et dont les prix ont flambé. On a également mis en avant les politiques de déstockage qui ont été menées par quelques grands pays producteurs, notamment la Chine (dont les stocks de blé ont été divisés par trois entre 2000 et 2006) ou l'Union européenne, se débarrassant à partir de 1992 d'une partie de ses stocks de céréales qui jouaient dans le passé un rôle de stabilisation des prix et des cours mondiaux. Par ailleurs, la hausse des prix du pétrole a encouragé certains pays à remplacer les cultures alimentaires par celles d'agro-carburants, ce qui peut peser aussi sur le prix des céréales – un dossier là aussi très controversé, comme on l'a vu lors du sommet de la FAO de juin 2008, quand Jacques Diouf, son directeur général, s'est indigné de voir que des milliards de dollars destinés au soutien à la consommation humaine avaient servi à « étancher la soif de carburant de véhicule », relayé en cela par Hosni Moubarak, président égyptien, tandis que Lula, le président brésilien, prenait au contraire le parti des bio-carburants, une « énergie propre » non subventionnée dans son pays, et dont la culture n'empiéterait pas sur les terres arables destinées à l'alimentation. Mais aux États-Unis, par exemple, environ un quart de la production de maïs sert à produire du bioéthanol, ce qui rend plus rare, et donc plus cher le maïs alimentaire. Ajoutons, explique le dossier du *Journal du CNRS*, les mauvaises conditions climatiques (mauvais été 2007), la sécheresse, les gelées plus fortes que d'ordinaire, et la spéculation, qui a vu se reporter sur les produits agricoles des capitaux en quête de nouveaux secteurs.

À la question des céréales, il faudrait certainement ajouter celle de l'eau, dont la raréfaction et le coût constituent des enjeux aussi cruciaux, et liés, puisque l'accroissement de la production alimentaire est tributaire de l'eau disponible. Il faudrait aussi adjoindre une réflexion sur les produits chimiques susceptibles d'intervenir dans la production alimentaire, et qui posent d'évidents défis en termes d'environnement et de pollution. Il faudrait également examiner l'impact des subventions, et notamment celles de l'Union européenne.

Reste enfin à savoir comment articuler, dans l'analyse, puis éventuellement dans l'action, dans des propositions politiques, ce qui renvoie aux drames de la faim, voire de la famine, et ce qui a trait à l'alimentation et à la consommation dans les sociétés qui y échappent.

Deux problèmes, ou un seul ?

Face aux dérives ou aux problèmes que pose l'alimentation dans les pays du Nord, de nombreuses voix, individuelles et collectives, savent se faire entendre. Les uns plaident pour une consommation plus intelligente, pour associer davantage des préoccupations liées à la santé, au corps, à la façon ou au contenu de ce que nous mangeons. D'autres mettent en avant des comportements exemplaires, qu'ils accompagnent éventuellement d'un discours qui les justifie, tel le discours végétarien.

Par ailleurs, bien des débats et des propositions sont faits lorsqu'il s'agit de faire face à la faim et aux carences alimentaires dans le monde. Il existe des organisations supranationales, européennes, nationales, il existe aussi des ONG qui sont très mobilisées, et il y a par conséquent tout un tissu d'acteurs impliqués pour réfléchir et mettre en œuvre des politiques ou une action concrète. Faut-il, en matière de techniques agricoles, s'efforcer d'élever les rendements de façon à faire baisser les prix ? Lorsque les rendements à la production s'élèvent fortement, cela profite généralement aux grosses exploitations et augmente le nombre de nombreux laissés-pour-compte, des petits paysans qui cessent d'être compétitifs sur le marché. De plus, la course à la productivité et à l'agriculture fait vite d'importants dégâts en matière d'environnement, surtout si elle repose sur le recours à des pesticides et des engrais industriels. Peut-on faire confiance aux OGM, comment apprécier leur impact à long terme ? Le débat, chacun le sait, est particulièrement vif, et mobilisateur. Peut-on promouvoir à une échelle significative des systèmes de production s'inscrivant dans des logiques de développement durable ?

Les questions peuvent être formulées en allant du haut vers le bas, en se demandant comment proposer des réponses générales, mondiales, à grands coups d'aides, de politiques internationales, d'investissements, pour les adapter à des situations locales. Elles peuvent aussi être « *bottom up* », partir du bas, de situations précises, où les acteurs locaux, avec l'aide éventuelle de spécialistes venus d'ailleurs, innovent, plus ou moins collectivement, en tenant compte des populations directement concernées, de leur environnement, et de la complexité des enjeux. Elles peuvent encore tenter de combiner les deux logiques, par le haut et par le bas, comme Jacques Diouf, directeur général de la FAO le proposait dans *Le Monde* (24 septembre 2008) : développer des accords de partenariat et des « relations internationales équilibrées pour un développement agricole durable » entre pays à ressources financières et pays disposant d'eau, de terre et de ressources humaines et, à cette fin, créer des sociétés d'économie mixte où les uns apporteraient du financement et de la capacité de gestion, les autres « les terres, l'eau et la main-d'œuvre ».

Mais un hiatus subsiste en permanence entre les problèmes et les débats internes aux pays du Nord, et ceux qui concernent les pays du Sud : d'un côté, on débat culture, fait de société, capacité des personnes singulières à maîtriser leur corps, on se pose des questions de santé, publique ou individuelle. Et d'un autre côté, on réfléchit à la survie de populations entières, à leur accès au minimum vital. N'y a-t-il aucun lien entre les deux registres ? Il en est certes un, important, qui est que le Sud est aussi dans les pays du Nord, que la grande pauvreté, les difficultés à s'alimenter correctement existent aussi dans les pays du Nord, et en particulier dans les grandes métropoles, les « villes globales » dont parle Saskia Sassen. Mais ce point nous indique que le problème est encore plus complexe, il ne nous dit rien d'une réponse à envisager pour cette question.

Certains tentent de promouvoir des formes d'économie solidaire, et font des efforts en faveur du commerce équitable qui tisse des liens entre producteurs lointains, du Sud, et consommateurs, autour de valeurs de solidarité, mais aussi de démocratie, de respect des droits de l'homme. D'autres s'efforcent de conjuguer une action économique locale, ou régionale, avec des valeurs générales, mondiales. Par exemple, si on débat en Bourgogne pour savoir s'il faut ou non produire des agro-carburants, ce n'est pas seulement une question régionale, ce peut être aussi en tenant compte d'enjeux plus larges, nationaux ou planétaires. D'autres encore se demandent comment articuler nos modes de consommation à des préoccupations planétaires, comment lutter ici, *hic et nunc*, contre l'obésité, l'anorexie, la « mal bouffe », tout en contribuant à des logiques de lutte contre la faim et de développement réel du Sud, en proposant de manger moins de viande, de s'approvisionner en fonction de la production locale et non pas en achetant des produits apportés à grand renfort de pétrole. Tout ceci ne me semble pas à la hauteur des enjeux, et me conduit à une conclusion que j'espère de tout cœur provisoire : dans l'état actuel des choses, nous ne savons pas vraiment comment faire pour concilier nos préoccupations alimentaires, dans les pays du Nord, et les drames et difficultés du Sud. Nous ne savons pas vraiment, dans l'ensemble, penser et agir « global » face à ces enjeux.

MANGER
HIER ET AUJOURD'HUI,
ICI ET AILLEURS

Du pot au (à) feu néolithique au chaudron gaulois, les apports de la cuisine expérimentale à l'archéologie du goût

Anne Flouest

Tailler une pointe de flèche en silex, déplacer un menhir, polir une hache, forger un clou… autant d'expériences qui s'inscrivent dans une tendance de l'archéologie qui vise à reconstituer de manière dynamique les savoir-faire et les modes de vie de nos ancêtres à partir des vestiges. Retrouver le goût des petits plats préhistoriques ou gaulois procède de la même démarche d'archéologie expérimentale.

Mais les (bonnes) recettes néolithiques ou gauloises ont été oubliées depuis longtemps, aucune n'a été consignée dans quelque carnet de cuisine ou ménagier ancien. Les possibles préparations alimentaires que la cuisine expérimentale permet de concocter ne peuvent donc que combiner deux ensembles de données archéologiques : premièrement, celles relatives aux ustensiles de préparation existants et deuxièmement celles concernant les ressources alimentaires disponibles, auxquelles s'ajoutent parfois des témoins de consommation.

Les recettes que nous avons tentées s'appuient sur les données de deux sites particulièrement bien documentés en vaisselle comme en ressources alimentaires, le site néolithique de la grotte de la Molle-Pierre en Côte-d'Or et celui de l'oppidum gaulois de Bibracte (Nièvre/Saône-et-Loire). Les recettes reconstituées portent donc essentiellement sur les périodes de ces sites, le Néolithique moyen, à la charnière IVe-IIIe millénaire avant notre ère, et la période gauloise autour de 100 avant J.-C. Plus de trois millénaires les séparent : les ustensiles de cuisine ont changé, les ressources alimentaires se sont diversifiées, mais qu'en était-il des pratiques culinaires ?

En prenant les étapes successives pour préparer des recettes, à savoir le choix des ustensiles, la cuisson, la préparation, l'approvisionnement, les expériences tentées permettent tour à tour de vérifier quelques hypothèses, de témoigner, de poser de nouvelles questions, de donner un éclairage sur des pratiques oubliées.

Des médiateurs de goûts : le pot de terre, le chaudron et les autres

Pot à eau...

C'est au Néolithique, parallèlement à la mise en place des premières communautés agricoles que l'usage de la céramique, de la terre cuite, se généralise. Elle va permettre la fabrication de nouveaux récipients qui vont au feu, résistent à la flamme et aux hautes températures d'un feu de bois, qualités que n'offraient pas les contenants en cuir, en bois, en écorce utilisés jusqu'alors. L'invention de la céramique est donc une innovation technique de première importance pour la cuisine : elle va permettre la cuisine à l'eau dans les pots et notamment dans l'eau bouillante.

Auparavant, il était bien sûr possible de chauffer de l'eau dans un contenant en matière organique avec des pierres chauffées au cœur d'un feu ; l'eau s'échauffait rapidement, pouvait monter à ébullition, mais maintenir longtemps une température suffisante pour cuire – la plupart de aliments cuisent à des températures comprises entre 70 °C et 100 °C – demandait d'apporter successivement de nombreuses pierres... de faire une vraie soupe aux cailloux ! Avec la céramique, la cuisine à l'eau peut être longue et contrôlée. On pourrait donc se risquer à qualifier cette cuisine au pot et à l'eau de deuxième révolution dans l'histoire de l'alimentation, après celle du feu, il y a 750 000 ans. Le feu avait donné aux chasseurs-cueilleurs du Paléolithique la possibilité de cuire les aliments, principalement les viandes sous forme de grillades, ou à l'étouffée dans des fosses remplies de pierres chauffées, de les conserver en les boucanant. La cuisson à l'eau venait ajouter de nouveaux goûts : ceux du « bouilli » ; après sept millénaires (seulement) elle est devenue si commune, si familière qu'elle peut évoquer, dans notre culture, une cuisine peu goûteuse, voire une cuisine de régime. Pourtant c'est la cuisine des potages, des pot-au-feu, des soupes, des bouillons, des courts-bouillons, des bouillabaisses, des blanquettes, des pochages, des pochouses… autant de lettres de noblesse de la grande cuisine traditionnelle. La cuisine à l'eau a ajouté en effet de nouvelles façons de se nourrir, elle a rendu plus facilement disponibles des nutriments énergétiques puisés dans les plantes nouvellement cultivées au Néolithique, les céréales et les légumineuses, immangeables crues. La cuisine à l'eau a développé avec l'amidon des céréales le goût du sucre (et des caries !). Elle permet en effet, et nous l'avons expérimenté, d'obtenir des sucres sans sucre ; il suffit de laisser pendant une heure environ du malt d'orge dans de l'eau à une température comprise entre 62 °C et 68 °C, l'hydrolyse à chaud en présence d'enzymes transforme alors l'amidon en sucres.

La cuisine à l'eau a certainement contribué à enrichir en nutriments énergétiques le régime alimentaire très riche en protéines du chasseur-cueilleur… lorsqu'il n'était pas bredouille ! Elle s'est donc imposée à côté des grillades même si, sous l'influence d'autres cultures, elle est désormais concurrencée par de nouvelles pratiques comme la cuisine à l'huile qui est apparue avec la romanisation à la fin de la période gauloise. Elle continue toujours à nous donner l'eau à la bouche !

L'eau est un élément essentiel dans la cuisine ; on y porte peu d'attention et pourtant elle joue un rôle certain sur le goût des préparations « liquides » et la cuisson de certains légumes, notamment les légumineuses qui cuisent fort mal dans les eaux « dures » (calcaires) : des pois secs cuits dans l'eau acide pH4 de Bibracte cuisent plus facilement et sont meilleurs que ceux cuits dans l'eau calcaire au pH8 de la Molle-Pierre.

Pot d'argiles et de sables

Les pots néolithiques comme les pots gaulois sont modelés dans des terres riches en minéraux argileux qui, par leur structure en feuillets de silicates hydratés, sont plastiques ; entre les feuillets se glissent des cations de K (potassium), de Na (sodium), de Ca (calcium)... donnant, selon leur agencement, plusieurs familles d'argiles, les illites, les glauconites, les kaolinites (argiles blanches utilisées depuis la fin de l'époque gauloise et aujourd'hui pour la porcelaine). Aux argiles sont ajoutés, la plupart du temps, des éléments non plastiques plus ou moins fins, des sables essentiellement ; ils sont de compositions chimiques variées, sables siliceux, sables carbonatés, sables micacés... Argiles et sables donnent leurs caractères aux récipients en échangeant grâce au milieu aqueux des ions avec les aliments. Les échanges chimiques entre les minéraux du pot, l'eau et les ingrédients influent sur la saveur du mets préparé. Il est donc certain que, compte tenu de la grande diversité de composition chimique des terres des pots, la palette des goûts est très large. Il suffit de boire de l'eau dans des pots neufs pour goûter chaque terre, goûts ferrugineux pour les uns, sulfureux pour d'autres.

De plus, selon la nature des argiles et des sables, les pâtes seront plus ou moins résistantes aux chocs thermiques et permettront des cuissons plus ou moins vives ; les pots gaulois à cuire à pâte micacée permettent des cuissons à feux bien plus vifs que les céramiques à pâte calcaire néolithiques.

Pot poreux

Un pot en céramique est un pot qui a subi une cuisson au cours de laquelle les molécules d'eau qui permettent la plasticité ont été éliminées de façon irréversible ; pour qu'une argile soit cuite, il faut que la température de cuisson ait atteint au moins 600 °C ; au-delà de 1 100 °C, les grains de sables siliceux fondent et se vitrifient, on dit qu'ils grèsent, la céramique est alors étanche. Or, à l'époque néolithique comme à l'époque gauloise, les cuissons n'atteignent jamais cette température et les céramiques restent poreuses. Cette porosité joue un rôle dans le goût des préparations puisque des particules alimentaires migrent dans les parois du pot ; certaines comme les graisses refroidies et oxydées donnent le mauvais goût de rance par exemple. Ceci se vérifie pour les pots qu'on utilise rarement ou très spécialisés. Par contre, pour les pots de cuisson d'usage quotidien – la cuisinière a toujours eu ses pots préférés, son pot à tout faire, son « fait-tout » – l'expérience prouve que les parois s'étanchéifient à l'usage et rapidement les pots ne donnent plus ni goût de terre, ni autre goût désagréable... « C'est dans les vieux pots que... » La cuisinière pressée d'avoir un pot culotté peut faire cuire du lait lors de la première utilisation (conseil encore donné par la maison SEB lors de la première utilisation de sa cocotte en inox !) ; la caséine pénètre alors dans les pores de la pâte et forme une sorte de vernis étanche... cette solution pour étanchéifier les pots, que nous avons fait refaire et que nous utilisons, a été déduite des analyses de la chimie des résidus organiques faites sur des céramiques archéologiques qui apportent la preuve de cuisson de lait dans des pots ; quelle était l'intention de la cuisinière, faire chauffer son lait ? rendre non poreux son pot ? les deux peut-être...

Pots en formes : hautes, basses, fermées, ouvertes...

Un autre facteur a une influence certaine sur le goût des préparations : la forme du pot. Les archéologues classent les formes des pots en formes hautes (hauteur du vase bien supérieure au diamètre maximum) ou basses (hauteur inférieure au diamètre maximum), ouvertes (diamètre de l'ouverture supérieur au diamètre maximum), ou fermées (diamètre de l'ouverture inférieur au diamètre maximum de la panse). Ces variétés de formes impliquent à l'évidence des préparations adaptées à chacune d'elles. Les formes hautes et fermées sont adaptées à des préparations dans des quantités importantes d'eau (soupes et bouillons) ; le rétrécissement de l'ouverture réduisant l'évaporation, ces préparations peuvent cuire et mijoter longuement.

Les formes ouvertes sont adaptées à des préparations dans une faible quantité d'eau, plus épaisses (bouillies, ragoûts...) et la large ouverture permet de les remuer pour qu'elles « n'attachent pas ».

Dès le Néolithique, il existe aussi bien des formes basses, les jattes, et des formes hautes avec un grand col, les marmites, à profil en S. À l'époque gauloise, les formes hautes sont ovoïdes sans col mais avec des bords plats qui permettent de poser un couvercle pour réduire l'évaporation ; les formes basses gauloises sont généralement tronconiques et très ouvertes.

La plus grande différence fonctionnelle entre pots néolithiques et pots gaulois que nous avons pu remarquer vient de la forme des fonds, ronds au Néolithique, plats à l'époque gauloise. Au Néolithique, les fonds ronds par leur effet « culbuto » font que, même posés sur une surface irrégulière, chaotique, ils ne se renversent (presque !) jamais. Aussi, les pots néolithiques sont posés directement sur le feu, au milieu des braises et lorsque celles-ci s'effondrent au cours de la combustion, la soupe ne se renverse pas ; nous l'avons vérifié avec les fac-similés que nous utilisions. Gare cependant au risque de laisser attacher la compote ou la bouillie… Plusieurs caramels de cuisson – jolie formule pour des aliments qu'on a laissé « brûler », au fond d'un pot ! – ont été retrouvés dans le site néolithique de Chalain (Jura) par exemple ; ils prouvent que la cuisson directe doit être très surveillée mais elle permet de faire suer à feu vif de petits morceaux de lard, ce qui ne sera pas possible dans les pots gaulois.

En effet, à l'époque gauloise, les fonds sont de petits diamètres (7 à 10 cm environ) et plats, ce qui oblige à ne pas poser les pots directement sur le feu ; les pots se posent sur la sole de terre lissée et bien horizontale, le fond n'est pas au contact avec le feu, les braises ou les bûches se placent autour de la base ; la chaleur rayonne sur les parois qui s'évasent au-dessus du fond étroit. Le contrôle de la cuisson est nettement plus facile qu'à l'époque néolithique : il suffit d'écarter les braises ou de les rapprocher.

Il est certain que les échanges et les mouvements qui se créent dans le pot selon qu'il est posé au cœur du feu ou chauffé par rayonnement sont différents ce qui joue sur les goûts ; lorsque la durée de cuisson est longue, les différences sont subtiles.

Pot petit ou grand

Autre critère de choix d'un récipient : le volume. Les pots à cuire néolithiques ont des contenances comprises entre 0,25 l à 5 l. Les formes hautes les plus fréquentes à la Molle-Pierre se répartissent en trois classes : les pots de 0,5 à 0,75 l, les pots de 1 à 1,5 l et les pots-marmites de 2,5/3 l ; ces classes représentant chacune presque 25 % de l'ensemble de la vaisselle de cuisson. Ces volumes – qui sont tout à fait comparables à nos séries de casseroles domestiques actuelles – permettent de cuire des petites quantités de bouillies, de soupes de légumes enrichies de viandes, à condition qu'elles soient coupées en petits morceaux. Seuls quelques rares pots à cuire de 4 à 5 l permettent de mettre une belle pièce de viande (un pied de cochon, un morceau de jarret, un os à moelle...). Les formes basses les plus nombreuses sont celles de 0,5 à 0,75 l et celles de 2 l. Dans une jatte de 0,75 l, on ne peut faire cuire que 175 g de pois secs environ avec quelques lardons. Les quantités qu'il semble possible de préparer paraissent faibles si l'on pense qu'elles sont destinées à une famille, à moins que l'abondance de ces récipients soit la preuve de la préparation de rations individuelles.

À l'époque gauloise les récipients de cuisson, beaucoup plus nombreux, ont des capacités comprises entre 0,5 à 7/8 l. Les formes hautes qui permettent de faire cuire une poule entière ou de belles pièces de viande sont présentes sur la plupart des sites d'habitats gaulois. Les formes basses et ouvertes, les jattes, sont nombreuses ; elles permettent de cuisiner toutes sortes de ragoûts, de bouillies, de brouets et de faire de beaux gâteaux.

Le chaudron

Les chaudrons en bronze apparaissent en Gaule vers le VIe siècle av. J.-C. D'abord récipients de prestige, ils deviennent au cours de la période gauloise des ustensiles domestiques plus communs. L'image qu'évoque le chaudron est celle d'un récipient en bronze (alliage contenant plus de 70 % de cuivre, métal excellent conducteur de la chaleur), à fond arrondi, profond, ventru, légèrement resserré sous un col court et droit, à large ouverture avec une anse ou des poignées en anneaux qui permettent de le suspendre au-dessus du feu par une crémaillère qui n'a pas changé en vingt siècles. Les chaudrons gaulois ont des capacités de 8 l à 80 l, voire plus. Ils sont prédestinés aux cuissons dans un grand volume d'eau, à feu vif ou doux, la crémaillère permettant de régler la distance avec le feu ; le chauffage à la base du chaudron crée de grands courants de convection dans le liquide, mélangeant les légumes, les viandes, entraînant les ingrédients du fond à la surface, les oxygénant lorsqu'ils arrivent à la surface avant de replonger.

« Pour 50 personnes : demander à un chaudronnier la copie d'un chaudron trouvé au Luxembourg dans une tombe datée du Ier siècle av. J.-C. par exemple. Dans ce chaudron de 50 litres, mettre 3 poules, 6 oreilles de cochon, un morceau de paleron, un jarret de bœuf, 2 pieds de veau, 3 choux, 6 panais, une branche de livèche (ou céleri perpétuel), une petite poignée de sel ; laisser cuire en maintenant l'ébullition au moins trois heures. » Ceci n'est pas une recette de pot-au-feu… Attention de ne pas laisser refroidir dans le chaudron si celui-ci n'est pas étamé, le cuivre s'oxyde et les composés « de gris » sont toxiques ; l'étamage n'est pas attesté à l'époque gauloise.

Le chaudron est l'unique récipient métallique dont dispose la cuisinière gauloise qui n'a ni poêle, ni casserole, ni cocotte. Il pourrait lui permettre de faire rissoler des lardons, dorer les morceaux de viande, revenir les carottes sauvages et ainsi enrichir le « bouilli » des goûts des sucs caramélisés qui se dissoudront dans l'eau ; notre démarche de cuisine expérimentale n'a pas résisté à cette pratique mais la cuisinière gauloise ne connaissant pas ces goûts l'a-t-elle pratiquée ? Il est difficile à l'archéologie de répondre.

Autres ustensiles

La cuisine utilise bien d'autres ustensiles au cours des différentes phases d'élaboration d'un mets.

Il faut souvent éplucher, écraser, racler, râper, filtrer, mélanger, remuer… L'action de chaque ustensile apportera une note particulière au goût final : un racloir en silex néolithique avive et écrase à la fois les fibres des viandes tandis que le tranchant du couteau en fer forgé gaulois coupe net les cellules ; ces impacts différents apportent des nuances sur les goûts mais nous ne pouvons passer ici en revue toutes ces subtilités.

C'est dans le temps de préparation, facteur qui joue sur la fréquence de voir arriver sur les tables certains plats plutôt que d'autres, que certains ustensiles apportent de réelles différences entre l'époque néolithique et l'époque gauloise. L'exemple le plus marquant est celui de la meule. Simple pierre plate avec un broyon (galet) au néolithique, la meule devient rotative à l'époque gauloise. Pour obtenir 1 kg de belle farine, tamisée sur une toile de crins de cheval, la Gauloise ne mettra plus que 1 h 30 soit plus de trois ou quatre fois moins de temps que son ancêtre néolithique.

Autres données à mettre au pot…

Des analyses physico-chimiques renseignent sur les contenus et les usages des récipients mais elles sont encore peu nombreuses.

Des études portant sur les résidus résultant de divers processus de cuisson, de mélanges, de fermentations piégées dans les pâtes ou déposés sur les parois des céramiques sont possibles par spectrographie de masse ou infrarouge, chromatographie ; elles sont coûteuses et les résidus des produits d'origine organique ou minérale conservés et non altérés sont rares ; ces analyses permettent d'identifier les protides, les lipides, saturés ou non, les glucides. Ces études, certes, n'apportent rien de nouveau concernant ces trois classes d'aliments qu'ont mitonnés nos lointaines ancêtres – ce sont les mêmes qu'aujourd'hui – en revanche, elles apportent la preuve de leur consommation, témoignages qui, ajoutés aux données des autres sciences connexes à l'archéologie, l'archéozoologie et l'archéobotanique, nous ont autorisés à cuisiner quantité de ressources alimentaires variées.

Des ressources de goût : viandes, poissons, œufs, fruits et légumes

Les archéozoologues, d'après les déchets de cuisine, les offrandes alimentaires placées dans les tombes, fournissent les listes d'animaux domestiques ou sauvages consommés aux différentes époques.

La faune sauvage ne change guère entre l'époque néolithique et l'époque gauloise ni même aujourd'hui sauf l'auroch, totalement éteint, le loup et l'ours brun en voie de disparition. Comme au Néolithique, chevreuils, cerfs, lièvres, renards, blaireaux, castors, sangliers, aurochs, ours bruns, coqs de bruyère… vivent dans les forêts et les prairies de la Gaule. Tous ces gibiers sont consommés à la Molle-Pierre mais les Gaulois ne les chassent pratiquement plus, même pas le sanglier ou très exceptionnellement ! En effet, sur les sites gaulois, les os d'animaux sauvages (gibier à plume ou à poils) ne représentent que 1 % seulement des animaux consommés. Les Gaulois mangent principalement les espèces domestiquées depuis le Néolithique, la chèvre, le mouton, le cochon, les bovins ; les meilleurs morceaux devant être consommés grillés, nous avons travaillé surtout les bas morceaux, les abats (cervelles, frivolités, amourettes…) et le sang.

Au VIIe siècle av. J.-C., début du premier âge du fer, les poules sont domestiquées. Les poules vont pouvoir finir au pot ! Mais surtout ces volatiles de basse-cour vont apporter à la Gauloise des œufs, une véritable richesse dans la cuisine : avec eux, le goût des œufs à la coque, des œufs durs, des laitages (comme une « crème Mont-Beuvray » au tanin de chêne, ce précurseur du goût de vanille !) et des pâtisseries à pâtes levées (avec des levures de cervoise, bière gauloise sans houblon) viennent parfumer la cuisine.

Les animaux apportent les indispensables graisses qui donnent goût aux mets et permettent de conserver : crème du lait, saindoux du cochon, suif de bœuf, graisse de rognon de veau (de loin la meilleure !), concurrencée à la fin de l'époque gauloise par la graisse d'oie domestiquée. Mais tous ces animaux sont bien plus maigres qu'aujourd'hui et la fréquence des os cassés (os longs, mandibules…) pour récupérer la moelle laisse penser que la graisse manque souvent ; la cuisine gauloise peut sembler *a priori* lourde mais il n'en est rien.

Les rivières étaient, à l'époque néolithique comme à l'époque gauloise, très poissonneuses et le goût de la pêche ne s'est jamais perdu ; nous avons cuit au court-bouillon brèmes, saumons, truites, aloses, tanches, brochets et tous les poissons actuels de nos rivières, à l'exception de la carpe, du sandre ou de l'esturgeon introduits plus récemment. Nous avons même préparé des matelotes gauloises à la cervoise.

Plantes comestibles, sauvages ou cultivées

Les archéobotanistes, palynologues et carpologues, grâce à l'étude des pollens, quasiment indestructibles, piégés dans les sédiments, grâce à des fruits ou graines conservés par carbonisation ou minéralisation, établissent de longues listes de plantes comestibles sauvages ou cultivées présentes dans l'environnement des Néolithiques ou des Gaulois. Les diagrammes polliniques sont ainsi devenus des brouets, et des purées nourrissantes. Nous avons cuisiné à l'eau les plantes comestibles les plus proches des plantes indigènes sauvages connues à l'époque néolithique et gauloise et encore présentes dans la biodiversité de notre environnement ; parmi les légumes, les chénopodes ou épinards sauvages, les pissenlits, les plantains, les orties, les salsifis, les asperges, les poireaux sauvages, l'excellent mais rare conopode dénudé (ou noisette de terre), parmi les fruits, les cenelles de l'aubépine, les pommes, les poires, les prunelles, les framboises, les mûres, les noisettes et surtout les glands (nous avons retrouvé plusieurs cotylédons carbonisés dans la grotte associés à des petites pommes oubliées sous la cendre) – lavés longuement pour éliminer les tanins, les glands se consomment (on les dit toxiques, la consommation expérimentale prouve qu'il n'en est rien) ; bouillis, en purée, en crème, concassés et mélangés à de la farine en pain, torréfiés en décoction, « un café néolithique », ils apportent des goûts doux vanillés ; leur défaut ? l'épluchage fastidieux ! Les glands pouvaient représenter au Néolithique, à Chalain par exemple, jusqu'à 70 % des aliments consommés ; à l'époque gauloise, ils deviennent nourriture pour les cochons, le rendement est alors bien plus grand et bien plus goûteux. Nous avons également préparé des plantes déjà cultivées au Néolithique (pois, ers, gesses), l'époque gauloise ajoute les lentilles qui se mangent chaudes ou froides mais toujours cuites à l'eau (ou meilleures, cuites au lait avec du saumon et du plantain).

L'alimentation à ces périodes est très largement dominée par la consommation des céréales (orges et blés) ce qui représentait pour ces sociétés une certaine vulnérabilité ; trois étés « pourris » successifs suffisaient à affamer les populations, provoquant des crises culturelles bien observées par les archéologues. À l'époque gauloise, le nombre de fermes augmente, les pratiques agraires d'amendement, l'usage des socs en fer ont permis d'augmenter la productivité des céréales qui est alors estimée à 8 q/ha, de nouvelles variétés plus nourrissantes que le blé amidonnier comme l'épeautre sont introduites, autant de facteurs qui génèrent des excédents capables de nourrir les populations qui ne produisent plus leur nourriture, les habitants des nouvelles villes qui se construisent en Europe à la fin de la période gauloise vers 120 av. J.-C. parallèlement aux progrès de l'agriculture.

Les céréales ne sont consommables que cuites en « boulgour » ou écrasées en farine et humidifiées. Naturellement riches en levure et en amidon, elles fermentent facilement, donnant des levains et des pains, des galettes. Avec de la farine et de l'eau les combinaisons sont finies et quelle que soit l'époque on ne peut faire que des préparations qui vont de la préparation sèche – la galette – aux bouillies plus ou moins épaisses en passant par les pâtes levées ; si l'on rajoute des œufs, du miel, le nombre de combinaisons augmente mais celles-ci ne sont toujours pas infinies ; ce principe rend nos recettes vraisemblables.

Sel, sang et cendres

L'eau de mer et les plantes halophiles sont les ressources en sel les plus accessibles pour les populations des façades maritimes ; à l'intérieur des terres il a fallu attendre la charnière IVe-IIIe millénaire avant notre ère pour que le sel gemme soit exploité à partir de sources salées. Sa diffusion dans toutes les maisons néolithiques ne se fera que progressivement et longtemps les bouillies resteront fades, à moins d'y ajouter un peu de cendres. En effet, les cendres de bois apportent sodium et potassium en quantité variable selon les espèces (le lierre et le noisetier produisent des cendres très sodées) ainsi que d'autres éléments comme le magnésium, le fer… Il est vraisemblable qu'au Néolithique le sang des animaux frais ou cuit (en boudin, en sanquette, galette figée cuite directement sur une plaque de céramique) ait été une source essentielle en sel.

À l'époque gauloise, les gisements de sel exploités sont nombreux dans le Jura (Salins, Lons-le-Saulnier), en Lorraine (Marsal, les eaux salifères de la Seille sont évaporées et de petites briques de sel sont moulées). Les lacto-fermentations de choux, de navets sont alors possibles. Aux moyens de conservation préhistoriques, fumage et séchage « au naturel », vont s'ajouter les salaisons qui allongent sensiblement la durée de conservation ; les jambons secs feront la renommée des charcutiers gaulois jusqu'à Rome.

L'assaisonnement d'un pot-au-feu peut être complété par une branche de livèche (céleri perpétuel ou « herbe à maggi »), un bouquet garni de sarriette, origan et thym ; une racine de benoîte remplace le clou de girofle, un morceau de bolet ou de lactaire poivré séché rehausse un peu le goût du bouillon ; les viandes bouillies sont servies avec une pommade de graines de moutarde sauvage ou une purée d'ail des ours ; la grande consommation de cette plante printanière dont la feuille et le bulbe ont un goût d'ail très fin et non brûlant est démontrée par l'analyse d'excréments humains d'âge néolithique conservés dans le milieu humide du lac de Chalain, infectés par la douve du foie, parasite lié à une surconsommation de cette plante.

Il est une plante aromatique que l'on associe rarement avec des goûts gaulois : la menthe ; les petits pois à la menthe sont une spécialité qui a été adoptée et s'est perpétuée chez les Celtes d'outre-Manche !

Le fumet des mets

Néolithique ou gauloise, la cuisine est au feu de bois, enfumant souvent la pièce et donnant aux préparations des fumets qui nourrissent encore l'imagination de saveurs nostalgiques.

Les reconstitutions de plats néolithiques ou gaulois que nous avons préparés restent dans le champ du possible, du vraisemblable. Malgré un nombre plus réduit de produits et d'ustensiles, nous avons été surpris par le nombre de recettes possibles, plus grand qu'on pouvait l'imaginer *a priori*. Toutefois, nous n'étions pas limités par les quantités, ni les approvisionnements ; or, si les archéologues sont capables d'apprécier la quantité d'animaux consommés, il leur est difficile d'apprécier la quantité de céréales, de légumes et de fruits dont disposait la cuisinière et donc d'évaluer la fréquence des plats reconstitués.

Nous avons été frappés par la palette de couleurs monotones, ternes : tout est beige, marron ou vert foncé, pas de tomate, pas de carotte, pas de poivron, rien de rouge pour rehausser la couleur d'un plat cuisiné, pas de rondelles de carottes pour mettre dans les lentilles !

Nous avons redécouvert le goût des cuissons mijotées au feu de bois, dans la fumée ; il a parfois fallu dépasser nos réticences pour cuisiner et tester les probables préparations de cervelles ou au sang comme les sanquettes de sang d'agneau aux mûres, nous avons exploré des goûts oubliés, certains éloignés de nos goûts actuels comme des bouilles amères aux racines de pissenlits ou de fades brouets, certains proches comme les crèmes de glands vanillées au tanin de chêne.

Ces premières expériences n'ont pas été accompagnées d'analyses physico-chimiques sur les échanges moléculaires entre les différentes préparations et les céramiques, ni d'analyses en chromatographie en phase gazeuse pour capter les échanges de vapeurs du bouillon de poule dans le chaudron avec l'air (enfumé) de la cuisine gauloise. Il reste à étudier les résidus de nos essais comme des vestiges (qu'ils sont), émettre des hypothèses et les comparer à la réalité des préparations connues et documentées.

Ces tentatives ont permis d'associer des goûts à des récipients archéologiques pour aller au-delà des commentaires habituels sur les techniques de fabrication et les descriptions des formes.

La cuisine gauloise s'était enracinée dans les modes de production néolithiques et avait su s'enrichir de nouvelles ressources avec l'amélioration des pratiques agraires, la domestication des volailles, elle avait mis au cœur de sa cuisine de grands chaudrons métalliques. Les sociétés changent tout en gardant vivant l'héritage culturel du passé. Aussi, nos goûts actuels se sont construits dans une longue histoire au quotidien enracinée dans la culture gauloise qui préfigurait par bien des aspects nos habitudes contemporaines. Aujourd'hui, nous redécouvrons les légumes oubliés et dans bien des recettes traditionnelles, la cuisine gauloise continue. Nous mêlons à nos productions des fruits, des légumes et des épices venus sous d'autres climats, d'autres terroirs, nous jouons avec des couleurs exotiques, nous nous nourrissons d'autres cultures. Nos pratiques culinaires sont peut-être à l'aube de la troisième révolution gastronomique, celle de la cuisine moléculaire... Nous laisserons-nous tenter par l'innovation, par de nouveaux ustensiles pour la gourmandise d'imaginer de nouvelles recettes ?

Bibliographie

Recettes néolithiques et gauloises

A. Flouest, J.-P. Romac, *La cuisine gauloise continue*, Bibracte et Bleu autour, 2006.

A. Flouest, J.-P. Romac, *La Cuisine néolithique et la grotte de la Molle-Pierre*, Jean-Paul Rocher, 2007.

Données archéologiques

V. Matterne, *Agriculture et alimentation végétale durant l'âge du fer et l'époque gallo-romaine en France septentrionale*, Monique Mergoil, coll. « Archéologie des plantes et des animaux », 2001.

P. Méniel, *Les Gaulois et les Animaux*, Errance, 2001.

A.-M. Pétrequin, P. Pétrequin, *Le Néolithique des lacs. Préhistoire des lacs de Chalain et de Clairvaux*, Errance, 1988.

M. Regert, *Les Composés organiques en préhistoire : nouvelles approches analytiques*, thèse de doctorat de l'université de Paris-X, 1996.

Gastronomie moléculaire

H. This, *Les Secrets de la casserole*, Belin, 1993.

H. This, *Casseroles et éprouvettes*, Belin, coll. « Pour la science », 2007.

Les racines médiévales de l'obésité

Danièle Alexandre-Bidon

« La gueule tue plus de gens que les couteaux ne font. »
(proverbe du xve siècle)

On dit communément que l'obésité est le mal du siècle. Elle gagne la population, notamment juvénile. Mais notre siècle et le précédent ne sont pas les seuls à en avoir souffert. Les indices ne manquent pas pour déceler la présence d'obèses aussi bien dans l'Antiquité[1] qu'au Moyen Âge. La littérature mentionne par exemple des héros qui, par peur de manquer, épaississent au fil des épisodes, ainsi dans le *Roman de Renart* où Ysengrin grossit tellement que ses poils ne peuvent plus couvrir son corps et où Renart devient si gras qu'il ne peut plus marcher : il se traîne et il roule[2]... Dans les milieux de cour, où l'opulence se traduisait par une surabondance de nourriture, l'obésité est bien connue des médecins. Au xive siècle, Gui de Chauliac la définit ainsi :

> « Quand le corps est changé en si grand amas de chair et de graisse que il ne peut marcher sans fascherie, ny toucher son fondement, ny chausser ses souliers à cause de la tumeur de son ventre, ny mesmes respirer sans empeschement, il est dit gros »[3].

1/M. Grmek et D. Gourévitch, *Les Maladies dans l'art antique*, chap. VII, « Obésité et affections du ventre », p. 165 *sqq*.

2/É. Charbonnier, « Manger et boire... », p. 407.

3/Cité dans J. Rovinski, « La cosmétologie de Guy de Chauliac », p. 179.

Si les sources médicales sont riches en informations, les images, en revanche, apportent peu à la reconnaissance de la surcharge pondérale au Moyen Âge. Contrairement à l'art antique, qui insiste volontiers sur les maladies et les déformations du corps, l'art médiéval avait tendance à embellir ses sujets. Cela ne vaut plus pour la peinture de chevalet, au xve siècle. Les sources abondent dès lors en portraits de personnages aristocratiques d'âge mûr ou vieillissants[4] avec panse arrondie ou double menton, tels Robert de Masmines, un capitaine des troupes du duc de Bourgogne, peint par le Maître de Flémalle, le chancelier Rolin dans le tableau de Van Eyck, *Marie et l'Enfant Jésus*, peint en 1436 ; le roi René, dans le Diptyque Matheron (Louvre) ou encore Catherine Cornaro, reine de Chypre – l'île du sucre –, peinte par Gentile Bellini. Et les portraits d'aristocrates enveloppés se multiplient au xvie siècle, tel celui de Catherine d'Aragon, épouse du roi Henri VIII d'Angleterre, amorce d'un goût nouveau qui fera bientôt préférer les chairs voluptueuses des femmes de Rubens aux menues damoiselles d'antan.

Les enluminures de manuscrits conservent en revanche longuement la coutume de ne représenter que des spécimens parfaits d'humanité. L'homme idéal, pour le médecin, est gracile, et les enlumineurs vont jusqu'à proposer, dans la seconde moitié du xve siècle, ainsi chez le Maître de Wavrin, des modèles de beauté d'une minceur quasi arachnéenne, d'un type qualifié de « gresles » dans la littérature didactique du xve siècle. Bien que les enluminures du beau Moyen Âge privilégient les jeunes hommes à la taille cintrée et les jeunes femmes idéalement minces, quoique souvent au ventre arrondi en promesse de fécondité, le surpoids n'est pas systématiquement stigmatisé. On le voit affiché sans intention critique chez certains hommes du peuple, paysans ou artisans, dans les milieux bourgeois chez des personnages secondaires, servantes ou entremetteuses[5], mais aussi chez les grands aristocrates d'un certain âge, tel le duc Jean de Berry, chez

4/Ces portraits peuvent aussi être scripturaires, visant par exemple les gras cardinaux de la cour de Pie II (B. Laurioux, *Gastronomie et humanisme*…, p. 496, n. 286).

5/Paris, Arsenal, ms 664 Rés. *Térence des ducs*, début du xve siècle.

qui il fait poids, *stricto sensu*. Il est même valorisé, dès le XIVe siècle, chez les nourrices[6], les aubergistes[7], les cuisiniers[8] et les goûteurs[9], à qui il sert de publicité corporelle.

L'obésité est en revanche figurée comme un défaut quand elle atteint les usuriers, ainsi figurés aux enfers[10] – pour avoir engraissé aux dépens d'autrui –, ou quand elle touche les clercs d'Église, qui devraient s'astreindre à moins d'excès. À la fin du XVe siècle, un texte moralisateur, « La condamnation des bancquets », stipendie aussi les laïcs qui s'adonnent à la bonne chère[11]. Un autre texte, humoristique, fait d'« un large estomac, d'un ventre spacieux, un appétit continu [...] » l'image même du régime alimentaire de Carnaval, si riche qu'il va jusqu'à faire « épaissir les coins de l'œil »[12]. Cette époque semble marquer une étape dans la prise en considération peccamineuse du tour de taille, avec la représentation de cette maladie dans la série des *Sept péchés capitaux*, de Jérôme Bosch[13]. À l'orée du XVIe siècle, dans l'enluminure comme dans la sculpture, les riches bourgeois sont volontiers caricaturés attablés, le visage marqué par des joues bouffies et un double menton, signes de concupiscence et d'animalité.

L'obésité est jugée doublement mauvaise, non seulement parce qu'elle touche l'intégrité corporelle, mais parce qu'elle « fait obstacle aux sens et à l'intelligence », dit Jean de San Gimignano[14]. Les médecins se montrent sensibles au problème

6/Fresque de l'hôpital de la Scala, Sienne, v. 1465.

7/Paris, BNF, ms 5227 f° 14.

8/Paris, Arsenal, ms 5070 f° 173 v°. Boccace, *Décaméron*, 1450.

9/Giotto, *Les Noces de Cana*, Padoue, chapelle degli Scrovegni.

10/Par exemple, fresque de l'enfer du Dôme de San Gimignano (1393-1413), par Taddeo di Bartolo ; Jugement dernier de la cathédrale Sainte-Cécile d'Albi, fin du XVe siècle.

11/J. Wathelet-Willem, « Répression des excès de table... ».

12/Cité par B. Laurioux, *Gastronomie et humanisme*..., p. 270.

13/ Madrid, Prado (vers 1475).

14/Cité dans C. Casagrande et S. Vecchio, *Histoire des péchés capitaux*..., p. 216. *Idem* chez Vittorino da Feltre, cité par B. Laurioux, *Gastronomie et humanisme*..., p. 327 : l'obésité est qualifiée de « très lourd fardeau qui obscurcit l'esprit ».

du surpoids. Considérant l'obésité sous l'angle de la maladie, ils proposent aux obèses, classés dans la catégorie des mélancoliques, des traitements médicaux, des diètes et des listes d'aliments à consommer ou à éviter. Comme les moralistes, ils préconisent la modération alimentaire. Au fil du temps, la physiognomonie diabolise la surcharge pondérale : on veut percevoir les mœurs d'une personne à travers son apparence physique[15]. En faisant abstraction du versant moralisateur, peut-on tirer profit de leurs conseils aujourd'hui ? Sont-ils judicieux ? Faut-il y revenir ? Et quels sont les modes de consommation communs au XXIe siècle et au Moyen Âge qui expliquent la présence déjà du surpoids ?

Les modèles alimentaires

Dans les derniers siècles du Moyen Âge, la consommation alimentaire dépend non seulement de la confession – un chrétien était obligé de manger du poisson la moitié de l'année – mais aussi de l'aisance financière, et surtout du milieu social. Les aristocrates mangent sur un mode symbolique, les pauvres sur un mode économique. Les premiers, d'ascendance élevée, ne consomment pas d'aliments qui poussent au ras du sol, comme les légumes. Ils mangent beaucoup de viande, grillée, rôtie ou en pâtés, et apprécient par-dessus tout les volatiles, parce que leurs ailes leur permettent de s'élever au-dessus des autres animaux, tout comme eux le sont au-dessus des autres hommes. Ils consomment peu de gibier, parce que préférant aux aliments sauvages les viandes domestiques. D'ailleurs, ils aiment le goût du gras, valorisé : on n'hésite pas à prendre « de la viande grasse parmi les parties les plus grasses » pour concocter la « tourte de vinaigre », jugée une des meilleures[16]. Du porc, ils apprécient surtout les hures, pour des raisons symboliques : il s'agit de servir les chefs à des chefs. Ils aiment les viandes grillées. Comme tous les gens aisés, les nobles mangent surtout du fromage sous forme cuite, dans

15/Sur ce point, voir J.-C. Schmitt, *La Raison des gestes…*, pp. 232-233.

16/L. Bolens, « L'art culinaire médiéval andalou… », p. 142.

les tartes, les tourtes, les raviolis, etc. Ils ont au cours du XIVe siècle adopté un médicament, le sucre, comme aliment, et en raffolent. Les recettes qui en exigent se multiplient au XVe siècle : raviolis sucrés, poisson sucré, etc. jusqu'à aboutir à des menus tout entiers sucrés, à la fin du XVe siècle[17]. Quant aux fruits, les médecins s'en méfient. Les fruits autochtones sont plutôt mangés en médicament, comme les prunes. Pommes et poires sont mangées cuites, dans les tartes ou les pâtés, mais noyées dans le sucre ; les agrumes arrivent sur les tables françaises de la fin du XIVe siècle, mais ils sont très acides et de surcroît considérés comme trop humides pour être pris nature ; on s'en sert surtout pour aromatiser les sauces.

Les paysans mangent les légumes de leur jardin, des viandes bouillies, davantage de laitages, sous forme de fromages frais ou vieux, mais non transformés en cuisine. Le lait, s'il faut en boire, est classé selon sa digestibilité : les médecins déconseillent le lait de vache, jugé nutritif mais gras, et préconisent le lait de chèvre, moins mollificatif. Les ruraux mangent des fruits de saison, mais ils sont peu variés : pommes, poires, coings. Pas de fraises, peu de baies, plutôt réservées à la médecine, pas d'agrumes, trop chers. Ils ne manquent pas de viande, qu'ils mangent uniquement bouillie, mais ce sont souvent des bas morceaux. Ce qui les distingue des aristocrates soumis au risque de l'obésité est l'absolue absence de sucre, la consommation de légumes et la cuisson bouillie des viandes[18].

En outre, les aristocrates mangent deux repas par jour seulement, parce que les moralistes leur ont enseigné que « trois repas est vie de bête », comme le dit un proverbe médiéval. Vie de bête, ou vie de paysans, qui, eux, en font trois, et y ajoutent des collations pour reprendre des forces, car les « travailleurs ont besoin d'aliments plus nombreux et plus grossiers que ceux qui sont oisifs », disent les médecins[19]. Au régime alimentaire, il faut ajouter le genre de vie.

17/Repas de sucre du « banquet pour ma damoiselle » dans le *Viandier* de Taillevent imprimé à la fin du XVe siècle.

18/À ce propos, Hervé This a pu se demander : maigrit-on en ne mangeant que des viandes bouillies ? Voir H. This, *Les Secrets de la casserole*, p. 72.

19/Giacomo Albini, cité par M. Nicoud, « Diététique et alimentation des élites… », p. 332.

Les uns montent à cheval, les autres vont à pied. Les uns passent leur temps à monter des escaliers – ceux des châteaux –, les autres ont des maisons de plain-pied. Mais monter des escaliers ne fait perdre qu'un nombre très restreint de calories. Les différences de mode de vie font que la prise de poids varie très fortement selon les catégories sociales. Je ne prends pas en considération les milieux monastiques, dont l'archéologie funéraire a prouvé qu'ils étaient indemnes d'obésité : celle-ci laisse des traces, en l'occurrence des insertions surdéveloppées du talon d'Achille sur le calcaneum, qui peuvent correspondre soit à un individu goutteux, soit à une personne diabétique ou obèse, soit encore à la course à pied[20], activité que les moines médiévaux ne pratiquaient certainement pas !

L'obésité, une maladie

Globalement, être trop gros est considéré comme une maladie, non comme un péché. Mais c'est une mauvaise maladie. Les personnes obèses sont placées sous le signe de Saturne, une « mauvaise planète, froide et sèche, nocturnale et pesante » ; elles sont définies comme « laides, paresseuses et lourdes, les talons crevassés » par l'encyclopédiste Barthélemy l'Anglais, au XIIIe siècle[21] ; à ce dernier symptôme, on reconnaît le diabète gras. Elles risquent davantage d'attraper des maladies parce que l'obésité les affaiblit : « En effet, le souffle passe mal dans les nerfs s'il est gêné par l'épaisseur de la chair ou de la graisse », dit le même auteur[22]. Pour Constantin l'Africain, l'obésité (« *pinguedo* ») entraînait de nombreux malaises (suffocation de la chaleur naturelle du corps par réduction du volume sanguin, bloquant les canaux de l'esprit, rendant le corps plus vulnérable aux maladies[23]). Les prédicateurs eux-mêmes, tout en réprouvant l'obésité, n'omettent pas de mettre en garde contre

20/Y. Gleize et G. Goud, « Anthropologie, biochimie et alimentation », p. 60.

21/ Cité par D. Régnier-Bohler, « Exil et retour… », p. 82.

22/*Le Livre des propriétés des choses*…, p. 121.

23/Voir J. Ziegler, *Medicine and Religion*…, p. 165 et n. 154.

les risques de handicaps physiques et intellectuels issus de cet état. Jean de San Gimignano, dans sa *Summa de exemplis*, estime que « les corps obèses et trop gras sont prédisposés aux pires maladies, parce que en eux la chaleur naturelle est suffoquée [...] ».

Ces maladies, quelles sont-elles ? Elles sont énumérées par un texte moralisateur de la fin du xve siècle, « La condamnation de banquet » : quatre d'entre elles sont les suites plausibles d'une alimentation trop riche : apoplexie, paralysie, gravelle, goutte. Les autres n'ont rien à voir : l'épilicencie, la pleurésie, la colicque, l'esquinancie (l'amygdalite), la jaunisse. Chez la femme, l'obésité excessive retarde « l'accomplissement de la génération. [...] La femme trop grasse ne parvient pas à concevoir si elle ne maigrit pas, parce que la graisse de la matrice empêche l'accès de la semence[24]. » Pis encore, les parturientes obèses n'encourent pas seulement un risque dans l'accouchement, elles mettent la vie de l'enfant en danger : « un grand nombre de bébés sont étouffés [...] à cause de l'embonpoint de la mère [...] », affirme avec quelque exagération Hildegarde de Bingen. Une seule solution : « On fera maigrir les grosses... », dit, au xiiie siècle, le médecin auteur des *Infortunes de Dinah*, un traité de gynécologie, parlant des empêchements à la conception[25]. Ce n'est pas toujours possible. Hildegarde de Bingen rappelait déjà que « si la femme a une abondance de chair grasse, le chemin de l'enfant, à cause de l'embonpoint de la mère, se trouve enflé et obstrué, si bien que la parturiente souffre beaucoup [...] »[26]. À ce stade, il n'est plus question de soigner l'obésité, mais de composer avec, et la posture que l'on fait adopter à la parturiente obèse tient compte de sa corpulence : « si elle est obèse, nous l'aliterons à genoux, le visage posé sur le lit, pour alléger la graisse accumulée au-dessus de la matrice »[27]. Pour toutes ces raisons, il convient de faire perdre du poids à ceux qui sont frappés d'obésité. À cette fin, sont prescrits des traitements

24/Cité dans C. Casagrande et S. Vecchio, *Histoire des péchés capitaux au Moyen Âge*, chapitre « La gourmandise », p. 216.

25/R. Barkaï (éd.), *Les Infortunes de Dinah*, p. 161.

26/Hildegarde de Bingen, *Les Causes et les remèdes*, p. 130.

27/R. Barkaï (éd.), *Les Infortunes de Dinah*, p. 188.

qui relèvent de la thalassothérapie. Gui de Chauliac propose des bains prolongés suivis d'onctions, c'est-à-dire de massages, avec des huiles de concombre sauvage, un traitement inspiré de la médecine arabe, ou encore de gentiane et d'aristoloche. Aux onctions, il ajoute des médecines laxatives et la sudation, tous soins adoptés préventivement par des personnes encore minces. Dans le livre de médecine des femmes attribué à Trotula, une notice s'adresse « *ad viros grossos* »[28]. Il y est question de les enfouir dans une fosse en bordure de rivage, dans le sable, de les recouvrir de sable, et de les laisser transpirer « *multum* »… les « [bains] secs *[sic]* font maigrir », dit aussi un texte de l'école de Salerne[29]... Pour empêcher de grossir, le médecin Tadeo Alderotti, au XIIIe siècle, propose une fumigation de clou de girofle et d'aloès[30], des produits « chauds » selon la théorie des humeurs et donc susceptibles d'assécher l'obésité.

Outre la sudation et les fumigations, les obèses ont recours au chirurgien : Hildegarde de Bingen propose de faire des « pointes de feu » à « ceux qui sont dans la force de l'âge et ont le corps gras »[31]. Les médecins arabes, moins intrusifs, proposent des oignements, donc des massages, d'huile de concombre sauvage pour faire maigrir les obèses[32]. Ensuite, il importe de faire de l'« exercitation », autrement dit de l'exercice physique. Maino de Maineri suggère « qu'ils fassent souvent et avec empressement de l'exercice […] »[33]. Platine, au milieu du XVe siècle, propose un programme de remise en forme : « […]

28/*The Trotula…*, p. 122.

29/Cité par A.-L. Lallouette, « Bains et soins du corps… », pp. 38-39.

30/Cité par F. Aubaile-Sallenave, « Les soins de la chevelure… », p. 360.

31/Hildegarde de Bingen, *Les Causes et les remèdes*, p. 152.

32/Cité par J. Rovinski, « La cosmétologie de Guy de Chauliac », p. 179.

33/Cité dans B. Laurioux, *Manger au Moyen Âge…*, p. 138 ; M. Nicoud, *Les Régimes de santé…* Cette allusion à une pratique « sportive » mise en relation directe avec la lutte contre le surpoids est corroborée par une enluminure dans laquelle un paresseux, allégorie de Négligence, allongé sur le sol est obèse tandis que celui qui court pour porter le courrier au prince, allégorie de Diligence, reste mince. Voir A. Châtelet, « Un traité de bonnes mœurs… », p. 51 : Paris, BNF, ms Français 1023, f° 29, début du XVe siècle.

utilement te exerciteras en cheminant, travaillant, montant, descendant, portant quelque chose [...] »[34].

Puis, il convient de se mettre à la diète. Dans une société habituée à pratiquer le jeûne religieux, celle-ci ne pose pas de difficulté, mais elle peut être drastique et dangereuse. À une femme enceinte atteinte d'obésité, on va jusqu'à prescrire « la diète totale », ceci « étant pour elle une excellente chose ». Au mieux, on doit jeûner un jour sur deux, mais cette prescription vaut uniquement « pour ceux qui peuvent le supporter », dit Hildegarde de Bingen[35]. Pour finir, il s'agit de prescrire à la personne obèse un régime alimentaire.

Les régimes alimentaires

L'obésité impose un régime spécifique, en matière médicale comme en matière culinaire. Sur le plan médical, certains simples sont interdits aux obèses, comme le polypode, une fougère susceptible « d'affaiblir en lui les humeurs saines »[36] et qui, de fait, contient une saponine stéroïdique trois mille fois plus sucrée que le glucose[37]. Sur le plan culinaire, les produits de régime sont nombreux. Ainsi, au cours du premier tiers du XIVe siècle, Maino de Maineri, maître régent de la faculté de Paris, compose un régime « *de macrefaciendo pinguem* », pour faire maigrir les gros, dont nous nous sommes permis de juger les conseils[38] :

> « *Qu'ils consomment des aliments de faible qualité nutritive* [juste], *en grande quantité* [juste] *et qui descendent rapidement* [faux]. *Qu'ils se baignent souvent avant de manger* [juste, si dans une atmosphère et une eau froides, ce qui oblige le corps à brûler des calories pour maintenir sa température habituelle] *et qu'ils fassent souvent et avec empressement*

34/Platine, *De honesta voluptate...*, p. 3, et pp. 9-10, « De l'exercitation après le dormir ».

35/Hildegarde de Bingen, *Les Causes et les remèdes*, p. 162.

36/Hildegarde de Bingen, Livre des plantes, p. 176.

37/ M.-C. Grasse, « « Inventaire... », p. 67.

38/En lettres romaines, entre crochets.

> *de l'exercice* [juste] [...]. *Qu'ils évitent les viandes* [faux], *le lait et toute chose douce* [les produits sucrés, juste]. *Qu'ils consomment beaucoup de légumes* [juste] *avec des choses piquantes et acides* [faux]. [...] *Qu'ils se disposent à manger deux fois par jour* [i.e. au lieu de trois, faux, mieux vaut, au contraire, multiplier les petites prises alimentaires], *qu'ils veillent longtemps* [oui, cela fatigue l'organisme et brûle des calories] *et boivent du vin vieux et subtil* [faux]. [...] *Qu'ils consomment à jeun, quand ils ont faim, l'électuaire dont il a été question. Et après l'avoir pris, qu'ils jeûnent pour affaiblir leur appétit et l'éteindre quelque peu* [faux], *de sorte qu'ils puissent tolérer pendant un jour la faim et la soif* [mauvais pour la santé], *suer dans un bain* [faux, la sudation fait perdre des toxines, momentanément seulement de l'eau, non de la graisse] *et prendre des médecines qui font maigrir*[39]. »

Quelles sont les « médecines qui font maigrir » ? D'abord des électuaires, qui servent de coupe-faim ou de dépuratif, tel « l'électuaire de l'embonpoint » d'Avicenne[40]. Ensuite, des herbes : la « diète atténuante » de Guy de Chauliac inclut des simples médecines « qui provoquent l'urine et la sueur comme la rue, l'aristoloche, la gentiane, le pouliot, la petite centaurée, la vipère brûlée... ».

Plus généralement, les régimes de santé interdisent aux obèses les nourritures excessives, ce qui est judicieux, les plats trop chauds ou épicés, un conseil de l'ordre du symbolique, induit par l'obéissance à la théorie des humeurs[41] : en effet, parmi les épices, le gingembre notamment passe alors pour rendre les personnes grasses stupides et hébétées[42]... On sait d'expérience que « manger beaucoup [...] fait grossir »[43]. Au premier rang des aliments grossissants, les savants médiévaux classent avec justesse le vin, dont Barthélemy l'Anglais, auteur, au XIIIe siècle, d'une encyclopédie, le *Livre des*

39/ Cité dans M. Nicoud, *Les Régimes de santé...*, p. 1.

40/Il comprend neuf ingrédients. Voir R. Jazi et F. O. Asli, « La pharmacopée... », p. 15. Des recettes existent depuis le *Naucratis* d'Athénée (début du IIIe siècle après J.-C.), qui utilisent notamment la mauve.

41/D. Poirion et C. Thomasset, *L'Art de vivre...*

42/*Id.*, cité par M.-G. Grossel, « Plantes de santé... », p. 54.

43/Hildegarde de Bingen, *Les Causes et les remèdes*, p. 140.

propriétés des choses, dit qu'il « engraisse le corps ». Dans la liste très pertinente des aliments qui « rendent grasse la chair », pour reprendre le mot d'Hildegarde de Bingen, il y a le miel, qui, bien que considéré comme un excellent médicament, a des effets secondaires indésirables : il « alourdit l'homme » et « provoque de la putréfaction » si celui qui en prend est un « homme qui est gras et a des chairs épaisses »[44] ; le coing, peut-être parce qu'il était usuellement consommé confit, plus sûrement parce qu'il était déconseillé par Avicenne en cas de diabète[45] ; l'huile de noix, qui « rend grasse la chair »[46] ; le beurre, déconseillé : « Pour un homme en bonne santé et qui n'est pas trop gros, le beurre est bon à manger ; que celui qui est déjà gros en mange modérément pour ne pas grossir davantage »[47]. Hildegarde de Bingen le répète dans le « Livre des plantes » : « si on a des chairs abondantes, il faut en manger modérément, de peur que les chairs, faibles, ne s'engraissent encore »[48].

Manger des féculents est aussi interdit, à juste titre : consommer des faines « fait grossir », dit Hildegarde de Bingen. C'est vrai. Le fruit du néflier, « tout à fait chaud », n'est pas spécifiquement interdit aux obèses par le « Livre des plantes » d'Hildegarde de Bingen ; mais elle en dit qu'il « fait développer les chairs [49] ». Il en est de même des pois chiches, surtout si l'on boit de leur eau de trempage[50], dit le *Livre des simples médecines*. C'est vrai pour la première partie du conseil, faux pour la seconde, car les sucres ne passent pas dans les eaux de cuisson, qui recueillent en revanche les protéines.

Les médecins arabes accusent d'ailleurs du même défaut la bouillie de blé dur ou d'orge concassé insuffisamment cuite, « pleine de flegme », ainsi que le *tharid*, bouillon gras aux viandes et légumes lié

44/Hildegarde de Bingen, Les plantes…, p. 161.

45/Cité par M. Grmek (éd.), *Histoire de la pensée médicale…*, p. 139.

46/Hildegarde de Bingen, Les arbres…, p. 26.

47/ Hildegarde de Bingen, Les arbres…, pp. 207-208.

48/Hildegarde de Bingen, Livre des plantes…, p. 163.

49/Hildegarde de Bingen, Livre des arbres, p. 39.

50/B. Rosenberger, « Diététique et cuisine…», *in Le Désir et le goût*, pp. 175-191, ici p. 181 et 185. Voir aussi le *Livre des simples médecines*, p. 156.

de pain émietté : ils sont « bons pour les jeunes », dit-on, ce qui laisse entendre que l'âge mûr, qui n'a plus besoin de forcir, devrait s'en abstenir[51]. Ils auraient eu bien raison de le faire pour le bouillon gras de viande, beaucoup moins pour les céréales. Cette interdiction, en effet, ne correspond pas tout à fait à la réalité biologique. S'il est vrai qu'elles sont nutritives, et donc susceptibles de faire grossir, le fait qu'elles soient insuffisamment cuites, au contraire, oblige le corps à dépenser des calories pour les digérer. Autre erreur médiévale, l'interdiction de manger du chou, classé dans les aliments humides, qui ne convient pas aux obèses, gonflés d'eau. Au contraire, le chou est un légume très pauvre en calories. Mais on le place alors au même rang que les lentilles et autres légumineuses, accusées d'attirer les mélancoliques à grand appétit[52].

Les conseils des régimes de santé sont donc aussi bien pertinents (en interdisant aux obèses les nourritures excessives) que d'ordre symbolique et non justifiés, sinon sur le plan des humeurs (les plats trop chauds ou épicés[53]). Ils prescrivent de manger légèrement et sobrement, notamment au souper. Sobrement, à savoir ni vin ni épices. Même le sénevé, plante dont on fait la moutarde, pourtant le condiment par excellence du paysan, avec le poivre rond, est mal vu – à tort – par une Hildegarde de Bingen. Il lui paraît inadapté aux personnes atteintes de surcharge pondérale : « il fait du mal aux malades et aux personnes plus grosses », dit-elle, entraînant une gêne pour la respiration de ces dernières[54]. Les régimes de santé proposent enfin des cures d'amaigrissement.

Faire maigrir les gros

Il ne manque pas de recettes médiévales pour faire maigrir les obèses, et elles ne sont pas erronées. « On fera maigrir les grosses », dit-on à propos des femmes enceintes, par exemple en les nourrissant d'une alimentation légère à base de farine cuite

51/B. Rosenberger, « Diététique et cuisine… », pp. 184-185.

52/M.-C. Pouchelle, « Les appétits mélancoliques… », p. 83.

53/D. Poirion et C. Thomasset, *L'Art de vivre…*

54/Hildegarde de Bingen, Livre des plantes…, p. 102.

et d'œufs coque[55]. Il existe des aliments dont on estime qu'ils ne font pas grossir : coq et poules, de nature froide et sèche[56], et œufs coque. Parmi les aliments considérés comme maigres, on compte la viande de chèvre, de chevreau, voire d'autruche[57]. Pour ce qui est des volatiles, et de leurs œufs, il s'agit en effet de viandes maigres ; pour ce qui est des caprins, il s'agit plus sûrement de viandes sèches selon la théorie des humeurs.

La fleur de châtaignier passe pour faire maigrir les obèses. Platéarius propose aussi le chaton de noisette et la fleur de noisetier : « remplir une poêle de fleurs de noisetiers, bouillir dans du vin nuit et jour, rajouter au besoin du vin ; filtrer et boire de ce vin pendant cinq jours. Que tout ceci soit fait au mois de février »[58]. Le raifort également : « Si quelqu'un est fort et gros mange du raifort, celui-ci le soigne et le purifie à l'intérieur[59]. » De cette plante, Hildegarde dit également qu'elle dessèche l'homme de l'intérieur lorsqu'on la consomme déjà un peu durcie[60]. Font aussi maigrir le vinaigre, selon Arnaud de Villeneuve et Razès, dit Platine[61], le tartre selon le *Livre des simples médecines* : « la poudre de tartre donnée avec les aliments ou autrement fait perdre de la graisse (les Sarrasins en usent pour maigrir) »[62].

Faire grossir les maigres

Les interdits alimentaires des obèses peuvent également être déduits des régimes composés pour les personnes trop maigres, la maigreur étant tout autant combattue que l'obésité. Il y a en effet, dans les livres de médecine médiévaux, des « Chapitre des choses qui

55/Hildegarde de Bingen, Livre des oiseaux, p. 161.

56/Hildegarde de Bingen, Livre des oiseaux, p. 145.

57/Hildegarde de Bingen, Livre des oiseaux, p. 129.

58/M.-G. Grossel, « Les plantes de santé... », p. 54.

59/Hildegarde de Bingen, Livre des plantes, p. 99.

60/Hildegarde de Bingen, Livre des plantes, p. 125.

61/Platine, *De honesta voluptate...*, p. 40.

62/*Livre des simples médecines*, p. 192.

engraissent le corps »[63], dont la liste est pleine de pertinence : ainsi, il était d'usage de « gaver » les maigres d'un régime riche en pain ou en légumes secs. Qu'est-ce qui engraisse le corps et qui, potentiellement, était donc interdit aux obèses ? Boire du vin, qui « engraisse le corps », dit Barthélemy l'Anglais, ce qui est vrai, mais n'est pas forcément entendu pour de bonnes raisons : c'est sans doute parce que le raisin passe alors, dit Albucasis dans le *Tacuinum Sanitatis*, et ce n'est pas vrai, pour accélérer la formation des graisses.

Les bouillies sont des plats de régime destinés à ceux qui veulent grossir. C'est pourquoi à celle de blé, très nourrissante, et à la bouillie d'avoine, réservée à ceux qui veulent « encrassier », il faut préférer pour les malades la bouillie d'orge, et pour les personnes en surcharge pondérale le seigle : « le pain qu'on en fait, […] pour les gens dont la chair est grasse, il est bon également, car il diminue leur graisse tout en les rendant vigoureux »[64]. Quel que soit le pain, mieux vaut pour ne pas grossir manger la croûte du pain plutôt que la mie[65], dit Platine, qui se trompe sur ce point. Aldebrandin de Sienne, médecin picard de la fin du XIIIe siècle auteur d'un *Régime du corps*, propose même une recette de bouillie faite de farines d'avoine et d'épeautre, mêlées avec de la coulure de son de froment, le tout cuit avec du sucre, des pilules de sucre, et quatre jaunes d'œuf. Ces diverses considérations sur les céréales sont la résultante de la théorie des humeurs. En réalité, les céréales ont toutes la même valeur calorique, et que l'on en consomme la croûte ou la mie, cela ne change rien.

Le plus remarquable est la différence qui s'instaure entre les livres de médecine arabe et les traités occidentaux. On trouve des recettes pour faire grossir les maigres dans les livres occidentaux, et des recettes pour faire grossir les femmes dans les ouvrages du monde arabe. Bon nombre de produits sont en cause, dont les vertus ont été bien perçues par les savants : la noix de coco donne de l'embonpoint selon Ibn Battuta, le voyageur du XIIIe siècle. Les dattes également, qui sont, comme la noix de coco, commercialisées en Occident mais

63/Par exemple, Paris, BNF, ms Français 1166 f° 80 v°.

64/Hildegarde de Bingen, Livre des plantes, p. 32.

65/Platine, *De honesta voluptate…*, p. 14.

servent en cuisine alors que la noix d'Inde ne sert qu'en médecine : Hildegarde de Bingen les classe parmi les aliments chauds et les juge aussi nourrissantes que le pain, qui « alourdit » celui qui en mange trop. Platine confirme. Selon le médecin Prosper Alain, qui accomplit un voyage en Égypte en 1581-1584, ce serait surtout le sésame qui aurait un effet grossissant, et plus encore son huile. Ce médecin semble avoir porté un grand intérêt aux plantes susceptibles de lutter contre l'embonpoint devenu, à sa période, une vraie surcharge pondérale. Il s'attarde donc sur le sésame. Bien que jugé de faible valeur nutritive, « les femmes qui en consomment beaucoup engraissent. Celles qui veulent grossir mangent les graines sans leur enveloppe. Ce qui fait surtout engraisser, c'est l'huile extraite des graines, et, plus encore, le résidu de l'huile [...]. Elles ont l'habitude, aux bains, de boire l'huile et le résidu pour engraisser »[66].

Gros ou pas : une question sociétale

À l'intérieur d'une même société, la tolérance ou l'admiration envers les personnes dotées d'un certain « embonpoint » fluctuent. Le terme d'embonpoint lui-même est positif : on a de l'embonpoint quand on est « en bon point ». Les milieux sociaux ordinaires ne méprisent pas celui qui pèse son poids. Il fait ainsi montre de bonne santé et de force physique. Certaines parties du corps sont appréciées arrondies, telles les fesses, chez les hommes comme chez les femmes – et même chez les anges, comme on peut le voir dans un dessin du XVe siècle... Transposé au corps humain, le gras est positif : par exemple, le bébé idéal des femmes de la Dombes observées par l'inquisiteur Étienne de Bourbon est « gras et gros ». L'étudiant idéal, celui qui séduit les femmes dans le fabliau intitulé « La bourgeoise d'Orléans », est bien en chair, « gros et gras, qui moult mangeoient sans gaz »[67]. Les clercs

66/P. Alain, *Plantes d'Égypte*, pp. 98-99.

67/Cité dans M.-T. Lorcin, « Le corps a ses raisons... », p. 109.

sont même appréciés « mignoz et gras »[68]. Néanmoins, le « beau garçon » du XIIIe siècle, un forgeron par exemple, comme dans le fabliau du « fèvre de Creil » doit rester bien profilé, pour reprendre l'expression de Marie-Thérèse Lorcin : « les reins larges, grailes les flancs, gros par espaules, et espez ». On invente le pourpoint molletonné pour mieux mettre en valeur les pectoraux. Dans les milieux bourgeois, il est bien difficile de connaître la frontière qui séparait une belle femme d'une femme trop enveloppée quand on lit, dans le *Ménagier de Paris*, à la même période, que le cheval idéal doit, comme les jeunes filles, avoir de « grosses fesses »... Les images des vingt dernières années du XVe siècle confirment ce canon corporel d'une certaine rondeur pour les jeunes hommes, et des cuisses larges et rondes fesses pour les femmes, figurées plus hanchues qu'au temps de Charles V.

Par ailleurs, on observe, dès le XVe siècle, chez les laïcs, l'impact de l'obésité sur l'estime de soi. Regard négatif vis-à-vis de soi-même, dont témoigne le cas de Galeazzo Sforza, qui se corsetait pour ne pas avoir à se priver des plaisirs de la table et se fit poignarder le jour où il ne put continuer d'entrer dans ses corsets, ou d'un Filipo Maria Sforza, qui refusait qu'on lui fît son portrait[69]... Regard inquiet d'un Matthaus Schwartz, dans les années 1530, qui se fit peindre nu, de face et de dos, s'observant comme dans un miroir et, se voyant épaissi, constate que parvenu à la trentaine, il a bien changé depuis le temps de sa jeunesse sportive et élégante[70]. Le regard porté sur les obèses et par eux-mêmes sur eux-mêmes dépend des cultures et des milieux sociaux, et même des classes d'âge. Dans l'Occident médiéval, puis de nouveau dans la seconde moitié du XXe siècle, les élites ont privilégié la minceur, renvoyant le gras à la paysannerie, donc à la rustrerie. « Gros ventrus, choux cabus », est-il dit proverbialement, au XVIe siècle, dans les *Satires*

68/M.-T. Lorcin, *Façons de sentir...*, p. 79 (« De la dame qui fit battre son mari »).

69/M. Toussaint-Samat, « Gastronomie et fastes culinaires... », p. 108 et n. 13, p. 116.

70/Paris, BNF, ms Allemand 211, publié par P. Braunstein, *Un banquier mis à nu.*

des tables papales de Théodore de Bèze. *A contrario*, certains peuples apprécient la grosseur de leurs femmes, et les voyageurs européens s'en étonnent ou l'admirent, selon qu'ils sont issus du monde chrétien ou du monde arabe. Il existe, chez les médecins arabes, de nombreuses recettes pour faire grossir les femmes. Le *Livre des simples médecines*, de Platéarius, un texte de l'école de Salerne inspiré par le monde arabe, signale, à la notice des pois chiches, que « ceux qui en mangent (et qui sont devenus "enflés" ou "boursouflés") ont la peau belle, polie et luisante, car elle est bien tendue »[71]. Les voyageurs arabes disent apprécier vivement les femmes vraiment grasses : « les femmes de Bardamah sont les plus belles du monde [...]. Elles sont d'un blanc pur et ont de l'embonpoint. Je n'ai vu dans aucun pays de l'univers des femmes aussi grosses que celles-ci ». Les voyageurs occidentaux sont témoins de ce goût et, confrontés à des canons de la beauté tout différents des leurs, s'en étonnent, tel Marco Polo, au XIIIe siècle, à propos des femmes de l'Ouzbékistan : « elles montrent qu'elles ont de grosses fesses [..] car leurs hommes se délectent des femmes rebondies et celle qui paraît la plus remplie au-dessous de la ceinture leur semble plus belle que les autres »[72]...

Trois siècles plus tard, un Européen ne s'en serait pas inquiété : on appréciait désormais aussi les femmes opulentes, les canons de la beauté s'étant peut-être pliés aux conséquences de la gastronomie. C'est ce qu'ont postulé, il y a vingt-cinq ans déjà, Jean-Louis Flandrin et Marie-Claude Phan, après avoir mis en évidence une mutation du régime alimentaire, la conquête de la cuisine par le beurre, auparavant un médicament seulement. Ainsi, le beurre n'apparaît, au XIVe siècle, que dans 1,4 à 3 % des livres de cuisine français et anglais, mais il est présent dans 7,5 % des recettes du *Viandier* de la fin du XVe siècle et dans pas moins de 33 % de celles du *Livre fort excellent de cuisine*, au milieu du XVIe siècle. Aux XVIIe-XVIIIe siècles, le beurre s'introduit dans 35 à plus de 60 % des

71/*Livre des simples médecines*, p. 156.

72/Cité dans J.-P. Rioux, *Les Explorateurs au Moyen Âge*, p. 274.

recettes[73]. Cette double évolution du corps et du goût aurait-elle une seule et même origine ? « Ne serait-ce pas, entre autres raisons, parce que leur régime alimentaire se transformant, les femmes de l'aristocratie sont devenues plus grasses, que les beautés à la mode sont devenues à la mode ? », se demandaient J.-L. Flandrin et M.-C. Phan[74].

Ce modèle de beauté, culturel, est vraisemblablement toujours à l'œuvre dans une partie de la population. On dit communément aujourd'hui que les catégories sociales les plus modestes sont davantage touchées par l'obésité que les autres. On ne précise jamais de quelle culture sont issues les personnes en question. En se souvenant du Moyen Âge arabe, prendre ce facteur en considération permettrait peut-être de mieux faire passer auprès des populations concernées les messages sanitaires. Pour les autres, revenir à la cuisine domestique, aux cuissons bouillies de viandes pré-grillées, ce qui en faisait sortir la graisse, aux œufs coque plutôt qu'à la viande, au pain peu salé et complet, à l'absence de tout mets sucré et de chips – la pomme de terre n'ayant pas encore été découverte –, manger du chou et des panais plutôt que des patates, renoncer au beurre, adopter des plats qui exigent un effort de digestion, ne plus boire de sodas, enfin, accepter une simple pomme pour dessert, comme dans les milieux ruraux médiévaux, permettraient sans aucun doute au moins de prévenir voire de combattre l'obésité infantile. Mais sommes-nous encore capables d'un tel retour en arrière ?

73/J.-L. Flandrin, « Et le beurre conquit la France », p. 108.

74/J.-L. Flandrin et M.-C. Phan, « Les métamorphoses… », p. 57.

Bibliographie

Sources

P. Alain, *Les Plantes d'Égypte,* traduit du latin, présenté et annoté par R. de Fenoyl, Le Caire, Institut français d'archéologie orientale, 2007 (2e édition).

Aldebrandin de Sienne, *Le Régime du corps,* éd. Landouzy et Pépin, 1911 ; édition électronique, Thomas Gloning, 2000.

R. Barkaï (éd.), *Les Infortunes de Dinah*, Paris, Éditions du Cerf, 1991.

T. de Bèze, *Satyres chrestiennes de la cuisine papale*, édition critique par Charles-Antoine Charmay, Genève, Droz, 2005.

P. Braunstein (éd.), *Un banquier mis à nu*, Paris, Gallimard, Albums Découvertes, 1992.

A. Châtelet, « Un traité de bonnes mœurs écrit et illustré dans une période tourmentée. Le manuscrit Français 1023 daté de 1410 de la Bibliothèque nationale de France », *Art de l'enluminure*, hors-série n° 1 de la revue *Arts et Métiers du livre*, juin-août 2002, pp. 40-62.

M.-C. Grasse, « Inventaire de l'apothicaire Tossanti à Grasse au xve siècle », *Parure et hygiène à la fin du Moyen Âge*, n° spécial de *Recherches Régionales, Alpes-Maritimes et contrées limitrophes*, n° 147, 1998, pp. 44-56.

Hildegarde de Bingen, *Les Causes et les remèdes*, traduit et présenté par Pierre Monat, Grenoble, Jérôme Millon, 1997 ; *Le Livre des subtilités des créatures divines (Physique). Les plantes, les éléments, les pierres, les métaux,* Grenoble, Jérôme Millon, 1989.

Le Livre des propriétés des choses. Une encyclopédie au xive siècle, introduction, mise en français moderne et notes de Bernard Ribémont, Paris, Stock/Moyen Âge, 1999.

Le Livre des simples médecines, d'après le manuscrit français 12 322 de la BN de Paris, édité par Claudia Opsomer, Paris, Ozalid & Textes cardinaux/BN, 1986.

Platine (Bartolomeo Sacchi, dit), *Le Platine en françois. De honesta voluptate et valetudine d'après l'édition de 1505,* Houilles, Éditions Manucius, « Livres en bouche », 2003.

D. Poirion et C. Thomasset (éd.), *L'Art de vivre au Moyen Âge*, Paris, Philippe Lebaud/Éditions du Félin, 1995.

Taillevent, *Le Viandier d'après l'édition de 1486,* Houilles, Éditions Manucius, 2001.

The Trotula. A Medieval compendium of women's medicine, édité par Monica H. Green, Philadelphie, University of Pennsylvania Press, 2001.

Études

F. Aubaile-Sallenave, « Les soins de la chevelure chez les musulmans au Moyen Âge (Thérapeutique, fonction sociale et symbolique) », *Les Soins de beauté au Moyen Âge, Actes du IIIe colloque international, Grasse (26-28 avril 1985)*, Nice, Université de Nice, 1987, pp. 347-365.

L. Bolens, « L'art culinaire médiéval andalou est baroque : les ruses de la science au service du goût (xie-xiiie siècle), *in Manger et boire au Moyen Âge*, Les Belles Lettres, 1984, pp. 141-148.

C. Casagrande et S. Vecchio, *Histoire des péchés capitaux au Moyen Âge*, Paris, Aubier, 2003.

É. Charbonnier, « Manger et boire dans l'*Ysengrinus* », *Manger et boire au Moyen Âge, op. cit,* pp. 405-414.

J.-L. Flandrin, « Le goût et la nécessité : sur l'usage des graisses dans les cuisines d'Europe occidentale (xive-xviiie siècle) », *Annales E.S.C.*, 38-2, 1983, pp. 369-401.

J.-L. Flandrin et M.-C. Phan, « Les métamorphoses de la beauté féminine », *L'Histoire*, juin 1984, n° 68, pp. 48-57.

J.-L. Flandrin, « Et le beurre conquit la France », *L'Histoire*, n° 85, 1986, pp. 108-111.

Y. Gleize et G. Goud, « Anthropologie, biochimie et alimentation », *in* É. Normand et C. Treffort (dir.), *À la table des moines charentais*, Geste éditions, 2005, p. 60.

M. Grmek (dir.), *Histoire de la pensée médicale en Occident*, t. i, *Antiquité et Moyen Âge*, Paris, Le Seuil, 1995.

M. Grmek et D. Gourévitch, *Les Maladies dans l'art antique*, Paris, Fayard, « Penser la médecine », 1998.

M.-G. Grossel, « Plantes de santé, plantes de beauté, plantes du bonheur : les herbiers du Moyen Âge », *Parure et hygiène…*, *op. cit,* pp. 44-56.

Radhi Jazi et Farout O. Asli, « La pharmacopée d'Avicenne », *Revue d'Histoire de la Pharmacie*, 85e année, t. XLV, 1er trimestre 1998, n° 317, pp. 9-28.

A.-L. Lalouette, « Bains et soins du corps dans les textes médicaux (xiie-xive siècles) », *in* S. Albert (dir.), *Laver, monder, blanchir. Discours et usages de la toilette dans l'Occident médiéval*, Paris, PUPS, 2006, pp. 33-49.

A.-L. Lalouette (coord.), *La Faim et l'appétit*, n° 12 de *Questes, Bulletin des jeunes chercheurs médiévistes*, juin 2007.

B. Laurioux, *Manger au Moyen Âge. Pratiques et discours alimentaires en Europe aux xive et xve siècles*, Paris, Hachette, 2002.

B. Laurioux, *Gastronomie, humanisme et société à Rome au milieu du xve siècle*, Lausanne, Micrologus, 2006.

M.-T. Lorcin, « Le corps a ses raisons dans les fabliaux. Corps féminin, corps masculin, corps de vilain », *Le Moyen Âge*, n° 3-4, 1984, pp. 433-453.

M.-T. Lorcin, *Façons de sentir et de penser : les fabliaux français*, Paris, Honoré Champion, 1979.

M.-T. Lorcin, *Pour l'aise du corps. Conforts et plaisirs, médications et rites, XIIIe-XVe siècles*, Orléans, Paradigme, 1997.

M. Nicoud, *Les Régimes de santé au Moyen Âge. Naissance et diffusion d'une écriture médicale (XIVe-XVe siècle)*, Rome, École française de Rome, 2007.

M. Nicoud, « Les médecins à la cour de Francesco Sforza ou comment gouverner le prince (deuxième moitié du xve siècle) », dans O. Redon, L. Sallmann et S. Steinberg (éd.), *Le Désir et le goût. Une autre histoire (XIIIe-XVIIIe siècles). Actes du colloque international à la mémoire de Jean-Louis Flandrin, Saint-Denis, septembre 2003*, Saint-Denis, Presses Universitaires de Vincennes, 2005, pp. 201-217.

M. Nicoud, « Diététique et alimentation des élites princières dans l'Italie médiévale », *Actes du colloque Pratiques et discours alimentaires en Méditerranée de l'Antiquité à la Renaissance*, Cahiers de la villa « Kérylos », n° 19, Beaulieu-sur-Mer (Alpes-Maritimes), Paris, 2008, pp. 317-336.

M.-C. Pouchelle, *Corps et chirurgie à l'apogée du Moyen Âge. Savoir et imaginaire du corps chez Henri de Mondeville, chirurgien de Philippe le Bel*, Paris, Flammarion, 1983.

M.-C. Pouchelle, « Les appétits mélancoliques », *Médiévales*, « Nourritures », n° 5, novembre 1983, pp. 81-88.

D. Régnier-Bohler, « Exil et retour. La nourriture des origines », *Médiévales*, « Nourritures », n° 5, novembre 1983, pp. 67-80.

J.-P. Rioux, *Les Explorateurs au Moyen Âge*, Paris, Fayard, 1985.

B. Rosenberger, « Diététique et cuisine dans l'Espagne musulmane du xiiie siècle », *Le Désir et le goût…, op. cit.*, pp. 175-191.

J. Rovinski, « La cosmétologie de Guy de Chauliac », *Les Soins de beauté au Moyen Âge*, Nice, Université de Nice, 1987, pp.171-182.

J.-C. Schmitt, *La Raison des gestes dans l'Occident médiéval*, Paris, Gallimard, 1990.

H. This, *Les Secrets de la casserole*, Paris, Belin, 1993.

M. Toussaint-Samat, « Gastronomie et fastes culinaires à la cour sforzesque et chez les bourgeois de Milan au milieu du xve siècle », *Manger et boire au Moyen Âge, op. cit.*, pp. 105-119.

J. Wathelet-Willem, « Répression des excès de table et de vin à la fin du xve siècle : La condamnation des bancquets à la louange de Diepte et Sobriété », *in Manger et boire au Moyen Âge, op. cit.*, pp. 307-312.

J. Ziegler, *Medicine and Religion c. 1300. The case of Arnau de Vilanova*, Oxford, Clarendon Press, 1998.

Nourritures, corps et âme

Nourritures, corps et âme[1] : une nourriture transformée, qui transforme celui qui l'ingère, n'est-elle pas le fondement de tout processus de vie, corps et âme ? La nourriture ainsi assimilée, et donc compatible suggère une rencontre en quelque sorte : sans nourriture, il n'est guère de vie possible, même au paradis, où le lion, comme le bœuf, mangera du fourrage !

La transformation est un maître mot : l'archéologue Anne Flouest évoque brillamment dans cet ouvrage les origines de la cuisine qui naît à l'époque de la grande mutation du Néolithique. Qu'est-ce que cuisiner, sinon transformer des produits donnés par la nature ?

Le pain en est un bon exemple : dans le Deutéronome, le pain symbolise la nourriture par excellence. En Mésopotamie, le pain est même une divinité et l'étymologie du mot hébreu « pain » fait référence à « enserrer, broyer ». Le blé coupé, le grain broyé, la farine pétrie… tout un processus de transformation – qui n'est pas sans violence ! –, d'élaboration, pour qu'il puisse y avoir assimilation, véritablement nourriture. D'ailleurs, Homère ne définit-il l'homme comme un « mangeur de pain » ?, c'est-à-dire celui qui « construit » sa nourriture, le rendant ainsi capable de dépasser la nature et le différenciant des autres vivants.

Il n'est pas étonnant non plus que le Christ ait choisi le pain et le vin, tous deux issus d'un même mode de transformation, comme nourriture suprême, allant, par analogie, de celle du corps à celle de l'âme, du repas pascal à l'Eucharistie… Le grain broyé pour fabriquer le pain, une nourriture qui après avoir été pétrie, sera à son tour broyée, cuite puis mâchée, avalée, digérée…

Manger n'est pas que manger : les dieux mêmes mangent comme les hommes, pour assurer la cohésion intime du groupe, pour dire l'éternité bienheureuse des uns et la solidarité des autres : telle est la fonction du banquet, du repas partagé.

1/Titre d'une exposition présentée au musée St-Germain à Auxerre, 2008.

Enfin, la nourriture de l'esprit n'est pas sans parenté avec celle du corps : c'est aussi un aller-retour qui va de se nourrir à nourrir. De recevoir à donner. Les images de la nourriture nous atteignent tous, profondément. Nous sommes actifs dans la digestion et la transformation. Ce qui nous a nourri n'est plus visible, puisqu'il est devenu nous-même mais c'est notre santé qui témoigne de sa qualité.
Ce que nous nommons culture, n'est-il pas nourriture ? Cultiver implique également de se laisser travailler, de se travailler, exigence du choix, puis de l'accueil, de l'ingestion, de la lente transformation en soi qui, à son terme, nous fait éclore. Le contraire en quelque sorte de l'immédiat, du superficiel, comme les pluies d'orage, violentes, rapidement passées, qui n'imprègnent pas la terre suffisamment en profondeur pour la rendre féconde, nourricière.

Micheline Durand
Conservateur en chef des musées d'Auxerre

Nature morte, XVIIe siècle, musée d'Auxerre (n° 835.1.18).

Les gestes du repas

Daniel Sauvaget

Si l'acte de manger est fréquemment représenté sur le grand et le petit écran, on ne saurait s'en étonner car l'image, l'art, la nourriture entretiennent des rapports étroits depuis des siècles. Dans l'univers du cinéma, ces rapports s'inscrivent dans un cadre réaliste ou symbolique, sur un terrain documentaire ou de pure fantaisie, ou selon des enjeux allant du narratif à une démarche publicitaire (avouée ou inavouée). La recherche de nourriture, les règles de préparation, les gestes[1] et rituels de consommation, n'ont pas mobilisé que le film documentaire et ethnographique. Il arrive que la fiction s'empare du motif au profit de ce qu'on nomme l'*effet de réel*. Il s'agit alors de refléter un réel banal, voire de s'en offusquer (pizza à domicile, plateau télé, *fast food*). À l'inverse, la nourriture peut contribuer à un effet d'étrangeté, d'exotisme. L'histoire du cinéma mêle, de fait, les stéréotypes des genres traditionnels (le repas du *cow boy* errant, le sandwich de l'inspecteur de police), l'insertion du détail qui s'impose comme gage d'authenticité, du trait qui caractérise d'emblée les individus et les groupes, sans oublier, à l'occasion, la transgression des tabous alimentaires.

1/*Les Gestes du repas* (1958) est le titre d'un film documentaire de Luc de Heusch, ethnographe, qui a tenté de définir la société belge par les repas, toutes classes mêlées. Le film scrute, non sans humour parfois, les gestes ordinaires, répétés, qui relèvent eux aussi d'une culture – au même titre que les gestes du repas dans les sociétés habituellement examinées et filmées par le cinéma ethnographique.

Le cinéma et l'acte de manger, la puissance d'évocation des repas

Toutefois, si la mise en scène cinématographique emprunte des références, des objets et des décors, des usages et des gestes propres au repas, elle est assujettie aux signes, aux symboles, aux valeurs attachées par la société à ce que nous mangeons. Lorsque le cinéma, au-delà d'une simple fonctionnalité de la description, exploite cet héritage, il n'est ni candide ni innocent. Au point que l'on se demande parfois si les cinéastes n'ont pas médité sur le fameux texte de Roland Barthes *Le Bifteck et les frites*, ou sur l'étude des critères sociaux du bon et du mauvais goût par Pierre Bourdieu[2]. Dispersé sur de nombreuses œuvres, le regard du cinéma sur les gestes et les rituels du repas ne fait évidemment pas système, et se limite encore souvent à un outillage humoristique ou à quelques données de réalisme ordinaire, à une banalisation ou une glorification des mets et des boissons. Un art poétique rudimentaire a longtemps brodé sur le stéréotype du champagne synonyme de fête, et le cinéma a parfois introduit du lyrisme dans les plats les plus simples, comme dans cette ode au sandwich que l'on trouve dans *Diva*, de Jean-Jacques Beineix (1981) ou dans une curieuse épopée de l'omelette dessinée dans plusieurs films de Claude Chabrol. Il a à son tour créé des signes, comme avec le chablis, attribut de l'écrivain du film d'Alain Resnais *Providence* (1976).

Trois films choisis peut-être arbitrairement dans un panthéon plus subjectif qu'aléatoire offrent une première idée de la force et de la malignité cinématographiques lorsqu'il s'agit de représenter la cuisine, l'acte de manger, la manière de manger – trois spécimens démontrant avec vigueur le pouvoir métaphorique du cinéma.

Tom Jones (Tony Richardson, Grande-Bretagne, 1963), tiré du roman éponyme de Fielding paru en 1750, et sous-titré *Entre l'alcôve et la potence*, a frappé les esprits avec une séquence où l'on voit un homme et une femme face à face dans une auberge,

2/Le texte de Barthes figure dans le recueil *Mythologies* (Seuil, 1957). Bourdieu a publié principalement ses travaux sur le goût dans *La Distinction – critique sociale du jugement* (Minuit, 1979).

dînant d'un poulet découpé à la main, et d'huîtres dégustées langoureusement. La mise en scène des gestes et des attitudes, des regards, les gros plans et le montage suggèrent, selon un tempo calculé, l'équivalence entre manger et faire l'amour. Tournée à une époque où la censure était beaucoup plus sourcilleuse que de nos jours – et peut-être grâce à elle –, cette séquence à double sens (la chère et la chair) procède par substitution dans son évocation de l'acte sexuel. Scène « torride » fameuse auprès des critiques (enthousiastes) de l'époque, elle a été maintes fois imitée.

Le film mexicain *Les Épices de la passion* (*Como agua para chocolate*, Alfonso Arau, 1992), tiré d'un roman de Laura Esquivel traduit dans de nombreuses langues[3], est lui aussi fondé sur le procédé de la substitution, ici à l'échelle de la fiction tout entière. Les rituels symboliques de la cuisine et de la table exaltent les noces mythiques de l'héroïne avec l'homme qu'elle aime et qui lui est interdit. Tout en magnifiant la magie de la cuisine mexicaine, le film est une célébration fusionnelle de l'art culinaire et de l'art d'aimer.

Quant au film brésilien *Comme il était bon mon petit Français* (*Como era gostoso o meu francês*, Nelson Pereira Dos Santos, 1971), il relate l'aventure d'un Occidental chez les Tupinamba du XVIIe siècle, qui, l'ayant fait prisonnier, le marient à la fille du chef. Se croyant adopté, à l'aise dans les frontières non matérialisées de la tribu et dans un environnement marqué par une grande liberté des mœurs, il ne sait pas que, *in fine*, il sera mangé par sa propre femme. Cette érotisation de la barbarie et du cannibalisme, qui s'appuie sur des données historico-ethnographiques très précises, est représentative des utopies post-68 comme elle l'est du *cinema novo* brésilien. L'euphémisme, en outre, prend un sens explicitement sexuel par le sous-entendu trivial du terme *manger*, comme dans l'épithète *gostoso* (savoureux, plutôt que bon).

Le rapport du cinéma aux scènes de repas ne relève évidemment pas que de la métaphore. Les ressorts de la dramaturgie sont eux aussi en jeu.

3/Traduit en France en 1991 sous le titre *Chocolat amer*. La romancière, épouse du cinéaste, a participé à l'adaptation cinématographique.

Les gestes du repas dans la dramaturgie

Filmant la table, les cinéastes ne s'intéressent pas qu'à la gastronomie. Le repas recèle un potentiel dramaturgique d'autant plus fécond qu'il suppose une architecture, un agencement de l'espace et du temps, une présentation des plats, des manières de tables, un mode de consommation, des prescriptions spécifiques, une durée, enfin. Tous éléments servant à la mise en scène cinématographique. L'équation repas-spectacle est plurielle, puisqu'elle s'appuie sur des codifications qui varient selon les groupes sociaux et les cultures. Le cinéma en tire profit selon des stratégies multiples, dans ses portraits psychologiques et le dessin des traits et caractéristiques de société, dans une perspective critique (morale, sociale, politique), pour produire du comique, etc. Le cinéma peut donc valoriser ou exploiter le thème selon des intentions variées, et aussi dans des productions hybrides.

Ce faisant, le cinéma se charge de mettre en scène ce qui est déjà *constitué en mise en scène* : cérémoniaux, disposition des convives, outils de la table, codes, bonnes et mauvaises manières. Comme le repas a une fonction identitaire, dans le cercle familial, dans les liens amicaux et professionnels, et qu'il est doté d'une fonction de représentation, c'est en tant qu'institution sociale qu'il sera traité, avec respect parfois, et plus souvent contesté, voire subverti. Le repas mis en spectacle est ainsi devenu une *figure de cinéma* – tendant à la figure de rhétorique – au même titre que, par exemple, la scène du crime dans un film d'enquête policière à la manière britannique (où lieu du repas et lieu du crime peuvent se confondre, comme chez Agatha Christie). Au risque de l'exercice de style, le cinéma a ainsi fait naître la Grande Scène du Repas : explosion, virage du récit ou point d'orgue de l'intrigue, qui permettent aux grands cinéastes de dépasser le cliché ou la simple description réaliste. Les repas mis en scène par des personnalités aussi diverses que, par exemple, Renoir, Ozu, Chabrol, Pialat, Bunuel, Scola, sont élaborés en véritables portraits, en représentation du social, tout en constituant des ressorts essentiels du récit. Une encyclopédie du repas au cinéma comprendrait aussi quelques films particuliers de John Huston (*The Dead*), Louis Malle (*My Dinner with André*), Mike Leigh (*Bleak*

Moments, High Hopes), Ingmar Bergman (*Fanny et Alexandre*), Max Ophüls, Mikio Naruse, René Allio, Marco Ferreri, Ang Lee, et quelques autres – mais ce n'est pas ici le projet, bien que ces films offrent des séquences riches d'analyse.

Dans un documentaire réalisé pour la chaîne Arte intitulé *Le Cinéma passe à table* [4], Anne Andreu montre qu'au cinéma le repas peut devenir « un dispositif pour parler d'autre chose ». Elle en trouve la preuve dans les films de Claude Chabrol. Interrogé, le cinéaste confirme, précisant que pour lui, dans un repas, il y a à la fois communion et antagonisme. Une opposition brillamment illustrée par un autre cinéaste, Claude Sautet (qui préférait pourtant tourner dans des lieux publics comme les bistros) dans la scène du gigot de *Vincent, François, Paul et les autres* (1974). Chabrol, quant à lui, a intégré dans une série de films au parfum hitchcockien des scènes de repas où il dessine à la pointe sèche les *folies bourgeoises* : dans *Que la bête meure !* (1969), c'est à table, devant ses invités, que Jean Yanne apparaît sous ses aspects les plus odieux. La coalition du repas et du jeu de massacre chabrolien ponctue de nombreux films, *Les Biches*, *La Femme infidèle*, *Alice ou la dernière fugue*, jusqu'à *Poulet au vinaigre* et *Inspecteur Lavardin* dans les années 1986-1987. Puisque l'on *dévoile* chez Chabrol[5], c'est souvent à table que les masques tombent, car le repas favorise l'émergence indirecte ou brutale du conflit. Chabrol est un auteur qui s'attaque aux faux-semblants, qui prend volontiers pour cible les notables (provinciaux, bien sûr), mais sa préoccupation première est l'intrigue plutôt que la critique sociale. Les gestes du repas favorisent chez lui la confrontation plutôt que l'analyse – son adaptation contestée de *Madame Bovary* (1991) le montre, alors que le roman de Flaubert lui offrait une superbe synthèse entre caractérisation des personnages et narration[6].

4/Produit par Sabine Servan-Schreiber/Cinétévé pour Arte, 2005.

5/Il a réalisé un film intitulé *Masques* (1987), mais le héros négatif est ici un homme de télévision.

6/« Mais c'était surtout aux heures des repas qu'elle n'en pouvait plus (…) toute l'amertume de l'existence lui semblait servie sur son assiette », écrit en particulier Flaubert, dans le célèbre roman où les repas sont des déterminants importants.

(Par parenthèse, on peut opposer à Chabrol, qui dit que l'art culinaire est le seul art qui ne mente pas, son ami Truffaut qui, – plusieurs critiques l'ont noté –, répugne quant à lui à représenter des personnages qui s'alimentent. Pratiquant l'ellipse dès que ses protagonistes passent à table, il semble par là répondre aux vieilles convenances selon lesquelles la pudeur commandait de ne pas manger en public…)

Le repas déclencheur d'un conflit est aussi un recours chez Maurice Pialat. Dans *Loulou* (1980), une admirable séquence est consacrée à un repas du dimanche dans un milieu populaire. Les gestes sont spontanés, dépourvus de bonnes manières. C'est typiquement un repas de fête à la bonne franquette, qui pourtant s'achemine vers un conflit violent. La communion dans la nourriture, qui devrait annuler les différences sociales (entre la bourgeoise et son amant prolo), ne peut étouffer les conflits annexes enfouis dans la famille. Dans *À nos amours* (1983), un autre repas de famille, dans un milieu plus intellectuel, se termine par la violente diatribe d'un personnage (interprété par le réalisateur lui-même), venu régler des comptes avec les présents et avec son propre passé.

Cette construction dramatique selon laquelle le repas, convivial par projet et par nature, dégénère progressivement, est le schéma très pur du court-métrage d'Ursula Meier *Tous à table* (2001), tentative d'épuisement de cette figure de style, où se succèdent convenances, bouderies, gentillesses, chansons, ruptures, agressions, fuites. Dans cette démarche dominée par une intention dramatique, *Festen*, du danois Thomas Winterberg (1998) est sans doute le film qui est allé le plus loin dans l'atteinte aux normes, aux codes des fêtes familiales, aux rites sociaux. On sait que le film tout entier se déroule sur un week-end qui réunit toute une famille bourgeoise sur fond de conflits latents. L'ordonnancement, la solennité, le respect dû aux parents sont détruits par le dévoilement d'anciennes turpitudes cachées sous le masque de la respectabilité, dévoilement qui opère lorsque tous sont assemblés à table, autour du rituel sacré d'un hommage au père.

La table, la famille, la distinction

Le repas en tant que métaphore de la famille est une convention de fiction volontiers sollicitée par les cinéastes, et de nombreuses séquences pourraient illustrer certains propos tenus par Anne Muxel[7], en particulier dans les films italiens. *La Famille* (*La Famiglia*, 1987), d'Ettore Scola, est précisément construit autour de cette scène-type en même temps qu'il se concentre sur le patriarche incarné par Vittorio Gassmann et une certaine vision de l'histoire de l'Italie. Le même Scola a solidement traité dans d'autres films le lien entre repas et amitié (*Nous nous sommes tant aimés/C'eravamo tanto amati*, 1974), entre repas et statut social, entre repas et évolution sociale (dans le même film, et dans *La Terrazza*, 1978). Il y aurait d'ailleurs beaucoup à dire sur l'importance de la nourriture dans le cinéma italien des années 1950-1980, de la faim, du repas comme ferment des liens familiaux chez les pauvres, et la manière dont le cinéma a méticuleusement représenté l'attitude devant les plats de pâtes…

L'importance des repas pris en famille est fidèlement illustrée, sans recours à la litote, dans d'autres cinématographies considérées comme plus attentives aux rituels. Les films tournés par le Japonais Ozu dans les années 1950, par exemple, sont très significatifs. Le cinéaste observe à la fois l'évolution moderne de la société japonaise et celle des relations familiales, les scènes de repas pointent les différences ou signalent la permanence du lien de famille. Parfois se trouvent associés les deux processus, tendance à la dissolution et maintien d'un fort sentiment – c'est le fondement très apparent de son chef-d'œuvre *Voyage à Tokyo* (*Tokyo Monogatari*, 1953)[8].

Il arrive qu'un scénario affirme la nature consensuelle du repas, mais le cinéma préfère une perspective critique plutôt qu'une approche tendre, ou tendrement ironique, dans les codes et les rites de la table, les gestes de distinction et les comportements réglés dans la cuisine comme dans la salle à manger. Le cinéma

7/Voir dans cet ouvrage : « La Famille à table ».

8/Ozu et son scénariste attitré Kogo Noda soumettent au même traitement les rituels de sociabilité (entre amis : *Le Goût du saké* ; entre voisins : *Bonjour*).

aime décrire les manières de table en tant que caractérisation sociale. Ainsi, dans *Loulou*, le repas familial déjà cité, avec son accumulation de plats, mélange toutes les phases de la fête, préparation, dégustation, commentaires, vaisselle, concentrant des traits populaires éloignés des codes bourgeois du personnage féminin principal qui, dans cette scène, découvre le milieu de son amant. *La vie est un long fleuve tranquille*, célèbre film d'Étienne Chatiliez (1988), repose sur l'opposition caricaturale (conformément à un projet qui, au fond, n'est que sarcasme), entre deux familles, l'une pauvre, l'autre bourgeoise. Cette opposition est intronisée dès leur première apparition qui – c'est symptomatique – se produit autour de la table et du repas. La table des Groseille, c'est la confusion : repas, bière bon marché, jeu de carte, journal, télévision, coiffure de la fille aînée… Tandis que chez Le Quesnoy, tout est policé, l'argenterie, la table bien agencée, la famille au complet, des enfants disciplinés qui ont aidé à mettre les couverts (malgré la présence d'une bonne), et la constance ou la récurrence des pratiques alimentaires : « C'est lundi, c'est ravioli » (phrase restée célèbre depuis). En somme ce qui nous est présenté comme la table des *bourges* ne relève au fond que de la normalité. Accentuée, pointée du doigt, la normalité ne peut échapper à la contestation. Attitude générale du cinéma : la normalité est un repoussoir, soumis forcément à la critique, humoristique, ironique, sociale, révoltée. La fiction cinématographique fonctionne sur les encoches, les dérives, les ruptures, rarement sur le culte de la quotidienneté.

Car le cinéma est un art dévergondé, même lorsqu'il s'agit de nourriture. Il remet en perspective ce qu'on consomme, la manière dont on consomme. Spontanément ou par calcul selon les cas, le trait observé est isolé, renforcé, choisi comme signe. Ainsi de l'usage du vin dans des films tournés dans les pays où le vin n'est pas de vieille tradition : chez les yuppies londoniens de tel ou tel film du cinéma d'auteur britannique (*High Hopes*, de Mike Leigh, 1988), chez les intellectuels new-yorkais des films de Woody Allen. Le vin, signe de distinction, comme dans *Providence*. De la sorte le cinéma s'empare de, ou simplement accompagne les conclusions des sociologues, montrant que la compétence en matière de vin va avec la compétence en matière sociale. Le cinéma « sociologue spontané » ? peut-être. On note la coïncidence qui fait qu'à l'époque où Pierre Bourdieu travaillait sur *La Distinction*, Christian de Chalonge décrit dans son film *L'Argent des autres* (1978) comment la maîtrise sociale et la maîtrise du goût sont mêlées : le fondé de pouvoir d'une banque d'affaires incarné par Jean-Louis Trintignant est licencié pour avoir suivi aveuglément les chimères d'un affairiste[9], puis, doté de moins de technicité financière que de capital culturel et social, il se recycle, après bien des péripéties où il ne parvient pas à justifier ses actes, dans un institut privé où il enseigne les grands crus, les bons millésimes de pomerol et autres savoirs inscriptibles dans la culture des élites.

De telles intuitions ne font que révéler, au fond, la capacité des auteurs de fiction, romanciers, scénaristes, réalisateurs, à simplement observer le monde, sans forcément emprunter aux travaux les plus savants – ce qui, toutefois, peut se faire.

Comique et subversion

La liste est longue des formes satiriques et burlesques ayant pris pour cible les gestes de la cuisine et du repas. En éliminant le vaudeville et la tradition boulevardière, et l'ordinaire du comique de situation, nous disposons de films prototypes abordant le thème avec talent. *La Ruée ver l'or*, de Charlie Chaplin (*The Gold Rush*, 1925), est le film le plus célèbre et le plus profond qui soit où les gestes conventionnels sont détournés au profit du gag : le vagabond, emprisonné dans une cabane par la tempête de neige avec son associé et tenaillé par la faim, mime avec emphase le plaisir gustatif dû à un plat soigneusement mijoté et servi, une chaussure. Saveur des lacets, des clous de la semelle assimilés à des petits os… le premier degré de l'humour est surpassé par les gestes qui se veulent

9/Manipulations financières bien légères comparées aux racines de la crise financière de 2007-2008 – mais c'est une autre question.

ceux du raffinement. C'est la même logique que dans la séquence de la machine à faire manger les ouvriers dans *Les Temps modernes* (*Modern Times*, 1936), Chaplin dresse des obstacles au geste naturel, à la simplicité des choses, jusque dans la fameuse danse des petits pains du même *Ruée vers l'or*, lorsque le petit homme est oublié par ses invitées, et qui contourne, évacue, la triste réalité.

Si, chez Chaplin, la référence aux bonnes manières génère des gags gestuels par la confrontation entre l'idéal et le réel, les intentions relèvent plus de la satire chez Jacques Tati, qui prend volontiers pour cible les codes de civilité. Monsieur Hulot ne manque pas de bonne volonté, mais son adhésion aux bonnes manières déclenche des catastrophes. Dans *Les Vacances de M. Hulot* (1953), la description amusée de la petite bourgeoisie en vacances dans un établissement du type pension de famille, est à l'œuvre tout spécialement au cours des repas et des soirées organisées. Rituels de politesse dans la salle à manger, gestuelle du service, ordonnancement des repas qu'il faut réguler, contrôle social constituent autant de sources de gags. La même méthode est à l'œuvre dans *Mon Oncle* (1958) et *Playtime* (1967), où Hulot tente de s'adapter aux nouvelles règles de la vie urbaine. Dans cette tradition cinématographique, le cas le plus extrême de satire des codes et des bonnes manières est peut-être le film de Blake Edwards, *The Party* (1968), avec Peter Sellers dans le rôle d'un calamiteux personnage, candide destructeur des apparences cultivées dans un milieu de nouveaux riches. Ce ne sont là que quelques exemples d'une stratégie comique où la mise en scène cinématographique se mue en entreprise de subversion plus ou moins agressive des bons usages, et qui tend vers une forme de critique sociale.

Quant à Luis Bunuel, lorsqu'il s'intéresse aux gestes et aux symboles du repas, il bouleverse la donne. Nous ne sommes plus dans la même typologie critique que chez Pialat ou Chabrol. Il soumet l'ordonnancement des repas, les codes de civilité, les rituels profanes et sacrés, à un traitement où dominent conflictualité et subversion. Bunuel est capable d'attaquer de la même manière les grands motifs artistiques reconnus et les manières bourgeoises stéréotypées. Dans *Viridiana* (1961), il reconstitue par une sorte de copié-collé qui pourrait être blasphématoire un des repas les plus célèbres de l'histoire de l'art, *La Cène*, remplaçant le Christ et ses apôtres par des mendiants sales et agressifs mais éminemment respectueux des postures consacrées par la tradition. Si on est souvent à table dans les films de Bunuel, on ne consomme pas toujours son repas. Dans *Le Charme discret de la bourgeoisie* (1972), toutes les tentatives de ses protagonistes malheureux échouent devant des obstacles tels que : erreur de date des invités, irruption de militaires en manœuvre, décès dans un restaurant, attaque de terroristes… C'est un film où les rites sociaux s'opposent à l'accomplissement de l'acte sexuel et où le rituel bourgeois du dîner entre amis est toujours *interrompu*. Déjà, quelques années plus tôt, *L'Ange exterminateur* (1962) montrait comment un même cérémonial de la haute bourgeoisie mexicaine, un grand dîner, avortait inexplicablement, nourrissant un récit tout entier consacré à la destruction des masques de ses participants, à mettre à nu une sauvagerie insoupçonnable sous le vernis officiel. Dans son dernier film, *Le Fantôme de la liberté* (1974), le cinéaste procède par inversion entre deux fonctions : les convives se cachent pour s'alimenter, mais se réunissent pour déféquer de concert dans un salon bourgeois rassemblant plusieurs sièges de W.C. Inversion des codes de pudeur et mutation du concept de convivialité, donc…

Dans ces films, comiques ou non, les gestes du repas ne sont pas consensuels, par impossibilité matérielle ou morale, par refus des normes, ou par volonté de sarcasme ou de subversion.

La communion à table

Un film danois très connu, et apprécié tout particulièrement en France, *Le Festin de Babette* (*Babettes Gæstebud*, 1987), fonctionne de manière totalement opposée à celle des films d'un Chabrol ou d'un Bunuel. C'est un des rares exemples de communion totale autour d'un repas que le cinéma nous ait offerts. Le réalisateur Gabriel Axel exalte la magie d'un art culinaire qui permet de dépasser les blocages existant chez les participants, un groupe de luthériens vieillissants qui ont renié les plaisirs matériels, un bloc de puritains renâclant devant les plaisirs de la table. Le festin transcende les différences, les réserves morales et les freins religieux, annihile les règles que la communauté religieuse a érigées en normes. Plus que la nouvelle de Karen Blixen dont il est l'adaptation, le film exprime le plaisir dans l'art culinaire et dans la symphonie du repas. Décrivant par le menu le déroulement d'un grand, d'un très grand dîner conçu et organisé par la Française qui a fui la répression dans son pays, le metteur en scène s'attarde sur la place des convives, celle des verres et des couverts, le moment du porto et celui du verre d'eau, etc. Le passage des règles (exotiques pour les convives à l'exception d'un seul, qui détient les clés de cette culture) aux saveurs de la haute gastronomie est une victoire du plaisir. L'euphorie qui gagne les dîneurs (et que partagent les spectateurs) se conclut dans une réconciliation générale où sont surmontées de vieilles rancœurs. Et surtout, les principaux protagonistes pactisent avec leur propre passé, leurs anciens sentiments. Exemple rare et grandiose, donc, des vertus consensuelles du repas cinématographique, de l'établissement d'un lien de sociabilité *dans* la gastronomie – jusque par-delà les oppositions politiques (d'où l'allusion au général Galliffet, bourreau des révolutionnaires de 1871 par l'ex-communarde exilée).

Ozu a tourné un an avant *Voyage à Tokyo*, un film qui traite avec beaucoup de finesse des oppositions, petites et grandes, qui peuvent exister dans un couple, et dont la dilution opère dans un repas impromptu pris en commun. C'est *Le Goût du riz au thé vert* (*Ochazuke no Aji*, 1952), qui décrit les ruses de la vie quotidienne et les petits mensonges d'un couple saisi en un moment de crise latente, ce que le sociologue Jean-Claude Kaufmann appelle « les petites guerres du couple[10]. » Le titre du film se réfère à un plat bon marché qui permet d'accommoder des restes dans un bol de riz arrosé de thé. Un plat simple de gens simples. Or l'épouse, citadine (de Tokyo), est constamment agacée par le goût prononcé de son mari, originaire de la campagne et d'un milieu plus modeste, pour

10/J.-C. Kaufmann, *Agacements. Les petites guerres du couple*, Armand Colin, 2007.

le riz au thé vert, et agacée en outre par la manière dont il le déguste. Des évènements extérieurs amènent le couple à improviser un repas en l'absence de la domestique. Devant ce modeste plat imposé par les circonstances, ils s'expliquent sur leurs différences en matière de goût – en réalité sur des problèmes plus profonds, et finissent par communier ensemble dans la saveur du riz au thé vert, un plaisir enfin découvert par l'épouse. La simplicité a triomphé des apparences de distinction, les sentiments du couple pourront résister à l'érosion. Ozu suggère par petites touches les oppositions qui relèvent des différences de classe et qui s'expriment dans certains actes de la vie quotidienne. Le repas pris en commun est ici le catalyseur de la résolution du conflit, et non plus comme chez Chabrol, cadre de l'expression ou de l'explosion du conflit.

Oppositions de classe autour de la table

On le voit par l'exemple des films mentionnés ici, le cinéma ne déteste pas décrire comment la nourriture et les gestes du repas, entre autres moyens, permettent de percevoir les différences sociales. Renoir en a offert d'autres illustrations dans des films devenus classiques, *Partie de campagne*, *La Règle du jeu*. Et dans une scène fameuse de *La Grande Illusion* (1937), où la morale du cinéaste s'exprime sous une forme unanimiste dans cet humble partage entre soldats prisonniers qui communient dans la nourriture (mets luxueux et populaires mêlés) avec d'autant plus de force que les différences sociales sont exposées clairement. Dans *Le Déjeuner sur l'herbe*, un de ses derniers films (1959), il tente de surmonter les contradictions (rural/urbain, nature/culture, attitudes spontanées ou officielles), et oppose un pique-nique guindé, avec serveurs, au rapport le plus simple à l'acte de manger qui parcourt tout le film – et la conclusion métaphorique est presque la même que dans *Le Goût du riz au thé vert.*

D'autres films, au contraire, s'attachent à faire émerger l'inconciliable à partir des rituels sociaux de la table. C'est le cas d'un grand film d'Ermanno Olmi, *Longue vie à la signora* (*Lunga vita alla signora*, 1987). Entièrement structuré par la tenue d'un grand repas dans un château, sa préparation et sa mise en scène, c'est un film tout entier consacré aux rites de la réception dans la haute société, dont il décrit, dans un parcours qui va de la cuisine et de la cave jusqu'à la salle à manger, les codes et les conventions, le cérémonial, le plan de table, l'emplacement millimétré des couverts, la fonction des verres, les gestes et le comportement impeccable du personnel… Film minutieux sur des règles minutieuses, sur leur stricte application, sur leur promotion en institutions immuables, il devient une superbe allégorie des oppositions de classe.

Car c'est par l'entremise d'un groupe d'élèves d'une école hôtelière venus renforcer les effectifs domestiques que le spectateur découvre ce monde et ces rituels. Pour le regard des jeunes, tous d'origine modeste, les normes sont doublement prescrites ; elles leur ont été inculquées à l'école, elles leur sont imposées cette fois dans la rigueur et l'autorité d'une hiérarchie sociale : de nombreuses images de l'enseignement reçu sont montés en flash-back parallèles avec les plans où les directives leur sont exposées, sans discussion bien sûr. L'ordonnancement du repas – c'est-à-dire du travail – équivaut à une oppression. Les stagiaires doivent s'adapter, s'ils le peuvent. Et celui qui ne se conforme pas, le plus jeune, devra prendre la fuite. Ce film est certainement celui qui a exposé le plus vigoureusement tout ce que les manières de table peuvent avoir de socialement construit, institué, inculqué, en les rapportant aux barrières et aux oppositions de classe d'où naissent des rapports d'autorité, de domination, de pouvoir.

Les représentations du repas, de ses codes, de ses gestes, répondent donc à un vaste éventail de préoccupations et d'analyses, de la fonction d'accessoire d'un récit aux mécanismes du récit lui-même, du regard sociologique au renversement critique – quoi qu'il en soit des intentions des auteurs, plus la place et le rôle du repas sont étendus dans un film, plus le film reflète la société, dans ses règles, dans son fonctionnement, dans ses divisions.

La famille à table

Anne Muxel

Mangeurs de plus en plus nomades, consommateurs-grignoteurs souvent pressés, goûteurs du prêt à cuire et à manger, clients des fast-food et des sandwicheries, écoliers éduqués à la fréquentation du self-service, usagers du micro-ondes, gourmands de plateaux télé, individus soumis au diktat du Frigo familial en libre accès, chacun allant et venant dans le cadre d'emplois du temps de plus en plus fragmentés et individualisés. À l'évidence en l'espace d'une, voire de deux générations, bien des choses ont pu changer dans le rapport des Français au repas, dans l'espace privé comme dans l'espace public. On ne peut appliquer à la France le constat d'une « agro-anomie », supposant la quasi-disparition d'un repas partagé entre les membres d'une même famille, dénoncée aux États-Unis à partir des années 1970[1]. Mais il faut néanmoins considérer les effets d'un certain nombre de modifications tant organisationnelles qu'alimentaires touchant les façons de se nourrir dans les villes et dans les campagnes françaises aujourd'hui.

Le rapport même à la nécessité alimentaire a pu changer. Se nourrir est devenu une pratique de consommation. « En cinquante ans, on est passé d'une économie de l'offre, où l'on mangeait ce que l'on trouvait, à une économie de la demande, où l'on peut choisir

1/Voir C. Fischler, « Gastro-nomie et gastro-anomie : sagesse du corps et crise bioculturelle de l'alimentation moderne », *Communications*, n° 31, 1979.

ce que l'on veut manger[2]. » C'est donc un tout autre rapport que chacun entretient à l'acte nourricier. Ce que l'on mange et la façon dont on mange varient d'un milieu social à l'autre, d'une culture familiale à l'autre. Des inégalités sociales et économiques réelles existent quant à l'accès à l'alimentation et quant aux façons de se nourrir. Mais tout le monde mange aujourd'hui dans le cadre de la société de consommation. L'offre est abondante et diversifiée. Au supermarché ou sur les étals paysans du terroir bourguignon, ou encore dans les épiceries bio, ce ne sont certes pas les mêmes produits que l'on peut acheter, ni les mêmes coûts que l'on peut engager, ce ne sont pas non plus les mêmes qualités nutritionnelles auxquelles on peut accéder. Mais partout, même dans les situations les plus contraintes socialement et économiquement, le libre choix du consommateur individuel est devenu la norme.

On estime qu'il existe aujourd'hui entre 180 000 et 200 000 références de produits alimentaires sur le marché français[3]. Nouvelles préparations et nouveaux services ne cessent d'apparaître. Comment ne pas être obligé de choisir dans une offre aussi diversifiée ! Il y a place pour toutes les variantes individuelles, pour toutes les combinaisons de choix et de goûts ! C'est un bouleversement qui à terme, dans la dynamique générationnelle, dans la transmission des pratiques et des savoirs culinaires comme dans les modes de convivialité, ne peut rester sans conséquences majeures. La scène familiale tout comme « le panier de la ménagère » sont les réceptacles de cette diversification extrême des modes de consommation alimentaires. Les pratiques culinaires s'organisent à partir de l'individu-consommateur et la table devient plus que par le passé une affaire de choix.

La généralisation du travail salarié des femmes a desserré les contraintes temporelles associées à la préparation du repas familial. 75 % des femmes de moins de quarante ans travaillent aujourd'hui contre seulement 40 % dans les années 1960. Certes,

2/B. Hervieu, « L'angoisse du choix », *in* P. Delannoy et B. Hervieu (dir.), *À table ! Peut-on encore bien manger ?*, L'Aube, 2003.

3/P. Combris, « Que mange-t-on en France et dans les autres pays industrialisés ? », *in* P. Delannoy et B. Hervieu, *À table ! Peut-on encore bien manger ?*, *op. cit.*

elles sont loin d'en être complètement libérées. Les deux tiers du travail domestique sont toujours assumés par les femmes. Et l'on ne compte en Europe qu'un ménage sur dix dans lequel l'homme assume au quotidien l'activité nourricière de la famille. Mais le temps quotidien consacré à cette tâche domestique centrale de la vie des familles a considérablement diminué. En France, trente-huit minutes sont aujourd'hui consacrées à la préparation du dîner en semaine. En 1946, deux heures lui étaient consacrées.

Nul ne pourrait contredire ces évolutions qui changent profondément les manières de s'alimenter et de se nourrir, et modifient les liens à la fois concrets et symboliques que le partage de la nourriture fabrique et entretient. Les mangeurs individuels obéissent à leurs rythmes et à leurs envies davantage que dans le passé. L'idée même que tout le monde va manger la même chose, ensemble et au même moment, ne s'impose plus avec la même évidence. Même au sein du couple, il est admis que l'on puisse dissocier les goûts et dans certains cas le partage d'une même table. Cette nouvelle relation à l'alimentation résulte des exigences requises par la construction de l'individualité moderne, par l'affirmation d'une identité à la fois plurielle et autonomisée.

Si l'on s'en tient à la diffusion comme à l'emprise de ces nouvelles pratiques nourricières, aux revendications individuelles et existentielles auxquelles elles sont associées, alors on ne peut que s'interroger sur la réalité du repas familial aujourd'hui. Est-il toujours non seulement un rituel de socialisation mais aussi une institution familiale ? Le repas fait-il toujours famille ? La famille fait-elle toujours des repas ?

Si l'emprise de l'individuation ne peut être déniée, les travaux des sociologues insistent pourtant sur la diffusion d'une norme affective associée à un être ensemble familial. Une demande d'autant plus criante qu'elle cherche à contrecarrer une fragilisation objective des liens institutionnels familiaux, travaillés davantage que par le passé par les divorces et les recompositions.

« Libres ensemble[4] », nous dit François de Singly, pour qualifier le leitmotiv des familles contemporaines tenaillées par

4/F. de Singly, *Libres ensemble*, Armand Colin, 2000.

un double idéal d'autonomie personnelle et de communion collective. Dans ce désir de partage et de communion le repas familial peut trouver toute sa place et sa justification. Dans son étude consacrée à la cuisine et aux pratiques alimentaires, le sociologue Jean-Claude Kaufmann y voit même la raison d'être du repas : « La table structure d'autant plus un temps familial que les individus sont plus libres par ailleurs[5]. » Le repas est un organiseur de la vie quotidienne, il donne existence et réalité à la représentation d'une vie partagée, d'un être ensemble saisi dans le cadre d'une famille définie d'abord par sa dimension relationnelle et affective. À en juger par les enquêtes et par les études des emplois du temps des ménages, par rapport à d'autres pays européens, les Français font plutôt figure d'exception, avec les Hollandais et les Flamands, et restent attachés aux repas pris en famille.

La famille se met toujours à table

Certes les tables se multiplient, se diversifient. On peut en compter plusieurs, de la cuisine au salon, en passant par les tables basses et les plateaux télé, jusque dans la chambre à coucher. Les tables familiales s'individualisent. Elles se privatisent au sein même de l'espace privé. On peut les faire virevolter selon les circonstances et les protagonistes, selon les horaires, mais aussi selon les désirs de chacun. En théorie en tout cas, la permissivité comme la fantaisie, les arrangements avec une norme collective et familiale sont plutôt de mise. Mais dans la pratique et dans la réalité quotidienne des familles, la marge d'innovation et d'autonomie laissée à chacun reste somme toute assez limitée. Cela pour des raisons pratiques, mais aussi symboliques.

Contrairement à ce que l'on entend souvent, le modèle canonique français des trois repas résiste assez bien. La multiplication des prises de nourriture tout au long de la journée progresse dans les jeunes générations, mais nous sommes loin de la situation qui

5/J.-C. Kaufmann, *Casseroles, amour et crises. Ce que cuisiner veut dire,* Armand Colin, 2005, p.193.

existe dans d'autres pays, notamment en Asie ou aux États-Unis. Le petit-déjeuner, le déjeuner et le dîner marquent de façon assez synchrone les moments de prises alimentaires. Le premier réunit la famille dans 37 % des cas en semaine et dans 55 % des cas durant le week-end. Le déjeuner, dans 33 % des cas en semaine et 82 % le week-end. Enfin, le dîner, repas consacré, dans 79 % des cas en semaine et 87 % des cas le week-end. À l'évidence, la famille fait donc toujours des repas[6]. Le repas est un élément structurant de la sociabilité familiale. Il est le plus souvent pris selon un horaire fixe. Le pic horaire du repas du soir se situe à 20 heures. La télévision y tient une place déterminante et participe activement à la structuration horaire du repas. Le journal de 20 heures marque un rendez-vous décisif dans le rassemblement nourricier, sorte de référence temporelle qui explique en partie que près des trois quarts des Français déclarent manger tous les soirs à la même heure[7]. Dans l'organisation de la soirée, la séquence du dîner est toujours centrale et d'une grande stabilité[8].

Malgré le contexte d'individuation et de déstructuration des pratiques alimentaires, de déconnexion des emplois du temps, le repas familial résiste donc. Celui du soir en tout cas. Tous les aliments permettant de diminuer le travail domestique y occupent une place de plus en plus importante. Mais la convivialité et les contraintes domestiques limitent de fait l'« alimentation à la carte » pour tout le monde et à tous les repas. Par ailleurs, les réunions familiales du week-end ont augmenté ces dernières années. Elles s'élargissent de plus en plus à des groupes d'amis. Les repas de « sociabilité » s'étendent à toutes les catégories sociales. Les familles se recomposent, le groupe des proches s'élargit, le repas reste investi de sens en tout cas d'un point de vue affectif.

6/Enquête OCHA/Sofres, 2002.

7/N. Herpin, « Le repas comme institution. Compte rendu d'une enquête exploratoire, *in Revue française de sociologie*, XXIX, 1988. J.-L.Volatier, « Le repas traditionnel se porte encore bien », *in Consommation et modes de vie*, n° 132, Crédoc, 1999.

8/T. de Saint Pol, « Le dîner des Français : un synchronisme alimentaire qui se maintient », *in Économie et Statistiques*, n° 400, 2006.

Enfin, la famille continue de rester un creuset des goûts et des pratiques culinaires. Manger reste une affaire de transmission. Mais ce sont les contenus et les modes de cette transmission qui ont pu se modifier, s'adapter à de nouvelles combinaisons de savoir-faire culinaires, et qui prennent forme dans des temporalités individuelles et collectives modifiées.

La transmission doit se frayer de nouveaux chemins tenant compte des impératifs d'autonomie et d'individuation. Elle doit composer avec des demandes contradictoires – assumer son rôle nourricier et préserver sa liberté, contenter son désir de sociabilité familiale tout en affirmant une existence personnelle et séparée, partir de soi et de ses goûts mais aussi avoir le plaisir de les partager avec d'autres. Elle tient compte de la survenue de goûts nouveaux et d'une alimentation largement ouverte sur les cuisines du monde.

Dans ce contexte, non dénué de certaines tensions identitaires, si le repas familial se joue toujours, s'il prend forme et vie dans le quotidien de chacun, il suppose aussi des scènes diversifiées et mouvantes, de multiples accommodements et arrangements. Si son institution perdure, si le cadre et la synchronisation des pratiques alimentaires demeurent, ce qui s'y passe et ce qui s'y déroule, ce qu'on y mange et ce qu'on y échange évoluent. Il est aussi renégocié dans le cours même de la vie familiale et des évolutions de chacun. Continuités et ruptures, constances et nouveautés, donnent à la table familiale ses multiples visages d'aujourd'hui. Elle est un lieu de transmission mais aussi d'expérimentation. Mais quelles que soient les façons dont elle s'adapte et se réinvente au quotidien, la table familiale reflète toujours un ordre, elle rappelle l'enjeu d'une rencontre et dit le temps qui passe.

La table met en ordre la vie de famille

Libre ensemble dans les échanges relationnels et dans les modes de fonctionnement familiaux, en ce qui concerne le repas, c'est plus ensemble que libre que chacun consent à se réunir autour d'une même table. La contrainte du rassemblement nourricier s'est desserrée mais elle reste de mise, sans doute aussi parce qu'elle a, hormis son utilité pratique, une fonction éminemment symbolique.

Le repas reste ce temps de confrontation, de mise en présence des personnes et des rôles qui constituent une famille. Comme rappelle Luce Giard, « manger, c'est toujours bien plus que manger[9] ». C'est dire qui l'on est.

Manger, faire manger, c'est donner et partager mais aussi dominer. C'est aimer mais aussi contraindre, éduquer. Beaucoup de la vie de famille, de ses échanges, de sa vitalité affective comme des nécessités de l'éducation passe par ce moment familial du rassemblement nourricier.

Repas inévitable auquel il est difficile de se dérober. D'ailleurs quelle autre activité pourrait jouer ce rôle avec la même constance et la même nécessité pour les membres d'une famille aujourd'hui ?

L'horaire, l'ordonnancement des places, mais aussi la répartition des rôles, la distribution des tâches, l'apprentissage de certaines manières de table et le respect des règles établies au sein du microcosme familial, fixent une scène d'obligations et d'attentes réciproques. Le repas institue la famille dans un ordre tout à la fois temporel, spatial, social et relationnel. Celui-ci est plus ou moins structuré, plus ou moins impératif, selon les milieux, mais il est toujours le lieu d'expression des codes sociaux comme des ritualisations symboliques qui donnent sens et réalité à la vie d'une famille.

La table met en forme la vie de famille. Elle fixe son ordre interne, fournit des repères objectifs, et rappelle un ordre social dominant où auront été puisées les règles même les plus privées. La table, au travers des habitudes, des manies et des particularismes irréductibles, donne à voir la famille dans l'expression intime de sa négociation avec un ordre social extérieur. Ordre privé et ordre social s'y conjuguent dans une combinaison à chaque fois spécifique. En résultent l'assignation des postes et des places

9/L. Giard, « Faire la cuisine », *in* M. de Certeau, L. Giard, P. Mayol, *L'Invention du quotidien*, tome II : *Habiter, cuisiner*, Gallimard, 1990.

occupés par chacun, les façons de faire, de se conduire, de se tenir, de cuisiner, de paraître, de parler. Rôles domestiques traditionnels ou partage égalitaire des tâches, respect plus ou moins drastique des codes et des usages, tables plus ou moins ouvertes, tablées plus ou moins conviviales. À table, la famille se montre dans sa réalité existentielle propre, mais aussi dans sa réalité sociale et économique.

Passer à table, c'est aussi prendre place. Mise en ordre des corps, des présences. Ayant travaillé sur la mémoire familiale, et sur les souvenirs mobilisés par les individus de leur enfance et de leur vie de famille passée, j'ai pu constater que c'est de sa famille à table que l'on se souvient d'abord[10]. Les images en sont très précises, et avec elles surgissent très vite tout le déroulé d'un vécu familial restituant les rôles et les places de chacun. Dans les récits de mémoire que j'ai pu recueillir, chacun peut dire à côté de qui et en face de qui il se trouvait. Situations plus ou moins stratégiques, plus ou moins calculées, plus ou moins revendiquées, plus ou moins subies. Hiérarchie d'un ordre interne qui révèle les proximités affectives, le statut selon que l'on est père ou mère, parent ou enfant, aîné ou cadet, fille ou garçon. Évidence qui s'impose sans que l'on envisage d'en changer les règles. Illusion d'un ordre naturel qui perdure dans la mémoire et vient signer un ordre affectif donnant sens non seulement au passé mais aussi à son identité présente.

La table est contraignante. Elle est un lieu d'apprentissage et d'inculcation. C'est là que se joue l'autorité parentale, une certaine obligation d'éduquer. Sur ce terrain-là encore, les contraintes se sont fortement desserrées, ne serait-ce que parce que l'enfant y occupe une tout autre place que dans un passé encore récent.

Si les règles de tenue ne font pas l'objet d'une même exigence selon les milieux, le rapport à la nourriture doit quant à lui toujours être réglé. Témoin implacable de l'éducation dans les familles bourgeoises, Odile Marcel rappelle ce qu'était la table pour les

10/A. Muxel, *Individu et mémoire familiale*, Hachette Pluriel, 2007.

enfants dans la première moitié du xxe siècle : « Nous devions finir notre pain, mettre notre couteau à droite et répondre quand on nous parlait : on ne nous ordonnait rien, on nous le demandait car la brutalité était proscrite et même la brusquerie. (...) On doit rester gracieux même quand on est fâché. On doit manger ses épinards sans faire de grimaces : on ne dit pas *je n'aime pas* mais *non merci.* Ainsi les formes supposent-elles qu'on ravale son dégoût ou sa colère comme elles imposent une mesure à l'appétit et un frein à la gourmandise[11]. » La coercition n'est pas réservée à la bourgeoisie. Dans d'autres milieux, un même rapport de force peut apparaître de la même façon. Un fils d'épiciers que j'ai interrogé au cours de mon enquête sur la mémoire familiale raconte ce souvenir resté douloureux : « Mon père était assez sévère pour ce qui était de la nourriture. Quand il y avait des choses que l'on n'aimait pas, il se fâchait vraiment. Entre les carottes et ma personne, il y avait une certaine incompatibilité. Il passait derrière moi et il me pinçait le nez, si bien que j'ouvrais la bouche. Et je mangeais les carottes ! Il fallait manger tout ce que l'on avait dans son assiette, laisser son assiette propre. Il n'y avait pas de pitié ! Si on laissait du pain, avec les petits Chinois qui mouraient de faim… »

Savoir manger de tout ou avoir le droit de chipoter, finir son assiette ou pas, manger en dehors des repas ou pas, avoir droit aux sucreries ou pas… La nourriture, objet de plaisirs, mais aussi de dressage, occasionne des douleurs et quelquefois des drames, qui laissent des souvenirs impérissables. Objet de contraintes, la nourriture est aussi un moyen de punition. Aller au lit sans manger. Être privé de dessert. Ce sont des souvenirs qui sont dans presque toutes les mémoires d'enfant.

Bien sûr, le cadre contraint du rapport à la nourriture est moindre aujourd'hui. Mais un ordre nourricier continue d'être à l'œuvre dans la vie des familles, ne serait-ce qu'au travers de la nécessité d'une organisation minimale permettant de se rassembler. Ordre et désordre sont l'objet de multiples négociations que chacun a à l'esprit. Mais l'objectif de faire tenir ensemble le fragile esquif du

---

11/O. Marcel, *Une éducation française*, Puf, 1984, p.15.

repas concerne toujours la plupart des Français. La table, comme une embarcation instable, navigue parmi les aléas de la vie de famille. Elle affronte les vents qui tournent et les tempêtes. Mais bon an mal an elle tient son cap : l'espérance d'une rencontre.

La table familiale rappelle l'enjeu d'une rencontre

La table est le lieu d'une rencontre à la fois hasardeuse et programmée. Elle dit beaucoup, montre presque tout. Les humeurs, les rires et les pleurs, les lois édictées, le jeu des soumissions et des dominations, des récompenses et des punitions, des dons et des contre-dons. La table théâtralise les enjeux et les jeux de l'échange. Selon leurs valeurs de référence, selon leur inscription sociale et culturelle, mais aussi selon leurs contraintes temporelles et professionnelles, les familles n'accordent pas nécessairement la même importance aux repas. Lorsque la tablée familiale est quasiment sacralisée, véritable rite au cours duquel le groupe vient chaque jour se ressourcer et l'idée de famille trouver son sens, le repas est en soi un projet et la convivialité familiale une finalité. Mais dans d'autres familles, l'obligation de réunion se départit mal du poids des contraintes causées par des horaires de travail astreignants. Le repas peut devenir un chassé-croisé. Se retrouver n'est alors pas forcément se rencontrer.

Mais quelle que soit la tournure de la rencontre, la table familiale reste un premier lieu de socialisation. L'enfant y trouve la possibilité de repérer et d'assimiler les signes qui font son identité sociale et familiale. Il y rencontre sa famille, il est témoin des relations des adultes qui l'entourent, assiste aux conversations des grands. C'est pour lui l'occasion de découvrir la réalité des enjeux familiaux, des ententes comme des dissensions. La famille parle et se livre. Au travers de bribes de conversations saisies çà et là, les enfants n'en perdent pas un mot…

La table est un lieu de confrontation. Elle est une scène qui met sous le regard des autres, de leurs attentes comme de leurs jugements. Cette mise à l'épreuve de soi est plus ou moins bien supportée. Selon sa place et son rang, il faut apprendre à se positionner par rapport à ses frères et sœurs, mais aussi par rapport à un père dont la parole peut être exigeante ou bien au contraire plus insignifiante. Il faut aussi suivre les impératifs affectifs et nourriciers qui peuvent être ceux d'une mère dont il faut honorer les attentes et les demandes de gratifications. Il y a ceux qui monopolisent l'attention et ceux qui restent mutiques.

Ces jeux de table, comme des jeux de rôles, en disent long sur la pièce en train de se jouer : l' « être ensemble » de la famille. Il faut accepter les autres, leurs manies jusqu'aux manifestations des corps eux-mêmes qui risquent de faire l'objet d'énervements ou de répulsions. Le repas est ce côtoiement quotidien d'un corps familial qui mastique, déglutit, ingère, et se nourrit tout autant de nourritures solides que de nourritures affectives.

C'est à table que la famille parle, se parle, pour l'essentiel. À table qu'elle se parle si elle doit se parler. Avec ses manières propres, ses façons. Paroles tournantes et librement échangées, véritables discussions collectives, ou paroles excluantes, échanges réservés à quelques-uns. Les silences, mais aussi les mots peuvent peser. De ce mixage des langues et des langages, toujours incertain, dépend la réussite de la rencontre. Les paroles comme les plats circulent. Les paroles, mais aussi les silences. Le dit et le non-dit. La mémoire de la famille à table retient les blancs et les noirs, les pleins et les vides. Paroles énoncées, paroles ravalées. Ne disait-on pas aux enfants qu'il fallait tourner sept fois sa langue dans la bouche avant de parler, faute de quoi ils pourraient dire une bêtise ? Dans les récits de mémoire des plus anciens, la parole à table était de toute façon réservée aux adultes. L'enfant ne pouvait intervenir que lorsqu'une question lui était posée. Aujourd'hui la parole de l'enfant a un autre statut. Non seulement l'enfant peut parler, mais bien souvent il est même le pôle à partir duquel s'organise toute la conversation des adultes. C'est un grand changement dans l'économie affective et symbolique de la famille. Mais plus fondamentalement aussi dans l'ordre même de la transmission des savoirs et des compétences, dans le processus même de la socialisation des individus.

Dans la plupart des familles, la parole comme la tenue à table réclament une forme d'apprentissage, ne serait-ce qu'un mode d'emploi qui est établi par le jeu des questions et des réponses à donner, des informations ou des justifications à fournir sur les actes les plus quotidiens. La parole à table met au courant des faits et des situations de chacun. Au jour le jour. Conversations anodines. Questions rituelles sur la journée d'école, les notes obtenues ou les devoirs à faire. De leur côté, père et mère racontent les vicissitudes quotidiennes de leur travail. Parole informative. Parole qui dit les petits riens de la vie de tous les jours. On évoque les projets de vacances, le prochain week-end. La parole rassure sur la présence réelle de la famille. Il arrive aussi que les mots ne puissent circuler. Soit que les réponses aient du mal à s'énoncer, soit que les questions mêmes n'arrivent à surgir. Film muet. Dans le silence de la table tous les bruits résonnent alors. Les fourchettes qui cognent les assiettes, les couteaux qui grincent, les plats que l'on repose. Silence qui pèse, paroles entravées. Quelquefois, la table ne peut s'animer. Certains ne peuvent encaisser l'effort du face à face avec les autres et fuient devant les comptes à rendre, devant le seul fait d'être là. Ceux-là s'isolent et s'abstraient alors de la rencontre.

C'est aussi à table que les conflits et les disputes éclatent comme des fruits trop mûrs, comme des orages dévastateurs. Repas que l'on quitte de façon intempestive, portes qui claquent, assiettes délaissées. Désolation générale. Le repas est aussi ce moment où se révèlent et s'exacerbent toutes les tensions. Que l'on pense aux querelles politiques qui divisent et disloquent les familles pourtant momentanément réunies. Dans une étude consacrée à la place de la politique dans la vie privée, j'ai pu vérifier que c'est souvent à table que s'expriment les accords comme les désaccords politiques. Certaines querelles peuvent être dramatiques, et certaines scènes restent à jamais gravées dans la mémoire. Une jeune femme, de gauche, se souvient de ce repas du dimanche au cours duquel sa mère planta un couteau dans la main de son père, tant la colère ravageuse de celui-ci, particulièrement conservateur et rigoriste, de droite et catholique, envers certains de ses enfants s'opposant à ses opinions, notamment sur la pilule et l'avortement, entraînait toute la famille dans une spirale de violence dévastatrice. Lorsque l'on veut avoir le dernier mot, avoir raison contre l'autre, avec son propre camp contre le camp de l'autre, la dispute peut mal finir. On peut quitter la table. Claquer les portes. Parfois ne plus se revoir pendant longtemps. Certains repas familiaux peuvent se terminer par une rupture, une séparation. Mais de façon moins rédhibitoire, ils offrent une scène propice à l'expression des malaises, des non-dits, voire des tabous dont toute famille est plus ou moins chargée et investie[12].

À table, la rencontre familiale ne va donc pas de soi. Pour pallier les blocages rencontrés, l'ennui toujours possible, des détournements, des dérivatifs, peuvent être cherchés. Côté enfants. Qui ne se souvient pas d'avoir joué sur le rebord de son assiette avec les lettres molles des pâtes alphabet, histoire de faire passer la soupe plus ou moins bonne, ou la conversation des adultes plus ou moins ennuyeuse ? Ou ce trou dans la purée, patiemment rempli d'un petit lac de sauce, que cet homme retraité évoquant son enfance se voit encore creuser ? Ou encore ces boulettes de pain roulées entre les doigts et envoyées d'une chiquenaude dans l'assiette d'un frère ou d'une sœur dans un moment d'inattention des parents ? Façons de se soustraire à un repas qui s'éternise, dont les enfants ont le secret.

Côté adultes, certains moyens de mimer la rencontre tout en l'évitant ont fait leurs preuves. On peut répéter les mêmes histoires, entretenir les mêmes plaisanteries, convoquer les mêmes chansons, les mêmes ritournelles au travers desquelles la famille se vit, se met en scène et se dit. Des paroles de substitution dispensent alors les membres de la famille de s'engager vraiment dans une conversation à risque, sur des sujets qui fâchent. On peut par exemple déclarer la politique sujet « tabou », et éviter ainsi tout risque de dispute. On peut aussi laisser la radio ou la télévision couvrir toute velléité de conversation.

Arrêtons-nous sur ces invités médiatiques qui ont un statut particulier mais qui scellent la rencontre familiale. La radio a fixé, au moins pour une génération, une mémoire des repas suspendue au top des questions bleues, rouges ou des bancos du

12/A. Muxel, *Toi, moi et la politique. Amour et convictions*, Seuil, 2008.

« Jeu des mille francs », se concluant, généralement au dessert, par l'inénarrable adieu quotidien de Lucien Jeunesse : « À demain, si vous le voulez bien ! » En France, une famille sur deux regarde la télévision pendant le dîner. Introduite de façon assez généralisée à la fin des années 1960, la machine lumineuse capte les regards, et dans le meilleur des cas fournit un sujet de conversation aux parents et aux enfants. Une fois l'habitude prise de l'introduire durant le repas, elle devient omniprésente, prend toute la place.

Si elle peut court-circuiter la rencontre de la famille avec elle-même, la télévision a par contre instauré la rencontre de la famille avec le monde. Le monde entier fait irruption dans la maisonnée entre deux cuillerées. Dans sa réalité, à travers les informations, les documentaires, mais aussi au travers des fictions qui proposent de la représenter. Objet d'une fascination compréhensible. Comment la parole familiale pourrait-elle rivaliser avec tant de propositions attractives ? Et l'on peut reconnaître à cette présence médiatique des vertus positives. Les programmes télévisés sont aussi les supports d'échanges au sein de la famille. Ils alimentent des sujets de conversation, fournissent des occasions de confrontation. Un « regarder ensemble » n'est pas sans avoir partie liée avec un « manger ensemble ». Dans les deux cas la famille est rassemblée.

La table est aussi le lieu où la famille peut rire… si elle doit rire. Certains fous rires ne peuvent s'oublier. Famille à l'unisson d'un même fou rire, éminemment communicatif. Malheur à ceux qui restent en dehors, qui ne peuvent partager une même reconnaissance joyeuse et débridée. Quand il emporte tout, le rire n'est plus seulement un faux-semblant, mais bien cet élan qui porte la famille vers sa rencontre.

La table familiale dit le temps qui passe

La scène du repas égrène et fixe le temps qui passe. La famille qui grandit, s'agrandit, rétrécit. Le repas qui revient dans la quotidienneté des jours, mais aussi celui de la fête, celui de Noël ou d'un anniversaire attendu, ou encore ce rassemblement de la famille au grand complet lors d'une cérémonie ou d'une commémoration. Par la nourriture, la famille organise continuellement un moyen de sa survie, non seulement biologique et matérielle, mais aussi symbolique. Le repas offre une réassurance quotidienne de son existence. Il s'inscrit dans le cours de la vie contre la mort.

Ponctuation dans les emplois du temps, les retrouvailles autour de la table donnent un cadre et un rythme à la vie de famille. À son organisation matérielle puisqu'il faudra prévoir, préparer, servir, ranger. À son organisation affective puisqu'il y aura rencontre, et par cette possibilité même une confrontation aux autres certes plus ou moins heureuse, plus ou moins difficile. Le repas interrompt le temps privé de chacun en imposant un temps pour tous. « On passe à table ! C'est prêt ! », signal qui met en mouvement plus ou moins rapidement la maisonnée. Injonction qui ne laisse personne hors jeu, sauf en cas de conflit ou de rupture consommée. Chaque jour revient ainsi le moment où va se jouer, se rejouer dans un intervalle relativement bref l'essentiel des échanges familiaux.

Les repas découpent le temps ordinaire et règlent comme une respiration les échanges entre la vie familiale et la vie extérieure. Et c'est bien souvent autour de ce repère central, sorte de carrefour obligé, que s'organisent les allers et venues de chacun. Devenus plus grands, au seuil de l'âge adulte, l'obligation minimale attendue des enfants est bien de signaler s'ils seront présents ou non au repas.

La vie de famille avance et passe ainsi. De couverts dressés en tables desservies, à travers un nombre incalculable de plats servis et mangés, de vaisselles rangées et de vaisselles toujours à laver. La vie de tous les jours s'égrène à coup sûr.

La nourriture elle-même participe à cet ordre temporel et donne des repères dont on se souvient. Des plats reviennent selon les jours : les frites du samedi ou le repas du dimanche soir fait des restes. D'autres nourritures, dans la mémoire, marquent les changements de saisons. D'autres encore les fêtes ou les commémorations qui reviennent au fil des années. Nombre de souvenirs qui leur sont associés s'inscrivent dans le déroulement du temps long de l'existence de la famille. Noël est une des fêtes de famille les plus sacralisées, mais les anniversaires aussi mobilisent le groupe. Le besoin de commémorer les événements de la vie privée, de réassurer la conscience que la famille peut avoir d'elle-même, est devenu encore plus impérieux aujourd'hui.

Le temps des fêtes fixe des instantanés de la famille dans les grands cycles de son histoire. Parce qu'elles fardent et parent le souvenir, les fêtes apportent à la mémoire familiale des éléments de mise en scène avec tous les artifices que cela peut comporter. Elles sont le vrai-faux spectacle de la vie de famille. Elles existent toujours pour enterrer quelque chose même dans l'illusion d'un avènement ou d'un recommencement. Mais les images restent. Là, bien là, gravées dans la mémoire. On se souvient des 90 ans de son grand-père, dernière vision de la famille tout entière rassemblée avant que la mort ne vienne s'interposer. Et des noces d'or de ses parents qui font figure d'un remariage à l'autre bout de la vie. Dans la mémoire, la fête étincelle comme un court-circuit entre la vie et la mort.

Passer à table dit le temps qui passe. Le temps court comme le temps long. Le temps des fêtes comme le temps ordinaire.

Annie Ernaux, dans son livre *Les Années*[13], sorte d'autobiographie individuelle et collective, saisit avec une rare justesse et vérité, la façon dont les tablées familiales, de l'après-guerre à aujourd'hui, enregistrent ce passage du temps. En décrivant les changements opérés dans le déroulement des repas familiaux, dans les conversations, dans les modes de ralliement et de célébration du groupe familial, elle retrace une histoire des mentalités et la façon dont se fabriquent les sensibilités intimes propres à chaque époque.

Tout au long d'une période qui couvre un peu plus de cinquante ans, le couvert se dresse, la famille se rassemble. Mais au fil du temps, des glissements sont perceptibles. La rencontre est là, mais il ne s'y dit plus la même chose. Les conversations résonnent d'autres mots, renvoient d'autres images, façonnent un autre rapport au monde. Le repas familial est la chambre d'échos d'une histoire

13/Gallimard, 2008, p. 23.

collective qui, au fur et à mesure des péripéties et de l'évolution de celle-ci, configure différemment l'identité personnelle et sociale de chacun. L'esprit de famille est aussi l'esprit d'une époque. Annie Ernaux nous le rappelle magistralement.

Elle fait débuter son récit aux repas pris dans les années d'après-guerre, alors qu'elle est toute jeune enfant. Ceux-ci résonnent principalement des bruits de la guerre, du récit des privations connues de tous. « Les voix mêlées des convives composaient le grand récit des événements collectifs, auxquels, à force on croirait avoir assisté. Ils n'en avaient jamais assez de raconter l'hiver 42, glacial, la faim et le rutabaga, le ravitaillement et les bons tabacs, les bombardements (…) Sur fond commun de faim et de peur, tout se racontait sur le mode du “nous” et du “on”. Ils parlaient de Pétain en haussant les épaules, trop vieux et déjà gaga quand on était allé le chercher faute de mieux. Ils imitaient le vol et le grondement des V2 tournant dans le ciel, mimaient l'effroi passé, avec de feintes délibérations aux moments les plus dramatiques, *qu'est-ce que je fais*, pour tenir en haleine ». Elle rappelle que c'est le « temps d'avant » qui occupe encore les esprits et le cours du repas. Entremêlé au récit des guerres, car la Grande, celle de 14, était elle aussi à chaque fois convoquée, un autre « grand récit », celui des « origines », venait aussi rappeler à chacun sa place, son histoire. « Les voix des convives délimitaient les espaces de la jeunesse : la campagne et les fermes où, de mémoire perdue, les hommes avaient été commis et les filles servantes, l'usine où tous s'étaient rencontrés, fréquentés et mariés, les petits commerces où avaient accédé les plus ambitieux. Elles dessinaient des histoires sans événements personnels autres que les naissances, les mariages et les deuils, sans voyages en dehors du régiment dans une lointaine ville de garnison, des existences occupées par le travail, sa dureté et son usure, les menaces de la boisson. » Les voix familiales transmettaient un héritage. Mais surtout : « La mémoire des autres nous plaçait dans le monde. »

Plus tard, dès le milieu des années 1950, les récits de guerre, de misère et de faim commencent à s'éloigner. « Quelque chose s'en était allé avec des grands-parents décédés qui avaient connu les deux guerres, les enfants qui poussent, la reconstruction achevée des villes, le progrès et les meubles à tempérament. Les souvenirs des privations de l'Occupation et des enfances paysannes se rejoignaient dans un passé révolu. Les gens avaient tellement la conviction de vivre mieux[14]. » Mais il faut encore attendre le milieu des années 1960 pour que toute dramaturgie mémorielle de la guerre s'estompe, et avec elle « la reviviscence des émotions d'hier ». La société de consommation s'impose dans les conversations. « La tablée discutait de l'apparition d'un supermarché et de la construction d'une piscine municipale, des 4 L et des Ami 6. Ceux qui avaient acheté une télévision discutaient du physique des ministres et des speakerines, parlaient des vedettes qu'ils voyaient à l'écran comme s'il s'agissait de voisins de palier[15]. »

Dans le milieu des années 1970, « l'évocation de la guerre se rétrécissait dans la bouche des plus de cinquante ans en anecdotes personnelles, pleines de gloriole, qui paraissaient aux moins de trente du radotage. Nous étions d'avis qu'il y avait pour tout cela des discours de commémoration et des gerbes de fleurs. » Peu à peu le présent et la nécessité de le détailler et de le préciser sans cesse s'impose et envahit les conversations. Dans le cours des années 1980, le passé, tout passé s'éloigne. « On transmettait juste le présent. » Et dans ce présent, les enfants font l'objet de toute l'attention comme de toutes les conversations. « Les enfants occupaient anxieusement le discours des parents qui comparaient leur manière d'éduquer et de gérer la permissivité qu'ils n'avaient pas connue, de défendre et d'autoriser (la pilule, la boum, la cigarette, la mobylette). Ils discutaient des mérites de l'enseignement privé, de l'utilité d'apprendre l'allemand, de faire un séjour linguistique. Ils voulaient un bon collège, une bonne filière, un bon lycée, de bons professeurs – hantés par une excellence susceptible d'entourer les enfants et de leur infuser sans souffrance une réussite individuelle dont ils se sentaient seuls responsables. Le

14/A. Ernaux, *op. cit.*, pp. 60-61.

15/*Ibid.*, p. 84.

temps des enfants remplaçait le temps des morts[16]. » Les références au passé se raréfient. « Il était hors d'intérêt d'exhumer pour les jeunes convives les grands récits de notre entrée dans le monde, et nous avions autant horreur qu'eux des guerres et de la haine entre les peuples. Nous n'évoquions pas davantage l'Algérie, le Chili ou le Vietnam, ni mai 1968 ni la lutte pour l'avortement libre. Nous n'étions contemporains que de nos enfants. Le temps d'avant quittait les tables familiales, s'évadait du corps et des voix des témoins. Il était à la télévision dans des documents d'archives commentés par une voix de nulle part[17]. »

Au fil des années qui passent, le présent se parle de plus en plus fébrilement, non sans une certaine urgence, comme si l'on cherchait à couvrir les béances laissées par les incertitudes liées à l'avenir. Les parents observent leurs enfants « fragiles dans un avenir informe ». Le passé indiffère tandis que le présent ne s'apprécie et ne peut être supporté que par cette « mise à distance ironique du monde » dont les jeunes générations d'aujourd'hui ont le secret, sans doute aussi pour garder espoir et vitalité. Fin des années 1990, début des années 2000, dans les repas familiaux, « tout était dérision et fatalisme joyeux de fête ». « La conversation fourmillait d'abord de questions réciproques : sur le travail précaire ou menacé par un plan social dû au rachat de l'entreprise, les modes de transport, les horaires et les congés, le nombre de cigarettes par jour et l'arrêt du tabac, sur les loisirs, photo et musique, téléchargements, (…) Tout ce qui permettait de réactualiser la connaissance des uns sur les autres, d'évaluer les styles de vie en confortant secrètement la croyance en l'excellence du sien. Ils confrontaient leurs points de vue sur les films (…) voulant nous apprendre mais n'acceptant pas qu'on leur apprenne, laissant transparaître leur certitude que notre savoir des choses n'était plus en phase avec le monde autant que le leur[18]. » Et Annie Ernaux de conclure : « Dans la vivacité des échanges, il n'y avait pas assez de patience pour les récits. »

16/*Ibid.*, pp.135-136.

17/*Ibid.*, p. 151.

18/*Ibid.*, pp. 228-229.

Au travers de cette évocation minutieuse de la façon dont le temps façonne les échanges au cours des repas de famille et construit la réalité dicible de celle-ci, on mesure toute la charge affective et symbolique, mais aussi la fonction de transmission, du rassemblement nourricier. Mais on retient aussi que la table enregistre tous les changements dans les façons de faire comme dans les façons de penser, de se penser et de se projeter.

Manger est donc bien plus que manger. Et manger ensemble est bien plus que manger ensemble. Par-delà la mise en ordre des rôles et des places, la teneur d'une rencontre et le déroulé du temps, ce qui se joue pendant le repas de famille renvoie à la négociation intime que chacun fait avec son histoire ainsi qu'à l'idée même de la façon dont se forme et se vit une famille. Une aventure personnelle et collective à la fois immuable et toujours recommencée.

Mange-t-on comme on pense politiquement ?

Pascal Perrineau

Les rapports que les citoyens entretiennent avec les fourneaux et la table ont été peu explorés jusqu'alors par la science politique. Autant les historiens et les anthropologues sont familiers de ces objets de recherche que sont la cuisine ou l'acte de manger et ont montré que ces derniers étaient révélateurs des mentalités, des représentations ou des relations sociales et politiques, autant les spécialistes de science politique leur ont accordé peu d'attention. Jean-Claude Kaufmann explore avec talent en sociologue les objets périphériques et non consacrés (le linge des couples, la vie en solo, la chaleur du foyer, les seins nus, les agacements, le premier matin…) et il écrit, dans son livre intitulé *Casseroles, amour et crises. Ce que cuisiner veut dire*[1], que pendant des siècles «… ce qui était bon à manger dérivait totalement de ce qui était bon à penser ». En dépit de ce lien multiséculaire entre « manger » et « penser », la science politique n'a pas porté beaucoup d'intérêt à ce sujet.

Cependant, à la suite d'un colloque organisé en 1998 à Sciences Po-Bordeaux sur « Cuisine et politique », la discipline a un peu investi ces questions et cela a débouché sur deux publications : « Cuisine, manières de table et politique » (numéro spécial de la *Revue française de science politique,* juin-août 1998) et « Les pouvoirs de la table » (*Revue internationale de politique comparée*, n° 2, 1999).

1/J.-C. Kaufmann, *Casseroles, amour et crises. Ce que cuisiner veut dire*, Armand Colin, 2005.

Ces travaux tentent essentiellement de montrer de quelles façons les goûts et les pratiques alimentaires s'inscrivent dans l'espace public et véhiculent des imaginaires et des « styles de vie » qui sont autant de répertoires politiques. Ont ainsi été abordés les repas et les banquets comme lieux politiques (par exemple les banquets du XIXe siècle en France comme outil de la républicanisation), la manière dont les cuisines expriment et portent des identités politiques (ethniques, régionales, sociales, nationales), la place occupée par la cuisine dans les représentations et les idéologies politiques (par exemple la fonction du « manger vert » dans la structuration et le renforcement de l'idéologie des écologistes) ou encore le rôle de la cuisine dans les changements politiques (par exemple, le fort développement de la nouvelle cuisine dans l'Espagne post-franquiste). En revanche, la réflexion sur les modes d'articulation des préférences politiques et des préférences alimentaires de nos concitoyens a eu peu de place. Il s'agit de combler partiellement cette lacune et de réfléchir à cet objet en s'interrogeant sur les logiques démographiques, sociales et politiques qui orientent nos goûts culinaires.

Générations et préférences culinaires

Sur les goûts culinaires, l'effet génération semble important (voir tableau 1 page 98) alors que l'effet genre, classe sociale ou appartenance politique est moins sensible. Sur la plupart des mets et des plats, quel que soit l'angle de leur appréciation (plat préféré, plat le plus national, plat le plus raffiné, plat le plus érotique, plat exotique préféré…) les différences entre générations (18-24 ans/65 ans et plus) sont importantes : 20 points sur le pot-au-feu, 34 sur le steak frites que pourtant Roland Barthes présentait, dans les années 1950, comme un élément du patrimoine national, 20 sur la coquille Saint-Jacques, 23 sur le caviar, 15 sur le curry de poulet, 27 sur le poulet au gingembre, 14 sur les huîtres, 10 sur la blanquette de veau, 24 sur le gigot d'agneau, 12 sur le couscous, 22 sur les spaghettis bolognaise, 32 sur la pizza…

Il y a bien des ruptures entre générations : les jeunes préfèrent les plats étrangers et cosmopolites (spaghettis à la bolognaise, pizza, couscous, curry de poulet) alors que les personnes plus âgées se tournent vers des plats de la tradition française (blanquette de veau, gigot d'agneau). La globalisation culinaire pénètre plus aisément les jeunes générations que les anciennes.

Il y a là les signes d'une véritable rupture dans la transmission des préférences culinaires qui éloigne les jeunes générations du modèle où Montaigne observait que chacun est attaché aux habitudes alimentaires de l'enfance et se trouve enclin à considérer comme absurdes, voire répugnants, les aliments et les préparations étrangers[2].

Aujourd'hui parents et enfants, jeunes et personnes d'âge mûr s'opposent sur nombre de dimensions culinaires : si 46 % des jeunes considèrent que le poulet au gingembre est « le plat le plus érotique », ce n'est le cas que de 19 % des 65 ans et plus (en revanche sur les huîtres l'opposition est inverse : 14 % seulement des jeunes, 28 % des 65 ans et plus) ; si 27 % préfèrent le curry de poulet comme plat exotique, ils ne sont que 12 % des 65 ans et plus à partager ce goût, etc.

Cette polarisation intergénérationnelle est toujours plus forte que les polarisations sexuelles, sociales ou politiques.

2/Cité par J.-F. Revel, *Un Festin en paroles*, Pauvert, 1979. éd. Hachette, coll. « Pluriel » 1982, p. 215.

	Des différences de générations			
	Plat le plus typiquement français		**Plat le plus raffiné**	
	Pot-au-feu	Steak frites	Coquille St-Jacques	Caviar
18-24 ans	64	13	11	33
25-34 ans	65	20	29	19
35-49 ans	58	31	26	18
50-64 ans	48	42	26	22
65 ans et plus	44	47	31	10

	Plat exotique préféré	**Plat le plus érotique**	
	Curry de poulet	Poulet au gingembre	Huîtres
18-24 ans	27	46	14
25-34 ans	14	35	15
35-49 ans	17	33	25
50-64 ans	10	35	29
65 ans et plus	12	19	28

	Plat préféré				
	Blanquette de veau	Gigot d'agneau	Couscous	Spaghettis bolognaise	Pizza
18-24 ans	16	6	28	30	33
25-34 ans	24	16	25	15	11
35-49 ans	27	10	23	12	4
50-64 ans	23	20	18	7	2
65 ans et plus	26	30	16	8	1

Tableau 1 : L'effet génération sur les préférences culinaires

Sources : « Les palmarès culinaires des Français », sondage TNS-Sofres réalisé les 25 et 26 août 2004 ; « Les plats préférés des Français », sondage TNS-Sofres réalisé les 11 et 12 janvier 2006.

Genres et préférences culinaires

Les différences entres sexes sur les plats préférés sont en général assez faibles. Une différence cependant oppose des hommes davantage attirés par la viande de bœuf et ses vertus réelles ou supposées de force, de régénération (côte de bœuf, bœuf bourguignon) et des femmes plus tentées par des plats moins carnés (moules frites, couscous, blanquette de veau). Dans les années 1950, Roland Barthes avait noté dans *Mythologies* (1957) l'importance de la viande de bœuf comme « mythologie nationale » et son lien avec les vertus énergétiques liées au sang[3] :

> « Comme le vin, le bifteck est, en France, élément de base, nationalisé plus encore que socialisé (...) National, il suit la cote des valeurs patriotiques : il les renfloue en temps de guerre, il est la chair même du combattant français, le bien inaliénable qui ne peut passer à l'ennemi que par trahison (...) Associé communément aux frites, le bifteck leur transmet son lustre national : la frite est nostalgique et patriote comme le bifteck. »
> «... le prestige du bifteck tient à sa quasi-crudité : le sang y est visible, naturel, dense, compact et sécable à la fois ; on imagine bien l'ambroisie antique sous cette espèce de matière lourde qui diminue sous la dent de façon à bien faire sentir dans le même temps *sa force d'origine et sa plasticité à s'épancher dans le sang même de l'homme.* »

Ce rôle central que pouvait jouer, dans les années 1950, le steak frites, n'est plus aussi important aujourd'hui : celui-ci n'est plus qualifié de « plat le plus typiquement français » que par 33 % des personnes interrogées et il est largement détrôné par le pot-au-feu (55 %) et suivi par la tête de veau (8 %). Les femmes (35 %) l'associent plus à un plat typiquement national que les hommes (30 %) comme si ces derniers l'avaient davantage démythologisé

3/Dans son ouvrage sur *Le Goût du sang* (Armand Colin, 2005), l'historienne Vanessa Rousseau remarque que « le sang resta (...) dans la plupart des ouvrages médicaux de l'Époque moderne le principe de vie et parfois le remède à tous les maux » (p. 302).

que les premières. La droite l'associe plus fortement à l'identité nationale (41 %) que la gauche (31 %) ou l'extrême droite (33 %). Il y a eu, en un demi-siècle, des évolutions des mythes culinaires nationaux. Par exemple, en 2006, parmi une liste de 27 plats préférés des Français, le steak frites n'apparaît qu'en dixième position (12 %) derrière la blanquette de veau (24 %), le couscous (21 %), les moules frites (20 %) ; la côte de bœuf (18 %) ; le bœuf bourguignon (17 %), le gigot d'agneau (17 %), le pot-au-feu (16 %), le lapin à la moutarde (14 %), les spaghettis à la bolognaise (13 %). Les préférences masculine et féminine pour cette ancienne mythologie culinaire nationale sont équivalentes (13 % chez les hommes, 12 % chez les femmes). Le steak frites est particulièrement mal classé chez les sympathisants du FN (8 %) et les cadres et professions intellectuelles (5 %) où le tropisme des intellectuels pour ce plat carné emblématique que repérait, il y a cinquante ans, Roland Barthes, n'est plus à l'œuvre : en 1957 il écrivait que pour bon nombre d'intellectuels « le bifteck est pour eux un aliment de rachat, grâce auquel ils prosaïsent leur cérébralité et conjurent par le sang et la pulpe molle, la sécheresse stérile dont sans cesse on les accuse ». Les intellectuels d'aujourd'hui ne chercheraient-ils plus à cacher leur « sécheresse » ou à prosaïser leur cérébralité ? Pas tout à fait puisque le plat préféré des cadres et professions intellectuelles est la côte de bœuf (25 %).

Milieux sociaux et préférences culinaires

Les différences de goût entre bourgeoisie de cols blancs et ouvriers cols bleus sont également relativement moins aiguës qu'entre générations (voir tableau 2) : il y a de véritables consensus sociaux autour de grands plats de la tradition française (gigot, pot-au-feu, lapin à la moutarde…) et, si il y a des polarisations sociales, elles sont, en général, un peu moins importantes qu'entre les générations (10 points sur la blanquette, 11 points sur la côte de bœuf, 17 points sur le bœuf bourguignon, 6 sur le coq au vin, 15 sur la bouillabaisse, 12 sur le tajine d'agneau, 12 sur le carpaccio).

Ce quasi-consensus social autour de plats relevant de la « cuisine bourgeoise » montre la pertinence de l'analyse que développait Jean-François Revel dans son remarquable livre *Un festin en paroles*[4] où il notait que la cuisine dite « bourgeoise » est le fruit du mariage, à la fin du XVIIIe siècle et au début du XIXe siècle, de la cuisine populaire et de la cuisine savante (souvent cuisine de cour). Pour Revel, la cuisine bourgeoise « retient la solidité et les arômes de la cuisine paysanne tout en introduisant la nervosité et la race de la haute gastronomie, par exemple dans les sauces ». Il n'était donc pas étonnant que cette cuisine bourgeoise qui, à sa naissance, fut le fruit d'une synthèse sociale, rassemble socialement, un siècle plus tard, plutôt que de diviser.

Cependant, le consensus social en matière culinaire n'est pas total. On constate, entre autres, que les ouvriers se tournent davantage vers des plats (blanquette, bœuf bourguignon, coq au vin) qui ont une double caractéristique : appartenir à la tradition gastronomique nationale et être des plats en sauce à caractère plus roboratif. La bourgeoisie du début du XXIe siècle accorde plus d'attention aux plats moins traditionnels (côte de bœuf) et marqués par un exotisme régional (bouillabaisse) ou national (carpaccio, tajine). La globalisation culinaire touche davantage la bourgeoisie plus cosmopolite et moins les couches populaires plus « enchâssées » dans le patrimoine culinaire national. Là aussi, Jean-François Revel avait insisté dans son analyse de la fin des années 1970 sur ce qu'il appelait une « naissance de l'internationale ». Certes, la globalisation en matière culinaire n'est pas une radicale nouveauté et Revel de noter, à la fin du XVIIe siècle, l'arrivée des glaces et les sorbets qui viennent d'Espagne et de Sicile, la généralisation du thé en provenance de Chine, celle du café venu d'Arabie ou encore celle du chocolat importé d'Amérique. Cependant, l'auteur d'*Un Festin en paroles* relevait un nouveau et double visage de l'internationalisation de la cuisine avec le développement d'une « cuisine internationale » – version conventionnelle et affadie d'une cuisine française traditionnelle et que l'on mange hélas bien trop souvent dans la plupart

4/J.-F. Revel, *Un festin en paroles. Histoire littéraire de la sensibilité gastronomique de l'Antiquité à nos jours, op. cit.*

des grands hôtels qu'ils se situent à Santiago du Chili, à Tokyo, à Moscou, à Durban ou au Caire – et l'essaimage concomitant des cuisines régionales et nationales bien loin de leur lieu de naissance. À cet égard, l'étonnant essaimage de la cuisine japonaise a même réussi à communiquer le goût du poisson cru à nombre d'Européens. Interrogés en 2004 par la Sofres sur leur plat exotique préféré (parmi cinq plats : couscous, curry de poulet, canard laqué, chili con carne, sushis), 54 % répondent que le couscous fait l'objet de leur préférence (55 % des ouvriers, 46 % des cadres et professions intellectuelles ; 54 % de la gauche, 54 % de la droite et… 63 % des sympathisants du FN, où va se nicher la nostalgie peut-être des colonies et de leurs mets !), 15 % le curry, 14 % le canard laqué, 6 % le chili et 6 % les sushis. Sauf sur ces derniers, il n'y a pas de fortes différences sociales : 13 % des cadres et professions intellectuelles préfèrent les sushis, 5 % seulement des ouvriers. Le cru, le goût de la saveur naturelle sans la médiation de la casserole ou du four restent encore un luxe relatif qui touche davantage les milieux aisés aux palais plus cosmopolites.

Orientations politiques et préférences culinaires

Les goûts ou les tropismes culinaires divisent-ils ou rassemblent-ils une société prompte à valoriser les divisions, les oppositions de pensée ? Nos divisions politiques se donnent-elles à voir dans nos pratiques et préférences alimentaires (voir tableau 3) ?

En matière politique, les différences entre gauche et droite sont, en général, assez ténues (6 points sur la blanquette, 2 sur le couscous, 5 sur les moules frites, 4 sur la côte de bœuf, 3 sur le bœuf bourguignon, 5 sur le gigot d'agneau, 0 sur le pot-au-feu, 2 sur le lapin moutarde, 0 sur les spaghettis bolognaise, 1 sur le steak frites). Le tiercé de la gauche est « Moules frites, couscous, gigot d'agneau » ; celui de la droite est « Blanquette, côte de bœuf, couscous » ; celui du FN est « Blanquette, spaghetti bolognaise, moules frites » ; celui des écologistes « Blanquette, couscous, bœuf bourguignon » (même ordre de préférence chez ceux qui sont sans

Tableau 2 : Milieux sociaux et préférences culinaires

	Des clivages sociaux						
	Plat préféré						
	Blanquette de veau	Côte de bœuf	Bœuf bourguignon	Coq au vin	Bouillabaisse	Tajine d'agneau	Carpaccio
Cadres, prof. Intel.	16	25	7	6	17	14	14
Ouvriers	26	14	24	12	2	2	2

	Des consensus sociaux		
	Plat préféré		
	Gigot d'agneau	Pot-au-feu	Lapin à la moutarde
Cadres, prof. Intel.	12	14	10
Ouvriers	13	14	12

Source : « Les plats préférés des Français », sondage TNS-Sofres réalisé les 11 et 12 janvier 2006.

préférence partisane). La politique ne semble pas beaucoup guider les préférences culinaires et celles-ci ne pas beaucoup renseigner sur les tropismes politiques de tel ou tel. Comme nous l'a appris un fait divers récent, cela intéresse-t-il vraiment quelqu'un de savoir qu'Adolf Hitler avait comme mets préféré la truite au beurre[5] ? Est-ce vraiment significatif d'apprendre que Nicolas Sarkozy aime la fondue, Jacques Chirac la tête de veau et François Mitterrand les ortolans ?

Quelques remarques cependant : le cosmopolitisme culinaire est dans tous les électorats (couscous à gauche, à droite, chez les écologistes et les sans préférence partisane ; spaghettis à la bolognaise

5/Dans une émission de la chaîne publique flamande Canvas intitulée « Plat préféré », programmée pour le 28 octobre 2008, le maître queux Jeroen Meus a présenté le plat favori d'Adolf Hitler. Cette initiative a provoqué un petit scandale (cf. l'article « Le mets préféré d'Hitler, un plat indigeste en Belgique », *Le Monde*, 28 octobre 2008, p. 10).

au Front national qui semble préférer la cuisine étrangère européenne à la cuisine étrangère maghrébine sans que l'on puisse parler pour autant d'une xénophobie alimentaire chez ces électeurs puisque 19 % tout de même disent préférer le couscous, 63 % déclarant que c'est leur plat exotique préféré). La droite n'est pas plus dans la « tradition » ou la « cuisine bourgeoise » que la gauche : certes, la gauche est plus tournée vers les moules frites que la droite mais elle est également plus attirée par le gigot d'agneau qui n'est pas à proprement parler un plat « populaire ». De multiples plats (couscous, bœuf bourguignon, pot-au-feu, lapin à la moutarde, steak frites) font l'objet d'un consensus entre la gauche et la droite.

Au fond, la cuisine rassemble plus qu'elle ne divise. Elle désamorce les tensions politiques. Comme le remarque un politiste, Yves Schemeil, dans une belle analyse sur « Banquets et citoyenneté en Méditerranée orientale » manger ensemble équivaut « à déjeuner en paix, l'esprit plein d'arrière-pensées mais le corps n'en laissant rien paraître, opérer une mise entre parenthèses des clivages bruyants et des nouvelles indigestes, manifester symboliquement le passage des désordres privés à l'ordre en public. »[6] Cet accord autour de l'espace de la table, du lieu et du rite du « manger » peut aller plus loin et toucher ce que l'on mange. Les mangeurs sont – et l'étymologie est importante – des convives. Comme le remarque Olivier Ihl dans son étude de la tradition républicaine des banquets[7], « assis à une table commune, ils reçoivent une part d'un repas préparé par un restaurateur et réparti en portions individualisées, égales et anonymes. Une réciprocité des appétits et des regards qui permet au groupe d'inventer sa propre représentation en se découvrant sous les traits d'une assemblée fortement égale ». Et si, au-delà de ce « vivre ensemble » qui se construit et s'affirme autour de l'espace commun de la table, il y avait un « manger ensemble », un « goûter ensemble ».

6/Y. Schemeil, « Déjeuner en paix. Banquets et citoyenneté en Méditerranée orientale », *Revue française de science politique*, n° 3-4, juin-août 1998.

7/O. Ihl, « De bouche à oreille. Sur les pratiques de commensalité dans la tradition républicaine du cérémonial de table », *Revue française de science politique*, n° 3-4, juin-août 1998.

Tableau 3 : Orientations politiques et préférences culinaires

Homogénéités et hétérogénéités politiques					
	Plat préféré				
	Blanquette de veau	Couscous	Moules frites	Côte de bœuf	Bœuf bourguignon
Gauche	20	21	**23**	17	15
Écolos	26	**25**	15	12	20
Droite	26	19	16	**21**	18
FN	**33**	19	**23**	14	12
S.P.P.	26	23	21	18	**21**
	Gigot d'agneau	Pot-au-feu	Lapin à la moutarde	Spaghettis bolognaise	Steak frites
Gauche	**21**	**16**	**15**	12	12
Écolos	11	**16**	**11**	11	11
Droite	16	**16**	**13**	12	13
FN	5	**14**	**15**	**24**	8
S.P.P.	16	**16**	**13**	14	**14**

Source : « Les plats préférés des Français », sondage TNS-Sofres réalisé les 11 et 12 janvier 2006.

Cette déconnexion assez forte du « manger » et du « penser », de ce qui est bon à manger et de ce qui est bon à penser, amène, en conclusion, à faire deux remarques.

La première est que la relative homogénéité des préférences culinaires des diverses familles politiques révèle que la politique n'est pas seulement expression des conflits mais aussi, et surtout, régulation, occasion de surmonter les divisions, recherche même, comme le dit le politologue Michel Hastings, d'une « harmonie primordiale » définitivement perdue mais toujours poursuivie. La relative unanimité politique des préférences alimentaires de nos concitoyens est peut-être d'autant plus forte qu'elle a à surmonter la dévoration d'un autre à quoi se résume toujours l'acte de manger et la perception de la politique comme une guerre totale d'anéantissement de l'adversaire. Dans l'inconscient collectif gît le souvenir qu'avant la découverte et la maîtrise du feu, l'acte de manger se résumait à manger crus tous les aliments qui tombaient sous la main, ou plutôt sous la dent et que là résidait notre manière de manger de tous les êtres vivants. Ensuite, le cuit, comme l'a montré Claude Lévi-Strauss dans son volume des *Mythologiques*, *Le Cru et le Cuit*[8], a fait passer le cru (la nature) au stade de la culture en évitant d'ailleurs la dégradation du cru au pourri (qui est aussi un fait de nature). La politique, à cet égard, est résolument du côté de la culture et cherche à éviter ce danger menaçant et archaïque d'une nature sans culture (où tout serait voué à la barbarie anthropophagique ou au pourrissement) sachant que la politique ne doit pas oublier un défi plus moderne mais tout aussi menaçant : celui d'une culture sans nature (où les ressources naturelles se tariraient ou brûleraient du feu de la technique).

La seconde remarque conclusive sur cette déconnexion relative entre le « manger » et le « penser » prolonge l'analyse de Jean-Claude Kaufmann qui, au début des années 2000, a constaté une relative cacophonie qui a rendu l'ordre alimentaire, l'ordre du mangeable moins impératif. Cette cacophonie alimentaire, cette redéfinition des goûts et des préférences a débouché sur un ordre individuel du mangeable qui, peu à peu, se substitue à un ordre social et collectif. Il n'y a plus ou il y a moins de logiques sociales, politiques, culturelles du « manger ». Les comportements alimentaires se fondent de plus en plus sur la réflexivité et l'individuation. Le goût devient davantage « une forme d'autocontrôle individuel essentiellement inconsciente,[9] » il s'autonomise et devient lui-même, comme l'écrit Jean-Claude Kaufmann, « un régulateur des comportements alimentaires individuels quand le contexte n'impose plus de repères. Un guide du sens de la vie par les sens[10]. » Le nouveau mangeur est un individu davantage isolé, coupé de l'histoire qui est en lui et des cadres sociaux qui font qu'il est ce qu'il est. Pour Kaufmann, trois forces qui sont au cœur de notre modernité ont contribué fortement à cette émancipation du

8/C. Lévi-Strauss, *Le Cru et le Cuit*, Plon, 1950.

9/J.-V. Pfirsch, *La Saveur des sociétés. Sociologie des goûts alimentaires en France et en Allemagne*, Rennes, Presses Universitaires de Rennes, 1997.

10/J.-C. Kaufmann, *op. cit.*, p. 36.

nouveau mangeur : l'émancipation des femmes et des mères qui tentent d'atténuer la surcharge ménagère et laissent en déshérence la transmission des goûts et des apprentissages culinaires, l'autonomisation des individus qui cherchent à se désengager des disciplines commensales et l'offre grandissante des biens et des services alimentaires. Ainsi, pour le meilleur et pour le pire « le mangeur est entré dans le monde moderne de la liberté et de l'incertitude. Il picore tel un oiseau, ne sachant plus où donner du bec, inquiet cependant du risque sanitaire de ses excès[11]. »

11/J.-C. Kaufmann, *op. cit.*, p. 299.

L'industrialisation alimentaire face au souci de soi : du consommateur à l'amateur ?

Olivier Assouly

> « Le sens du goût, qui est le véritable sens médiateur, a souvent décidé les autres sens à partager ses opinions sur les choses et leur a inspiré ses lois et ses habitudes. On peut s'éclairer à table sur les plus subtils secrets des arts : il suffit d'observer ce qui a du goût, quel goût cela est et si on le sent longtemps. »
>
> (F.W. Nietzsche, *Humain, trop humain*)

> « Le premier service que l'industrie apporte au client est de tout schématiser pour lui (...). Pour le consommateur, il n'y a plus rien à classer ; les producteurs ont déjà tout fait pour lui. »
>
> (Th.W. Adorno, *La Dialectique de la raison*)

Le texte de Nietzsche mis en exergue exprime le caractère décisif du goût, au-delà des bienséances de la table, avec sa puissance d'action sur notre manière de vivre et de sentir le monde. Organe et concept décisifs parce que l'essor du capitalisme repose sur du goût. La consommation par goût est pour l'essentiel industrielle. L'industrialisation se caractérise par une dissociation – les territoires, les techniques, les compétences, travaux et les hommes – entre production et consommation. Cette disjonction aura conduit les producteurs à concevoir des moyens pour faire non seulement circuler des produits à l'échelle planétaire, mais surtout faire qu'individus les adoptent massivement. Ce rôle aura été dévolu à la communication, à charge de produire des consommateurs. Ce mode d'organisation industrielle, qui correspond à une politique industrielle, s'expose à la critique sociale dont plusieurs avatars sont repérables : scandales alimentaires, qualité déficiente, nuisances écologiques, marchandisation, uniformisation, standardisation, acculturation, consumérisme, boulimie, obésité, falsifications.

Ce que j'appelle industrialisation de la proximité concerne tout ce qui touche à soi, au sens large du corps, des arts de vivre : alimentation, plaisirs, bien-être, santé, passions et affections[1]. Pour l'alimentation, solidaire de la conservation de l'existence et d'un art d'exister, se pose le problème de la nature du soin et de l'attention de l'industrie pour des individus. Il est question de l'industrialisation du souci que chacun doit avoir de soi, de la possibilité de dispenser des soins : à quelles conditions peut-on soigner les individus ? L'industrie vise à prendre en charge le souci de soi, quitte à le schématiser (selon Adorno comme en témoigne ma seconde citation en exergue), que ce soit pour combler des besoins, satisfaire des plaisirs ou même « répondre » à des exigences diététiques. Encore une fois : si le souci de soi est une évaluation individuelle, que peut faire l'industrie pour les individus ? Quels sont les moyens à disposition pour générer de l'individuation[2] ?

1/D'une certaine manière, l'industrie a pu prendre sous sa coupe les techniques de l'existence, du souci de soi, faute d'un intérêt social suffisamment marqué. Effectivement, cette désaffection a sa source dans une tradition métaphysique et morale caractérisée par la préséance de la raison sur tout ce qui touche à l'existence quotidienne et aux arts d'exister (sexualité, alimentation, mode). « Les prêtres, les professeurs, et la sublime ambition des idéalistes de toute espèce, de la grossière et de la fine, persuadent à l'enfant déjà que ce qui importe est tout autre chose : la salut de l'âme, le service de l'État, le progrès de la science, ou bien la considération et la propriété, comme moyens de rendre service à l'humanité entière, au lieu que les besoins de l'individu, ses nécessités grandes et petites, dans les vingt-quatre heures du jour, sont, dit-on, quelque chose de méprisable ou d'indifférent » (Nietzsche, *Humain, trop humain*, Hachette, 2001, II, § 6).

2/Voir les analyses approfondies de B. Stiegler, « Temps et individuation technique, psychique et collective dans l'œuvre de Simondon », *in Multitudes*, lecture en ligne (http://multitudes.samizdat.net/).

Rendre service

L'industrialisation renvoie à une agriculture, à des matières premières et des opérations de transformation de denrées naturelles, qui plus est à la possibilité de générer des organismes avec les biotechnologies. Les produits de l'industrie désignent aussi des services dans la mesure où ils contiennent une capacité technique et des connaissances. Ainsi, un plat cuisiné intègre des compétences techniques, scientifiques et culinaires nécessaires à sa conception, à sa fabrication, à sa conservation et même à son adoption – par le truchement du marketing – car des « consommateurs » sont prédestinés à les acquérir. Qu'on le veuille ou non, en se substituant *de facto* aux opérations de préparation culinaire, l'industrie forme du goût, induisant des goûts et des modes de socialisation, indépendamment des conditions et des réserves que suscite ce type de suppléance. En vertu d'un transfert de compétences, l'industrialisation tend à fabriquer depuis la fin du XIXe siècle ce qu'auparavant des individus produisaient, dans des espaces privés et domestiques, selon les codes de transmission de la famille, de l'école, de la religion et des métiers.

Il s'agira de mettre en relief le caractère problématique de ce type de consommation appliqué à l'alimentation. Ce déplacement vers l'industrie est ambivalent, indiquant un progrès ou bien une difficulté supplémentaire. Dans un cas, il y a libération des contraintes et des savoir-faire astreignants liés aux pratiques et aux gestes culinaires. En quoi ce progrès est-il autrement problématique ? Privés du pouvoir d'exercer des compétences, les individus s'exposeraient à une perte de savoirs et de savoir-faire. Comment est-il alors possible de rendre service aux individus ? Comprenons que « rendre service » a dans la langue française deux sens différents.

Au premier sens de l'expression, l'industrie produit des services. Par référence à un usager chargé d'apprécier le produit ou le service, il s'agit avant même de produire quoi que ce soit de mesurer des attentes – de l'ordre de l'utilité ou du plaisir – en sorte de répondre par des productions *ad hoc*. On vise à ce que les productions des uns et les dites aspirations des autres puissent idéalement coïncider. L'industrie parle au nom du consommateur. Cela veut dire qu'elle servirait d'un côté sa cause et son intérêt, et de l'autre, se substituerait à lui, jusqu'à parler à sa place. L'ambivalence est d'autant plus décisive que dans les nations industrialisées, la consommation s'est transformée au point que le plaisir sert de vecteur d'appréciation. Or apprécier signifie mesurer, connaître mais aussi prendre plaisir, entrer dans un état de jouissance. Une certaine disqualification du plaisir constitue la pierre angulaire de toute critique sociale.

En un autre sens, plus marginal, « rendre service » veut dire redonner aux individus cela même – le pouvoir de produire et de se produire en marge des schémas de consommation – qui leur appartient. C'est une opération de restitution et de subjectivation. C'est présupposer que les services ne pourraient être délégués à l'industrie sans qu'une capacité fondamentale aux individus soit par là même détruite. C'est la raison pour laquelle, au contraire, la question de l'amateur doit être prise au sérieux comme pouvant constituer une alternative à la consommation et à son défaut d'individuation.

La disqualification du passe-temps

Dans le capitalisme esthétique[3], qui doit s'entendre comme une économie de la captation de la sensibilité et des jouissances, la production de services repose moins sur la satisfaction des besoins – tout en sachant combien cette dernière notion est pâteuse – que sur l'excitation de plaisirs visant à doper la consommation. Dès lors que les plaisirs appellent une forme de démesure traductible en opportunités économiques, il devient nécessaire de se pencher sur la notion de plaisir notamment ciblée dans la dénonciation de la consommation.

À considérer l'argument de l'uniformisation, il porte sur la médiocrité – au sens de ce qui est moyen – du goût : l'existence de

3/Je me permets de renvoyer pour de plus larges développements à mon ouvrage *Le Capitalisme esthétique* (Le Cerf, 2008).

goûts moyens permet de saisir une masse importante d'individus sans adhérer au goût singulier de personne. Et lorsque l'industrialisation inclut la personnalisation, par la greffe des attributs sur un standard industriel, ce schéma ne fait au fond que prolonger la vision platonicienne de la technique qui laisse à l'usager, et non au producteur, le loisir de déterminer le produit qu'il peut d'autant mieux concevoir qu'il en connaît l'usage[4]. Il n'y aurait pas de meilleur juge que celui qui emploie l'objet ; conception qui explique en partie la nécessité héritée et inscrite dans la modernité industrielle de sonder l'usager pour le développement des produits qui lui sont destinés. Il s'agit en quelque sorte d'une production industrielle du consentement nécessaire à l'essor de la consommation.

Afin de tracer une ligne de démarcation entre consommateur et amateur, je dois distinguer schématiquement deux types de plaisir : l'un appelle une jouissance sans limites et repose sur une stimulation des pulsions. Son ressort est de l'ordre de l'addiction – impulsion et compulsion d'achat –, la répétition ayant un caractère morbide. L'autre conception entend le plaisir comme une faculté formatrice et productrice, en raison de son aptitude à développer des compétences. Elle s'accompagne d'une faculté à distinguer, différencier, trier ; opérations nécessaires au goût et à la formation de l'amateur.

Voici que Kant pose le problème : « Notre public de lecteurs au goût raffiné est toujours maintenu en appétit par des lectures éphémères et même une fringale de lecture (qui constitue une forme d'oisiveté), non pas pour se cultiver mais pour éprouver du plaisir ; tant et si bien qu'à procéder ainsi les têtes restent toujours vides et qu'aucune saturation n'est à redouter, dans la mesure elles donnent à leur oisiveté affairée l'apparence d'un travail et se procurent ainsi l'illusion d'un passe-temps respectable qui n'est cependant en rien meilleur que celui qu'offre au public le *Journal du*

4/Voir les analyses éclairantes de J.-P. Vernant dans « Travail et nature dans la Grèce ancienne », *in Mythe et pensée chez les Grecs* (La Découverte, 1998).

luxe et des modes[5]. » Tous les expédients visant à procurer la sensation de brièveté du temps, abstraction étant faite des mécanismes constitutifs et diachroniques de la culture, sont ici identifiés à une certaine espèce de plaisir. Or ce plaisir inculte vise à endiguer les circuits de la temporalité nécessaire à la subjectivation.

Parler de subjectivation suppose que le sujet ne soit pas donné à lui-même, mais qu'il se construise, s'élabore, s'édifie à partir d'un certain nombre de techniques, par exemple des techniques d'écriture ou de lecture, des techniques d'examen, d'examen de ses actes, de ses pensées ou de ses représentations, des techniques de remémoration, des techniques de connaissance de soi. Ce point établi, il permet de dénoncer un premier malentendu, qui consisterait à penser que, notamment, les analyses phares de Foucault[6] vont dans le sens de la revendication d'un épanouissement ou d'une découverte du soi, comme identité profonde et recouverte, masquée, altérée par des normes sociales anonymes. Foucault ne propose en aucun cas la reconquête d'un soi absolument pur et singulier auquel il faudrait vouer un culte. Il n'y a pas de pente narcissique dans ses analyses, ou plutôt le narcissisme, l'individualisme, le repli exclusif sur soi ou sur une sphère privée ne sont que des cas particuliers de possibilités éthiques, sans doute pas les plus intéressantes et justement pas celles que Foucault désire étudier. Par exemple, ce que Foucault détermine comme le souci de soi tel qu'il est mis en œuvre et proposé comme modèle dans certaines philosophies hellénistiques et romaines, est tout le contraire de ce qu'on a pu dénoncer ou exalter comme l'individualisme contemporain. Établir un rapport déterminé à soi ne s'effectue pas dans une solitude indépassable. Il faudrait même dire que le fait d'établir un rapport déterminé et régulier à soi suppose la présence, l'accompagnement, le guidage, l'aide de l'autre, ou plutôt des autres. Les techniques de soi sont toujours mises en œuvre au travers de relations sociales repérables, de communautés, de groupes,

5/Kant, *Anthropologie d'un point de vue pragmatique*, II, 61, Garnier-Flammarion, p. 191.

6/Voir pour l'essentiel *L'Histoire de la sexualité* (t. I, II, III, Gallimard, Paris, 1994).

ou même d'institutions, par exemple des écoles, des communautés. Les techniques de soi sont donc très fortement socialisées. C'est dans ce contexte de socialisation que se pose le problème de l'alimentation, comme ensemble de pratiques et d'exercices, dans son lien à la subjectivation.

Sous sa forme immédiate et individualiste, le plaisir est tel qu'il doit se répéter, presque indéfiniment, en tournant en rond et à vide. S'il ne produit rien, il génère par son activité répétitive l'illusion d'une activité qui n'a pas d'autres fins que la régénération de son simulacre. Contrairement aux apparences, c'est moins pour des raisons morales que ce plaisir est problématique qu'en raison de son impuissance à produire des variations et de la subjectivation. *A contrario*, l'autre manière de procurer positivement du plaisir appelle une constitution et une accumulation de compétences qui se déroulent dans l'horizon du temps. Il n'y a qu'à favoriser les facultés de discernement et reconnaître que la satisfaction se signale par l'inachèvement et la perfectibilité ; opérations temporellement ouvertes.

Justement, le capitalisme esthétique, qui repose sur la consommation compulsive et jouissive, explique la présence massive de création comme sous la forme du design, à même de combiner des obligations industrielles et stylistiques – et par conséquent susceptibles d'activer les composantes narcissiques et libidinales de la consommation. Croissant au travers d'une esthétisation de la vie quotidienne (cuisine, vêtement, mobiliers, produits, marques), ladite création s'inscrit sur une toile idéologique où tout bon produit, celui-là même que le marché appelle, doit contenir ce degré de création capable de le distinguer des produits de la même classe. Ce qui d'ailleurs signifie que ce type de création engendre davantage des productions différenciées, assimilables à des stratégies de communication et de segmentation des marchés – mesurables par des études de marché, des tests consommateurs et du *benchmarking* – que des singularités qui, elles, ont pour caractéristiques d'être incomparables.

Qu'il faille impérieusement à un certain stade du capitalisme de la création sonne comme une évidence qui, paradoxalement, et jusqu'à un certain point, produit un consensus entre, d'un côté, les partisans et agents économiques du capitalisme esthétique et, de l'autre, les héritiers du Marx des *Manuscrits de 1844* qui associent la sortie ou la transformation vertueuse du capitalisme au développement esthétique des activités de production[7]. L'évolution tout entière de la civilisation doit tendre vers la création. Plus radicalement, la création fait autorité comme manière de gouverner (puissance médiatique) les existences ou comme manière de se gouverner (subjectivation émancipatrice). Dès lors que la création relève actuellement d'une dénomination économique parce qu'elle dope la consommation, et sociale en tant qu'elle sert à déterminer des modes jouissifs d'existence, se pose la question des soins apportés à chacun par cette création. Qui en bénéficie ou qui en tire profit ? Le risque peut être qualifié de la manière suivante : les créations serviraient le plaisir compulsif en tant que répétition organisée et finalement économique[8].

Or le caractère exclusivement jouissif de la consommation alimentaire soulève de nombreuses difficultés. D'une part, plusieurs attributs du goût (diététique, social, religieux, culture, apprentissage) sont sacrifiés au plaisir immédiat. De l'autre, en donnant

7/Je renvoie à l'ouvrage de Y. Moulier-Boutang, *Le Capitalisme cognitif. La nouvelle grande transformation* (Amsterdam, Paris, 2008) qui reprend la question de la transformation du capitalisme aussi là où Marx l'a laissée dans les *Manuscrits de 1844*, avec l'idée que l'émancipation sociale repose sur des activités de production diversifiées et qualifiées au sein desquelles les modes de pensée et d'action artistiques ont un caractère exemplaire. C'est ce même motif qui conduit à faire du « logiciel libre » la pierre de touche d'une architecture économique et sociale où les productions doivent être collectives, compétentes et libres.

8/Selon G. Simondon, la « fantaisie individuelle » ne peut donner lieu qu'à une modification extérieure des objets : seuls les aspects inessentiels et contingents peuvent être faits sur mesure (intéressant pour la mode qui a à voir avec l'inessentiel). Les choses inessentielles ou les perfectionnements mineurs entretiennent une fausse conscience du progrès continu des techniques et relèvent de « ce faux renouvellement que le commerce exige pour pouvoir présenter un objet récent comme supérieur aux plus anciens » : « Les perfectionnements mineurs peuvent être si peu essentiels qu'ils se laissent recouvrir par le rythme cyclique de formes que la mode surimpose aux lignes essentielles des objets d'usage »(*Du mode d'existence des objets techniques*, Aubier, 2001, p. 40).

libre cours à une conception intempérante du plaisir, le sujet s'expose à un défaut de subjectivation en raison d'une confusion entre l'intempérance (démesure) et le souci de soi (maîtrise des passions). Encore une fois, la critique ne porte pas sur un manquement d'ordre moral mais sur les effets destructeurs pour l'individuation.

La complexité du goût

À la différence de l'odorat qui opère et s'impose à distance, à l'écart de notre volonté, l'organe du goût permet de choisir non seulement ses mets mais également ses hôtes. Au sens gustatif, le goût a un caractère volontaire : il dépend du consentement de chaque individu qui, librement, décide de goûter ou refuse des aliments, consolidant ainsi la dimension diététique, morale et sociale des usages de l'organe du goût. C'est en ce sens que les fonctions du goût constituent des vecteurs conjugués d'individuation (diététique) et de sociabilité (comme art de vivre ensemble)[9].

Qui plus est, les composantes diététiques sont repérables jusque dans les approches historiques de l'alimentation. Jusqu'au XVIIe siècle, on assimilait les deux significations de « bon et mauvais pour la santé » et « bon et mauvais au goût », lesquels correspondent à l'opposition actuelle entre diététique et plaisir. Logiquement, la diversité des goûts se traduisait par la sympathie de

---

9/« Cependant, le repas n'est ici considéré que comme un support pour la distraction de cette société. Le goût esthétique de l'hôte se manifeste dès lors à travers son habileté à faire des choix qui puissent valoir pour tous; mais il ne peut y parvenir en suivant sa propre sensibilité, dans la mesure où ses invités choisiraient peut-être pour eux-mêmes d'autres mets ou d'autres boissons, chacun selon sa fantaisie personnelle. Il organise donc les choses dans la *diversité,* de telle manière que chacun puisse trouver quelque chose qui convienne à son goût – ce qui correspond à un choix dont la validité est relativement universelle. De son habileté à choisir les invités eux-mêmes en vue de rendre possible un divertissement général et réciproque (laquelle habileté peut sans doute elle aussi être appelée goût, alors qu'elle est en réalité application de la raison au goût et qu'elle diffère donc de celui-ci), on ne peut traiter dans le présent débat » (Kant, *Anthropologie d'un point de vue pragmatique*, Garnier-Flammarion, 1993, p. 204).

chacun avec tels ou tels aliments ; les tempéraments faisant que les goûts ne pouvaient être contrariés. De surcroît, la cuisine était une branche de la médecine et les livres de cuisine traditionnellement rangés dans la classe des « Sciences et arts », sous-classe « Médecine ». Loin d'être arbitraire ou exclusivement jouissif, le goût invite constamment à un examen nécessaire à l'identification des plats les plus adaptés aux besoins diététiques de chacun. Il s'agit en outre, au fil du temps, de perfectionner par l'usage et l'apprentissage l'organe du goût, en sachant ce qu'il convient d'ingérer, à quel moment, dans quelles conditions, à quelles fins.

Ce même motif libère aussi la possibilité d'une conversion du sens propre au sens figuré du goût, dès lors qu'il est vecteur de l'action de faire ou de ne pas faire, de différencier et de classer. Comme propédeutique, le goût préfigure une fonction politique : il offre un modèle de liberté collective et de maîtrise sociale de la jouissance où les citoyens apprendraient à fixer librement les limites des manières de sentir et du plaisir. Sous certaines conditions, le sens du goût, en raison de son rapport à la volonté et à la faculté d'appréciation, renvoie à la subjectivation, c'est-à-dire à la participation active et raisonnée des individus à l'exercice et l'aptitude à se gouverner.

Cette direction correspond à nouveau à celle de Michel Foucault, dans *L'Histoire de la sexualité*, lorsqu'il s'intéresse aux pratiques ou aux « arts de l'existence » en vertu desquels les individus cherchent à se déchiffrer, à se transformer et à se modifier dans leur être singulier. Arts qui perdent de leur importance avec le christianisme et l'exercice d'un pouvoir pastoral, mais encore avec les programmes de type éducatif, médical et psychologique, et aujourd'hui industriel et esthétique. Michel Foucault note que la médecine naît du régime, catégorie fondamentale qui caractérise la manière dont chacun mène son existence. Le régime, qui fournit un ensemble de règles en fonction d'une nature qu'il faut préserver et à laquelle il convient de se conformer, s'efforce d'établir une juste mesure et non pas de moraliser les comportements. Ce n'est pas une solution définitive, mais une réponse raisonnable susceptible d'évoluer en fonction des circonstances. La diététique est une technique d'existence qui ne se contente pas de transmettre à un individu, qui aurait à les appliquer consciencieusement, les conseils d'un médecin. Ce n'est pas une obéissance aveugle au savoir de l'autre, auquel il est important évidemment de rester attentif, mais une pratique réfléchie de son corps et de soi-même ; autant d'exercices qui reflètent le mouvement de subjectivation. Dans les *Mémorables*, on peut lire : « Que chacun s'observe lui-même et note quelle nourriture, quelle boisson, quel exercice lui conviennent, et comment il faut en user pour conserver la santé la plus parfaite[10]. » La pratique est autre chose qu'un ensemble de précautions destinées à éviter les maladies ou à guérir. C'est toute une manière de se constituer comme un sujet en ayant de son corps le souci juste, nécessaire et suffisant. Souci qui traverse la vie quotidienne et qui fait des activités majeures ou courantes de l'existence un enjeu à la fois de santé et de morale.

Or, l'industrie se trouve confrontée à ces exigences d'individuation qui sous-tendent une disqualification du caractère uniformisé des productions et des prescriptions tout autant que de la fausse alternative de l'individualisation raccordée à l'essor de la consommation. Par provision et comme pour anticiper la réponse capitaliste au défaut d'origine industrielle de subjectivation, notons que la tendance actuelle qui consiste à intégrer des productions différenciées, aux dimensions sociétales (écologie), sanitaires (les produits biologiques) et diététiques (amaigrissement, santé, vitalité), est loin de changer radicalement le caractère problématique d'une situation qui tient à la marginalisation de la singularité, et pas à une réponse à des différences identifiées et identitaires. En effet, la réponse industrielle consiste à assimiler ce qu'elle suppose être une « demande sociale » à une part différenciée et supplémentaire de marché fondé sur la satisfaction de différences pour maintenir ou même doper la consommation. Tandis que l'individuation repose sur la production de singularités qui nécessite une activité subjective et sociale de soi.

Pour s'inscrire dans cet horizon d'individuation, les mangeurs devraient logiquement être des producteurs ou des coproducteurs

10/Cité par M. Foucault, *Histoire de la sexualité,* t.II, *L'Usage des plaisirs*, Gallimard, 1994, p. 143.

de leur régime (mode de culture agricole, choix des aliments et des assemblages). Mais que peut bien vouloir dire coproduire ? Dans quelle mesure les nouvelles technologies, en ce qu'elles favorisent les communautés virtuelles d'amateurs, sont-elles propices à l'individuation du mangeur ?

L'alternative de l'amateur au consommateur

Historiquement, le développement de l'industrie repose dans la production des consommateurs selon le modèle mis au point par Ford au début du XXe siècle : « Nous avons standardisé le consommateur. » La consommation vise à étendre le champ des consommateurs pour favoriser les conditions d'écoulement des produits à l'aide des techniques notamment esthétiques – au sens de la séduction – du marketing. Elle suppose une direction opératoire, un sens dans la réalisation de la transaction, qui part de la production pour atteindre, en la produisant, la consommation. De surcroît, dans la production industrielle, la cohérence interne de la production devient elle-même dominante par la formation de types stables, la standardisation : « Les besoins se moulent sur l'objet technique industriel qui acquiert ainsi le pouvoir de modeler une civilisation[11]. » Si les usages des produits dans la production industrielle sont taillés sur les produits, le design opère au-delà des attributs esthétiques l'adaptation de produits aux consommateurs. Il en ressort une exclusion partielle des singularités diététiques dans l'industrialisation. *A contrario*, la production artisanale, privée de toute mesure intrinsèque, de normes propres de production, reste subordonnée aux besoins de l'utilisateur.

À ce stade, au moins deux remarques sont nécessaires :

1. Contrairement aux apparences témoignant de l'importance du consommateur (sondages, batteries de tests, *profiling*), la production industrielle remet en cause sa primauté, comme pierre angulaire de la production, dès lors qu'elle s'efforce en vérité de le

11/Simondon, *ibid.*, p. 24.

produire. Historiquement, rappelons-le, la pensée antique considérait moins le processus intrinsèque de fabrication que l'usage qui en était fait. En effet, c'est en fonction de l'usage (*chresis*) que se définit l'idée (*eidos*) que l'ouvrier incarne dans la matière. L'objet fabriqué répond à une finalité analogue à celle de l'être vivant : sa perfection consiste dans une adaptation au besoin en vue duquel il a été produit. L'artisan doit soit se conformer à ce modèle qui dirige, commande sa production, soit faire confiance à l'usager mieux placé que lui puisqu'il fait directement usage (*chresis*) de la chose. En effet, selon Aristote, le producteur est moins bon juge de son ouvrage que l'usager : son action fabricatrice porte sur les moyens, la fin le dépassant.

2. La satisfaction industrielle du goût suppose la production d'un style caractéristique des marchandises standardisées, dans l'horizon d'une consommation à grande échelle. C'est la raison pour laquelle le style, selon Simmel, est chargé de faire entrer « les contenus de la vie et de l'activité de la personne dans une forme partagée avec le grand nombre et accessible à celui-ci[12]. » Tandis que l'œuvre d'art, étant un monde qui se suffit à lui-même, n'a pas besoin de s'insérer à la vie des individus. Avec la production de mobiliers et de vaisselles, d'automobiles et de vêtements, qui s'adresse au grand nombre, le goût doit prendre une forme plus générale. Il est alors inutile et vain de chercher l'expression unique d'une âme dans le style. Seul doit ressortir un sentiment, un climat plus large, historique et social, qui permet au style de s'incorporer à l'existence d'un très grand nombre d'individus. Le style est effectivement ce qui dépasse l'unicité de la personne. Et la sphère marchande génère des styles aussi facilement intégrables par des individus que rapidement détachables en raison même de leur généralité.

À la différence du consommateur, l'amateur se construirait dans une relation d'opposition à la passivité et à l'essence générique de la consommation, comme une alternative au couple production/consommation. Dans une économie fondée sur la consommation,

12/G. Simmel, *Secret et sociétés secrètes*, Circé, 2000, p. 56.

si la concurrence entre les firmes intronise le consommateur en arbitre des productions, la diversité des productions disponibles, pourtant solidaires du développement de son goût, commande une assignation de ce goût par des artefacts de persuasion et de fidélisation. Autant d'artifices qui entament les conditions élémentaires de la faculté de jugement. Ce sont bien des consommateurs qui sont les destinataires des produits, et non des amateurs, dans la mesure même où la communication est indispensable pour ajuster la production à la consommation.

Idéalement, dans le cas de l'amateur, dès lors que le destinataire n'est plus un simple récepteur plus ou moins docile, les artefacts qui servaient à faire tenir ensemble production et consommation sont disqualifiés. Il est en lui-même, et à travers les confrontations esthétiques des réseaux, le centre de production des évaluations indispensables du goût pour des produits. Mais il renferme aussi la possibilité elle-même de devenir producteur. S'il ne produit rien directement, exception faite dans tous les domaines où les contenus sont numériques (le logiciel libre est ainsi exemplaire), il opère la « concrétisation » des œuvres ou des produits. Il existe une appropriation active qui modifie le sens et la valeur, et la nature même de la production. C'est ce qui se passe d'une certaine façon quand un producteur imite ou interprète des ouvrages antérieurs ou comparables. Il existe une différence entre l'effet qui est promu par l'ouvrage et le producteur à destination du consommateur, et la réception de l'amateur qui dépend de l'activité de l'individu. C'est encore en ce sens que le récepteur, en tant qu'interprète, produit un contenu lui-même de l'ordre de la production[13]. Et ce sont les compétences de l'amateur qui justifieraient son intégration croissante au processus de production en tant que coproducteur.

Dans cette optique, les nouvelles technologies de l'Internet ont une place éminente pour une majorité de travaux sur l'amateur[14] : elles autorisent des procédures inédites d'évaluation, d'action et de

13/Voir l'ouvrage de H.R. Jauss, *Pour une esthétique de la réception* (Gallimard, 2005).

14/C'est le cas des travaux de B. Stiegler, également ceux de Y. Moulier-Boutang, mais pas ceux d'A. Hennion.

coproduction étroitement solidaires des modes d'association et de partage des connaissances et des compétences. Ces technologies sont porteuses d'opportunités de refonte des réalités sociales, économiques et politiques. On y repère une production collective des évaluations esthétiques (prolifération des jugements de goût), des coproductions emblématiques en réseaux (les logiciels libres), une circulation accélérée et transnationale des informations, des savoirs et des connaissances[15]. Le cas significatif – mais peut-être trop particulier pour s'étendre au terrain alimentaire avec ses particularités – du « logiciel libre », réalisé en marge des firmes économiques, montre comment une libre association d'individus constitue un essaim de producteurs et une source ahurissante de valeurs.

Cet essor de contributions sociales spontanées, essentiellement motivées par le désintéressement économique et des désirs d'association, a un précédent historique, dans la mise en commun de savoirs avec l'*Encyclopédie* de Diderot et d'Alembert. Sa force ne tenait pas aux attaques contre des abus et des privilèges. Elle était portée par la collaboration d'hommes n'appartenant ni aux mêmes communautés religieuses ni sociales. L'encyclopédie, qui permettait de réaliser des constructions soi-même grâce à une documentation pratique utilisable, reposait sur une politique universaliste de diffusion et de partage de compétences. Le projet marquait le passage d'une logique d'enracinement, identitaire et territoriale, dans le présent, à une logique de singularisation dans et par des collectifs d'individus qui redessinaient par là du devenir et de la déterritorialisation.

Si apparemment les technologies du réseau font perdre aujourd'hui les coutumes et les traditions, elles créent en même temps des concrétisations plus enracinées précisément parce qu'on ne change pas de réseau comme d'outils. Le réseau qu'on

15/ Il faut se reporter à André Gorz dans *L'Immatériel* (Galilée, 2003) qui opère une distinction entre connaissance et savoir : l'une renvoie à un ensemble de règles formelles et l'autre à l'incorporation individuelle et sociale qui permet par exemple de faire l'expérience pratique des langues sans nécessairement être passé par l'étape de l'apprentissage des savoirs de la grammaire.

ne construit pas soi-même tout en y prenant activement part, on peut s'y raccorder, s'adapter à lui et y participer : d'où une solidarité collective par le jeu des conditionnements à l'action et des incitations à agir en commun.

Les limites de la coproduction alimentaire

Appliquée à l'alimentation au sens large, l'activité sociale des réseaux se concentre autour de l'évaluation (tags, forums de discussion, blogs) des produits et des producteurs, des modes de culture et d'élevage, des obligations sanitaires et écologiques, des conseils diététiques et esthétiques, des recettes et des restaurants ou des marques. Cette activité critique – au sens d'un examen et d'une sanction – oblige à une révision des médiations (critique, expertise, marketing) assurant la jonction entre production et consommation. Parmi les perspectives possibles, se comptent la mise en place d'autres logistiques de distribution de produits (contre les monopoles économiques de l'agroalimentaire et de la grande distribution) ou l'invention de systèmes de coproduction capables de bouleverser l'organisation dichotomique de la production et de la consommation.

S'il ne s'agissait que de la version numérique des modes d'appréciation des productions (à l'instar des clubs d'amateurs de vins ou de quelconques confréries), *a fortiori* d'une simple transposition en ligne des espaces de commerce, les choses ne seraient ni originales ni innovantes. Au mieux, il y aurait une optimisation du modèle classique d'appréciation et de consommation grâce à des modes consolidés de captation économique des consommateurs.

Or, l'amateur est capable de dépasser le niveau élémentaire des prix et le spectacle de l'apparence esthétique, en sachant que les deux éléments sont étroitement solidaires de l'essor de la consommation. Il va devoir s'affranchir des pressions de la concurrence où chaque firme, avec la multiplication des producteurs et la forte concurrence, tente de conquérir le consommateur sur des critères de prix et d'apparences esthétiques pourtant étrangers au métier – au sens des compétences – du producteur[16]. La critique des apparences illusoires, notamment liée à la cuisine désignée comme pure flatterie incapable de soigner les corps, renvoie à la lecture du *Gorgias* de Platon[17]. Dans la perspective de Nietzsche, qui exige de dépasser le platonisme en laissant au producteur – contre l'avis de l'usager – la liberté de produire en vertu de ses compétences, seul « le maître fabricant devrait juger les choses du métier et le public devrait se conformer à ce jugement, confiant en la personne et en la loyauté du juge ». Au cas où le public serait incapable d'apprécier l'ouvrage et le producteur impuissant à faire montre de son talent, il faudra faire appel à la médiation d'un expert chargé de rendre le public sensible aux capacités du producteur[18].

En réalité, aujourd'hui, ce qui tend à disparaître, tout du moins à se déplacer, c'est bien la figure verticale de l'expert, au profit

16/« Avec la concurrence qui se fait dans le travail et parmi les vendeurs, c'est le public qui est fait juge du métier ; mais celui-ci ne possède pas de compétence rigoureuse et juge selon l'apparence. Par conséquent, l'art de faire paraître (et peut-être aussi le goût) se développera sous la domination de la concurrence, mais la qualité de tous les produits devra se dégrader (...) Le bon marché d'un objet trompe aussi le profane d'une autre manière, car seule la durabilité peut décider si le prix d'un objet est vraiment modique ; mais il est difficile et même impossible pour le profane de l'apprécier. Donc : ce qui frappe l'œil et qui est d'un prix modique l'emporte maintenant dans la balance, - et ce sera naturellement le travail de machine. Mais comme c'est le public qui décide de ce qui est le plus vendable, il choisira des objets de plus belle apparence, c'est-à-dire ce qui paraît bon et ce qui paraît bon marché. Donc, dans le domaine du travail, notre devise doit être : « plus de respect des capacités ! » (Nietzsche, *Humain, trop humain*, *op. cit.*, II, § 280).

17/Une lecture précipitée du *Gorgias* de Platon laisse croire à une disqualification du plaisir d'où découlerait automatiquement l'exclusion de la cuisine. La critique classique exclut la cuisine du champ des activités recommandables pour la bonne raison qu'elle flatte les sens aux dépens de la raison. La critique de la cuisine ne sert pas à dénoncer une attention excessive à soi, mais plutôt à critiquer le recours à un « savoir-faire », qui n'est pas un art (*téchnè*), et qui confère l'illusion qu'elle peut servir le corps sous l'angle de la bonne santé. Or cette prérogative appartient en propre à la médecine qui, elle, est un art capable de servir le corps.

18/ « Il faudrait du moins qu'un expert pût en être garant et donner son nom en gage » (Nietzsche, *Humain, trop humain*, *op. cit.*, II, § 280).

des flux et des confrontations plus horizontales d'opinions. Ce sont des signes d'une possible reprise en main par la communauté de normes et d'activités qui étaient dévolues aux firmes, aux agences de communication, aux experts ou aux politiques. Dans la mesure où avec l'amateurisme, les individus vont aux objets plutôt qu'aux produits, en vertu de leur capacité à les élire ou les rejeter, l'existence du marketing sous sa forme antérieure pourrait être remise en cause. Comment le modèle de l'amateur peut-il s'appliquer au souci de soi alimentaire ?

À la différence du logiciel libre reposant sur une dématérialisation des contenus, le champ alimentaire ne pourrait être appréhendé que sous l'angle d'un système d'informations ou de connaissances portant sur des productions matérielles. Dans la mesure où le numérique produit des images et des sons et en toute logique des productions sonores et graphiques, les sens les plus marginaux sont sous ce rapport l'odorat et le goût. Marginalisation qui explique une certaine désaffection des amateurs gustatifs eu égard à la plate-forme numérique. Ce même caractère permet de comprendre la réduction des choses mangeables à des formes purement représentables en l'espèce du « design alimentaire », lequel concerne davantage la communication que la création et l'expérience gustative. Le numérique offre seulement à la vue ce qui doit se goûter pour se juger. Ce même caractère permet de comprendre une focalisation logique des débats autour d'éléments échappant à la gustation, qu'ils soient sanitaires, diététiques, écologiques, sociaux, esthétiques ou symboliques. L'activité collective repose essentiellement sur la puissance commune d'éligibilité des méthodes industrielles (mode de production des vivants, OGM, transformation des matières premières). En sorte que l'essentiel n'est pas l'achat ni même le prix, mais le travail de sélection par des amateurs, opération qui entre en ligne de compte dans l'appréciation et la constitution de la qualité. En d'autres termes, l'activité marchande devient dérivée, secondaire, conditionnelle, par rapport à l'activité principale d'évaluation et de traduction des compétences. Si une telle conception exclut comme on l'a vu la transposition numérique du modèle physique de la boutique et de la consommation, elle tend également à supprimer la fascination attenante à la consommation – dans le fait d'être subjugué par le produit à l'instar du luxe ou du discours publicitaire – pour être en position active d'évaluation, de différenciation et de classement.

Toutefois, l'évaluation esthétique, au lieu d'être l'expression d'une opinion individuelle, peut déboucher sur une politique de conception collective à condition de distinguer les compétences hétérogènes des producteurs, des connaisseurs, des amateurs et des consommateurs. C'est une activité de sélection et de délibération qui suppose de s'associer les uns avec les autres, non sans rivalité, dans des relations de confrontation esthétique ; la sanction esthétique est le point de passage de l'amateur au créateur dans la mesure même où toute conception (*design*) précède et actualise la production ; cette conception repose sur un large accès aux connaissances comme conditions nécessaires à la subjectivation. Enfin, les programmes collectifs de conception et de production des biens alimentaires jouent le rôle d'une propédeutique en déterminant les conditions élémentaires et nécessaires pour que chacun puisse ensuite adapter son régime à ses besoins.

Utopies de l'amateur

Au-delà des promesses d'émancipation, l'avenir de l'amateur pourrait achopper sur plusieurs réalités. D'abord, il est exclu de confondre l'amateur avec les formes évoluées du consommateur. C'est ainsi qu'il faut bannir les confusions entre la personnalisation de produits par des consommateurs, qui repose sur le narcissisme de la signature sans exiger la moindre compétence, et la coproduction qui relève de l'anonymat d'une activité collective et compétente pour la communauté – déjouant tout narcissisme primaire. À nos yeux, la différence est suffisamment marquée pour être contradictoire, au point d'exclure catégoriquement l'idée d'un amateur qui serait *in fine* un consommateur plus averti (*prosumer*). La *mass-customization*, c'est-à-dire l'adaptation de la production industrielle à l'individualité des consommateurs par le truchement de systèmes d'information capables de tracer les préférences des individus et de répondre aux attentes individuelles, fut partie intégrante assez tôt de la massification industrielle comme le soulignait Adorno dès les années 1950[19]. Ce qui réclame des firmes d'identifier alors les aspirations collectives et individuelles afin de favoriser les conditions favorables aux transactions.

Ensuite, il faut reconnaître l'existence d'obstacles qui se dressent aujourd'hui sur le chemin de l'amateur, le plus souvent liés à la capacité inouïe du marché à convertir les goûts les plus singuliers et dissidents en un essaim d'achats qui, ajoutés les uns aux autres, forment un marché alternatif et renouvelé. Aujourd'hui, la critique sociale de la standardisation comme de la massification est partiellement neutralisée par le dépassement des marchés de masse au profit d'une masse de consommations de plus en plus différenciées. En d'autres termes, ce qui dans le modèle industriel était laissé en marge du marché, indomptable, c'est-à-dire les goûts dissidents des amateurs, entre désormais dans des espaces sophistiqués de production et de consommation. Prospectivistes, industriels et économistes admettent que les marginalités constituent à elles seules un marché à la taille appréciable[20]. Suffit-il de mettre en garde contre la confusion de l'amateur avec les avatars du consommateur pour écarter les subtiles conversions économiques ? Cela renvoie à l'arrière-plan conceptuel et politique de la notion d'amateur. Dans quelle mesure d'ailleurs la notion d'amateur n'est-elle pas excessivement commandée par une volonté sociale et politique de dépassement du capitalisme ? Il en va de l'illusion métaphysique de la recherche du sujet souverain

19/« Il a été prévu quelque chose pour chacun afin que nul ne puisse échapper, les différences sont mises en relief et diffusées partout » (Adorno, « La production industrielle des biens culturels », *in La Dialectique de la raison*, Gallimard, 2007, p. 132).

20/Je renvoie sur ce point à l'ouvrage symptomatique *The Long Tail* (Random House Business Books, 2007) de C. Anderson mais surtout à la lecture vigilante que C. Perret, dans un texte intitulé « L'amateur du futur » (*Mode recherche,* n° 11, Institut français de la mode, février 2009) propose de l'appropriation marchande de la multitude des goûts des amateurs.

– pleinement adéquat à ses propres désirs en même temps qu'en accord avec sa communauté – capable de se produire et de résister en même temps aux causes d'aliénation.

Enfin, l'amateur se heurte à ce que j'appellerai l'expression radicale de la création. En effet, l'idée même de coproduction semble contradictoire avec une création exprimant entièrement, en dehors des relations de partage, le talent du producteur. Tout se passe comme si certaines créations – à l'instar des créations même gastronomiques les plus radicales – visaient à satisfaire davantage des exigences propres à la création que le goût des gourmets. Ce type autonome et artistique de création sacrifie l'horizon d'appréciation du public au profit de sa valeur intrinsèque. Réciproquement, le producteur, qui doit être reconnu comme puissance souveraine de création, se heurte aux dispositions de l'amateur qui l'entraînent dans des activités de (co-)production. Comment deux forces amputant l'autonomie l'une de l'autre peuvent-elles coexister ? Choisir l'une des injonctions ce serait violer l'autre. Or, il est impossible de refuser d'obéir, de s'abstenir, de se mettre en retrait, dans la mesure où le travail d'individuation ne peut être délégué à un tiers. Ce n'est pas un dilemme, un choix difficile, qu'il serait possible de trancher dans une direction plutôt qu'une autre, voire de refuser de trancher par abstention.

Hormis le registre de la création gastronomique qui exige une certaine passivité du gourmet, ce type de rapport est de mise avec une industrialisation des goûts où ceux-ci, une fois schématisés, font *de facto* que toute faculté critique est soumise à l'autorité du producteur. Au reste, en réaction au schématisme des goûts s'est érigée une critique sociale qui exclut la dimension poétique du discours, je veux dire la célébration ou l'apologie des œuvres au profit de la puissance critique de lecture plus suspicieuse et exploratrice dont use l'amateur qui, à sa façon, intérioriserait les impératifs de la critique sociale.

Une solution au problème peut être seulement esquissée pour la gastronomie : la figure de l'amateur traduit le point de contact, à sa manière libre, non formalisé, entre la trajectoire de la création et celle solidaire de l'appréciation, sans qu'aucun des deux n'ait été expressément programmé pour l'autre. C'est dire qu'on ne crée pas pour un public, mais que ce public, sous un certain rapport, n'en reste pas moins nécessaire à la concrétisation de la production.

Toutefois, je n'ignore pas le caractère utopique des perspectives d'émancipation que porte l'amateur lors des pages qui précèdent. On m'objecterait à raison que le présent ne reflète guère une tendance manifeste de l'amateur à s'imposer majoritairement au regard de la domination écrasante du consommateur. Je dois confier que l'amateur est un motif, à la fois critique et affirmatif, une puissance d'invention des manières de vivre, et une figure résolument minoritaire. Mon propos porte sur ce qui actuellement préfigure ce devenir, indépendamment de savoir si un jour ou l'autre s'ensuivront des transformations réelles. Ce motif de l'amateur met à l'épreuve un présent avec son mode d'existence stable, identitaire, commandé par la consommation, en libérant des possibles, des lignes de fuite et du devenir autre[21].

J'ajouterai que la question aura été d'emblée politique : il n'y a d'individuation qu'en vertu d'une socialisation, laquelle repose sur la formation comme la transmission de compétences nécessaires au déploiement des associations et des rivalités gustatives et esthétiques. Mon propos signale l'importance de politiques du goût à même de laisser éclore des interactions esthétiques sans que l'économie s'en saisisse immédiatement : le social est un champ originaire de production de valeur et de richesse, zigzag nécessaire pour constituer seulement plus tard un étalon économique. C'est la raison pour laquelle en plus des interrogations sanitaires liées aux OGM, le libre accès du corps social aux ressources naturelles, par opposition au brevetage du vivant, désigne le problème le plus grave qui se rencontre avec les biotechnologies. Ce « libre accès », solidaire d'une diversité du vivant, est la condition minimale requise pour que puissent perdurer des espaces ouverts

21/« L'actuel n'est pas ce que nous sommes, mais plutôt ce que nous devenons, ce que nous sommes en train de devenir, c'est-à-dire l'Autre, notre devenir-autre. Le présent, au contraire, c'est ce que nous sommes et, par là même, ce que nous cessons déjà d'être » (G. Deleuze et F. Guattari, *Qu'est-ce que la philosophie ?*, Minuit, 2005, p. 107).

d'individuation alimentaire. Liée à l'appauvrissement des variétés végétales et animales qu'entraînerait une privatisation du vivant, l'atrophie du goût ne marque pas juste une incapacité à se représenter abstraitement les choses ou à savoir apprécier avec panache les mets et convenances de certaines époques dans les milieux cultivés. Elle exprime une impuissance infiniment plus grave, l'impuissance à éprouver autre chose que le dégoût devant un mode d'existence à la mesure du marché. Je parle donc de l'impuissance que nous éprouvons à sentir et ressentir, à seulement être en vie et dans le partage du sensible, à savoir vivre et au savoir-vivre.

Végétariens ou carnivores : la lutte pour la subsistance

Hervé Le Bras

Les anciens n'ignoraient pas la relation entre subsistances et population. Ils savaient que la croissance démographique devait s'accompagner d'une croissance des ressources alimentaires. Mais ils n'imaginaient pas une croissance continue. Parvenues à un certain effectif, les cités se scindaient pour créer une colonie à la manière dont les abeilles forment de nouveaux essaims. Ils envisageaient donc des sociétés stables à l'instar de la république de Platon constituée de 5 040 citoyens. Ils concevaient aussi un équilibre de la nature dans lequel toutes les espèces animales, végétales et l'homme demeuraient dans un rapport fixe. Ils avaient largement raison puisque la population mondiale, telle qu'on peut l'estimer approximativement, n'a pas augmenté entre l'Empire romain et la fin du Moyen Âge. Elle a commencé à croître autour de 1450, d'abord lentement puis de plus en plus vite jusqu'à s'emballer dans ce que l'on a appelé l'explosion démographique.

Périodes de dédoublement	Années depuis le déluge	Population
10 ans	1	8 personnes
"	10	16 "
"	20	32 "
"	30	64 "
"	40	128 "
"	50	256 "
"	60	512 "
"	70	1224 "
"	80	2048 "
"	90	4096 "
"	100	8000 et plus
20	120	16000 personnes
"	140	32000 "
30 ans	170	64000 "
"	200	128000 "
40	240	256000 "
50	290	512000 "
60	350	1000000 et plus
70	420	2000000 "
100	520	4000000 "
190	710	8000000 "
290	1000	16000000 ” (à l'époque de Moïse)
400	1400	32000000 " (à l'époque de David)
550	1950	64000000 "
750	2700	128000000 " (± à la naissance du Christ)
1000	3700	256000000 "
1200	4000	320000000 "

Figure 1 :
Croissance de la population mondiale selon William Petty (1683)

L'idée d'un monde stable a donc lentement été remplacée par celle d'un monde en croissance. L'un des premiers à l'exprimer a été William Petty. Cet assistant de Hobbes qui deviendra conseiller du roi d'Angleterre à la restauration et fondera avec onze camarades la Royal Society, première académie scientifique moderne, a très clairement posé le problème de la croissance dans un petit essai d'arithmétique politique qu'il a publié en 1683 peu avant sa mort. Il y propose de calculer le nombre total d'humains qui ont vécu depuis Adam pour réfuter l'opinion des athées selon laquelle il n'y aurait pas assez de matière sur terre pour reconstituer les corps le jour de leur résurrection.

Pour mener son calcul, il tire parti de toutes les indications de la Bible. En bon scientifique, après avoir indiqué le développement de la population mondiale depuis le couple initial, il arrive au déluge où il remet le compteur à 8 (Noé, ses trois fils, Sem, Cham, Japhet et leurs femmes) puis recommence à suivre la croissance de la population. Le tableau de la figure 1 montre les chiffres qu'il donne à partir du déluge. On notera qu'il compte en années depuis la Création et qu'il n'indique pas des taux de croissance annuels comme on le ferait aujourd'hui, mais des temps de doublement. Ceux-ci très rapides au début (Buffon l'expliquait par une constitution plus liquide du monde naturel, donc plus apte à se multiplier rapidement car échappant à la dessication, cause aristotélicienne de vieillesse, de stérilité et de mort) augmentent jusqu'à atteindre 300 ans à son époque, soit 0,33 % par an.

Mais pour répondre à la question posée, il faut aussi savoir quand la fin du monde se produira. C'est ici que l'essai de Petty devient très intéressant en regard de nos préoccupations modernes. Il écrit en effet que la fin des temps se produira quand on comptera « deux hommes par acre de terre cultivable ». La limite sera atteinte « après six redoublements » soit donc à un niveau de 14 milliards d'habitants et au bout de 300 x 6 = 1 800 ans, soit vers 3400 après J.-C.

Ces 14 milliards ne sont pas très éloignés des prévisions démographiques que les Nations unies ont calculé pour l'effectif de la population mondiale jusqu'en 2050. Les résultats des prévisions ou plus exactement projections (menées dans chaque pays séparément et sommés pour obtenir la population du monde) sont représentés sur la figure 2. Trois hypothèses de fécondité ont été retenues qui sont la cause des trois cheminements divergents. Dans le cas de l'hypothèse de basse fécondité qui d'ailleurs paraît la plus probable, la population mondiale devrait plafonner à 8 milliards d'habitants autour de 2040 puis amorcer une lente diminution. Dans l'hypothèse moyenne souvent prise en référence uniquement parce qu'elle est moyenne, les 9 milliards seraient atteints en 2050 et dans l'hypothèse haute, on approcherait les 11 milliards.

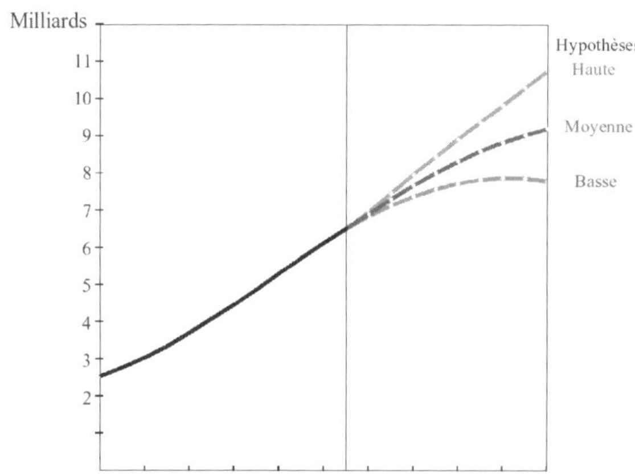

Figure 2 :

Projections de la population du monde par les Nations unies.

Les rendements et l'occupation des sols diffèrent cependant considérablement de ceux qui prévalaient à l'époque de Petty. Son raisonnement fondé sur les « deux acres de terre cultivable par personne » était possible car le rendement des terres ne varie guère à cette époque. Il était fonction de la possibilité d'utiliser le fumier donc d'entretenir des animaux qui le produisaient. Un équilibre existait alors entre la fraction de territoire attribuée aux animaux pour qu'ils produisent le fumier et la portion occupée par des céréales et des légumes qui devait être fumée. Cet équilibre ne sera rompu qu'au début du XIXe siècle avec la synthèse de l'ammoniaque par Liebig en 1806 qui permit la fabrication d'engrais chimiques, donc d'échapper à la contrainte des animaux. Dans les moments d'enthousiasme qui suivirent cette découverte, on ne vit plus de limites à l'expansion humaine et symptomatiquement, on ne chercha plus à fixer un effectif de population maximale du monde car tout semblait possible.

Joel Cohen a recherché toutes les estimations de cette population maximale faites entre 1680 et 1995 par des scientifiques et justifiées par un raisonnement sérieux (ainsi l'estimation de 750 millions d'humains donnée par le commandant Cousteau à l'Unesco n'est pas prise en compte car elle a été donnée sans explication). Entre la dernière qu'il rencontre au XVIIIe siècle (Tempelmann en 1765) et la suivante (Ravenstein en 1891) plus d'un siècle s'écoule, ce qui montre que ce type de considération n'était plus à l'ordre du jour. On pourrait objecter que le plus grand succès de la doctrine de Malthus (émise en 1798) s'est produit précisément durant cette période, ce qui au contraire montrerait un souci des limites des subsistances, mais c'est oublier que le mécanisme malthusien ne prévoit aucun plafond à la population, seulement une progression à un rythme arithmétique (donc un taux de croissance de plus en plus faible mais la possibilité d'une population infinie) et non géométrique comme ce serait le cas à mortalité et fécondité constantes.

Le sentiment que la population ne peut pas dépasser certaines limites réapparaît à la fin du XIXe siècle pour deux raisons, la meilleure connaissance des conditions de production des végétaux et donc de la limite imposée à l'assimilation chlorophylienne par le rayonnement solaire qui est une constante et, du point de vue politique, la fin de la grande vague de colonisation européenne. C'est à ce moment que les derniers venus comme l'Allemagne et le Japon constituent leur empire colonial avec ce que les Français, Anglais, Portugais et Hollandais ont laissé. La terre semble donc désormais pleine. La moyenne des neuf estimations de la population maximale du globe retrouvées par Cohen entre 1880 et 1940 est alors de 8 milliards d'humains. Elle s'élève après 1945 avec la reprise de la croissance économique et simultanément la prise de conscience de la croissance démographique du tiers-monde. Entre 1950 et 1980, les 10 estimations disponibles avancent une moyenne de 25 milliards d'humains avec une pointe à 50 milliards (Brown) et surtout à 40 milliards, chiffre donné par René Revelle, chef du département d'agronomie de l'université d'Harvard. À partir de la crise pétrolière, les estimations deviennent plus pessimistes. L'impact des *Limites de la croissance*, l'ouvrage du club de Rome, est immense. La moyenne des 17 estimations disponibles tombe à 10 milliards d'habitants avec un minimum de 3 milliards dû au grand écologiste et biologiste Daniel Pimentel.

Nous insistons sur les estimations de Revelle et de Pimentel en raison de leur qualité scientifique. L'un comme l'autre sont des sommités internationales. Or leur estimation de la population maximale que peut nourrir la terre varie de 1 à plus de 10. Puisqu'on ne peut pas mettre en cause leur compétence scientifique, il faut rechercher la cause profonde de ces divergences. Si plus généralement l'on regarde qui sont les auteurs des plus fortes et des plus faibles estimations, une différence professionnelle apparaît nettement. Les fortes estimations sont le fait d'économistes (Colin Clark, Petty, Tuckwell) ou d'agronomes (Revelle) tandis que les plus faibles émanent de biologistes (Pearl, Gilland, Pimentel, East) et d'écologistes (Ehrlich, Meadows). Quant à eux, les démographes et géographes adoptent une attitude prudente avec des estimations comprises entre 7 et 11 milliards d'habitants (Smil, Ravenstein, Spengler). Il est donc vraisemblable que deux conceptions s'affrontent en ce qui concerne les subsistances. Les économistes et les agronomes sont du côté de la production. Partant de la surface des terres cultivables et des rendements, ils calculent en général un nombre maximal de calories pouvant être produites et, divisant par une ration moyenne d'environ 2 800 Cal par jour par habitant, ils obtiennent le chiffre de la population maximale. Les biologistes et les écologistes partent de la consommation. En fonction du nombre de calories consommées dans le monde, ils

Savant	Année	Population
Leuwenhoek	1679	13,39
Petty	1683	14,2
King	1695	6,26
Sussmilch	1741	4
Templemann	1765	11,5
Ravenstein	1891	5,99
Fircks	1898	9,27
Pfaudler	1902	10,87
East	1924	5,2
Pearl	1924	2,1
Penck	1925	15,9
Fisher	1925	6,2
W. Smith	1935	5,67
Hollstein	1937	13,3
Pearson, Harper	1945	2,83
Mukerjee	1946	8,6
Salter	1946	5
Fawcett	1947	10
Spengler	1949	7,2
Darwin	1952	10
Brown	1954	50
Brown, Bonner, Weir	1957	7,7
Colin Clark	1958	28
Baade	1960	30
Cépède	1964	10
Schmitt	1965	30
Zierhoffer	1966	41
Revelle	1976	40

Savant	Année	Population
Eyre	1978	17
Kovda	1980	14
Mann	1981	4,5
Westing	1981	3,9
Gates	1982	12
Gilland	1983	7,5
Farrell, Sanderson	1984	6,1
Calvin	1986	22
Hudson	1989	19,3
Chen, Millman	1990	5,5
Raven	1991	5,3
Meadows	1992	7,7
Tuckwell	1992	23,8
Ehrlich	1993	5,5
Heilig	1993	14
Waggoner	1994	10
Pimentel	1994	3
Smil	1994	11

Figure 3 :
Estimations de la population maximale données par des scientifiques depuis le XVIIe siècle (source : J. Cohen sauf pour W. Petty)

déduisent quelle est la quantité de terre cultivée nécessaire à leur production et la comparent aux terres réellement utilisables.

En principe, la production devrait être assez proche de la consommation. Or, quand on calcule la production totale de vivres sur la planète en 2005, on trouve 17,2 picocalories (pico signifie 10 à la puissance 15) et quand on calcule la consommation totale, on aboutit à 6,5 picocalories, soit près de trois fois moins. Faut-il penser que l'une ou l'autre de ces quantités ou peut-être les deux ont été mal mesurées ? C'est peu probable car on connaît assez bien la ration journalière moyenne d'un humain grâce à des enquêtes menées dans de nombreux pays. Elle est de 2 800 Cal par personne et par jour. 2 800 multiplié par 365 jours et 6,4 milliards d'humains est bien égal à 6,5 picocalories. Du côté de la production, les chiffres sont rassemblés par la FAO à partir des déclarations de chaque pays et ils sont contrôlés par comparaison avec des photos satellites qui permettent de mesurer les emblavures et d'avoir une approximation des rendements par analyse colorimétrique. Un écart de 10, 20 ou à la rigueur de 30 % est concevable mais non de 165 % comme c'est le cas. Quelle est la source du désaccord ? Le gaspillage dû à de mauvaises techniques de conservation (moisissures), aux animaux parasites (rats, charançons), à la nourriture qui reste dans l'assiette des nantis représente de l'avis des experts, au plus 20 % de la production. Il devrait donc rester 0,8 x 17,2 picocalories soit13,8. C'est encore beaucoup plus que la consommation.

En réalité, la faute de raisonnement consiste à penser que toute la production agricole est directement consommée par les humains. Or, une petite part (environ 10 %), mais croissante, part vers l'industrie (matières plastiques mais surtout éthanol comme substitut du pétrole) et une grosse part des céréales est destinée à la nourriture des animaux, part que l'on estime aujourd'hui à 60 % (elle était déjà de 40 % en 1990 dans les annuaires du *World ressources*). Quelle importance, dira-t-on, puisque les animaux ainsi nourris finiront tôt ou tard dans l'assiette du consommateur qui récupérera les calories initialement détournées. C'est là l'erreur car en vertu d'une loi écologique presque aussi sûre que le second principe de la thermodynamique, dite loi des chaînes écologiques, on ne récupère sous forme de viande ou de laitages qu'un dixième des calories fournies au bétail. Ainsi, sur 100 calories de céréales produites dans le monde, seulement 36 + 54x0,1 = 41,4 aboutissent dans son assiette. On tient là la cause première du désaccord entre production et consommation. 2 800 calories consommées par jour par un mangeur de viandes et 2 800 calories par un végétarien ne demandent donc pas la même quantité de céréales à produire.

En fonction des chiffres précédents et en ajoutant les calories d'origine animale obtenues sans l'apport de céréales (pêche, chasse, animaux se nourrissant dans des prairies naturelles), on est maintenant en mesure de faire le bilan de la production et de la consommation de vivres (figure 4) :

Céréales consommées directement	5,0
Céréales consommées par les animaux	7,4
Équivalent calories pour les hommes	0,74
Autres plantes consommées par les animaux	9,6
Équivalent calories pour les hommes	0,96
Total consommé par l'homme	6,7
Total produit pour l'homme	12,4

Figure 4 :
Bilan production/consommation de vivres (en picocalories) de l'humanité (2005)

Le total produit pour l'homme est de 12,4 picocalories et non de 13,8 comme indiqué plus haut car on en a soustrait 10 % pour usages industriels (éthanol notamment), soit 1,4. Le chiffre de 6,7 pour la consommation est un peu plus élevé que celui donné par la FAO. Cela vient des incertitudes de ce genre de calcul. Par exemple, le coefficient 10 des chaînes alimentaires varie un peu selon le type d'élevage. Il est proche de 8 pour la volaille, de 9 pour les porcs et de 11 pour les bovins. La proportion gaspillée est en outre mal connue, ce qui influence le résultat à la marge. Il faut donc prendre les résultats du tableau de la figure 4 avec un petit débattement ou une fourchette d'incertitude. Enfin, la figure 5 donne le détail de la production totale des diverses céréales et du soja et la part de chacune directement consommée par l'homme. On voit que le riz n'est presque pas utilisé pour les animaux, le blé un peu plus mais que l'orge, le maïs et le soja sont les grandes cultures destinées aux animaux. Le remplacement du riz et du blé par le soja et le maïs que l'on observe actuellement est donc lourd de conséquence pour ceux qui ne peuvent se nourrir que de blé ou de riz. Nous y reviendrons en fin de chapitre quand il sera question de l'évolution des prix.

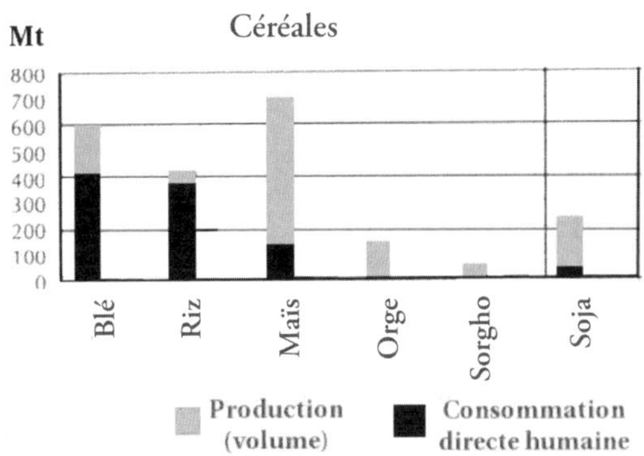

Figure 5 :
Production et consommation directe de céréales et de soja (2005)

Jusqu'à présent, le raisonnement a été mené en moyenne comme si tous les hommes mangeaient la même proportion de calories d'origine animale et végétale. C'est loin d'être le cas. La planète est divisée en mangeurs de viandes et mangeurs de céréales comme le tableau 6 le montre sur quatre exemples significatifs (chiffres de la FAO, 2005).

Calories végétales	*Calories animales*	*% de calories animales*	*Pays*
1 980	50	2,5 %	Bangladesh
1 450	65	4,3 %	Nigeria
1 760	1 000	36 %	États-Unis
1 480	1 220	45 %	France

Figure 6 : Ration journalière de calories selon leur origine végétale ou animale dans quelques pays (2005)

Non seulement, les habitants du Nigeria et du Bangladesh ne mangent pas à leur faim (ils sont au-dessous du seuil de 2 300 Cal par jour limite de la sous-nutrition pour la FAO, mais surtout, ils consomment presque uniquement des végétaux. Si l'on entre dans le détail, les quelques calories animales qu'ils mangent ne sont pas obtenues en nourrissant ce bétail avec des céréales, mais en le laissant paître (ou dans le cas des poissons, en les pêchant dans les rizières où ils ont été introduits). En revanche, la plus grande part de la nourriture animale consommée aux États-Unis et en France provient d'animaux d'élevage nourris aux céréales et au soja. Ainsi, en quantité produite de céréales et de soja, le Français consomme 1 480 + 1220x10 = 13 680 calories tandis que l'habitant du Bangla-Desh se contente de 1 450 calories de ces végétaux, soit près de dix fois moins.

Ainsi s'explique le paradoxe rencontré plus haut quand l'on comparait les estimations faites par Revelle et par Pimentel. Revelle a pris le point de vue du producteur en supposant que toutes les calories végétales produites par l'agriculture étaient directement consommées par l'homme. Il a donc choisi le modèle Bangladesh. Au contraire, Pimentel a tenu compte de la consommation réelle des humains et a retenu un standard correspondant aux pays les plus développés, donc le modèle France ou États-Unis. Le nombre maximum d'humains qui peuvent être nourris dépend donc étroitement du régime alimentaire qu'on leur suppose. Selon que les humains ne donnent aucune part des végétaux qu'ils produisent, ou au contraire les emploient toutes à nourrir les animaux qu'ils consommeront ensuite, la population maximale varie considérablement comme on le lit sur le tableau de la figure 7. On a ajouté deux lignes correspondant l'une à la situation actuelle, l'autre à l'hypothèse selon laquelle le monde entier adopterait le régime alimentaire des Français.

Style d'alimentation	*calories végétales*	*calories animales*	*% calories animales*	*population maximale*
Aucune céréale pour les animaux	12,4 pC	0,96 pC	7,2 %	12,7 milliards
Toutes les céréales pour les animaux	0	2,2 pC	100 %	2,1
Situation actuelle (2005)	5	1,7	25,3 %	6,4
Tous au régime français	2,5	1,96	45 %	4

Figure 7 : Population maximale de la terre selon le style d'alimentation adopté par l'ensemble des humains.

Si les hommes décidaient de ne plus manger que de la viande, la planète ne pourrait pas les nourrir. Elle ne le pourrait pas non plus si l'ensemble des humains adoptait une nourriture aussi animale que celle des Français. Seuls 4 milliards d'habitants pourraient être nourris dans les conditions actuelles de la production. La possibilité de nourrir tous les humains dépend donc du partage entre nourriture des animaux et nourriture des humains. Alfred Sauvy avait coutume de dire que les concurrents des pauvres sous-alimentés n'étaient pas les riches sur-alimentés mais les vaches des riches. Selon que la consommation humaine évoluera vers une nourriture plus ou moins animale, la planète rencontrera ou non des problèmes de pénurie alimentaire. Or, la tendance actuelle va fortement dans la direction d'une augmentation de la part de nourriture d'origine animale car les nouvelles classes moyennes qui apparaissent dans les grands pays émergents, Chine, Brésil, Inde particulièrement, adoptent un mode d'alimentation occidental qui comprend donc une forte proportion de nourriture d'origine animale. La figure 8 tirée des annuaires de la FAO montre la hausse de la production mondiale de viandes dans différents pays depuis 1962.

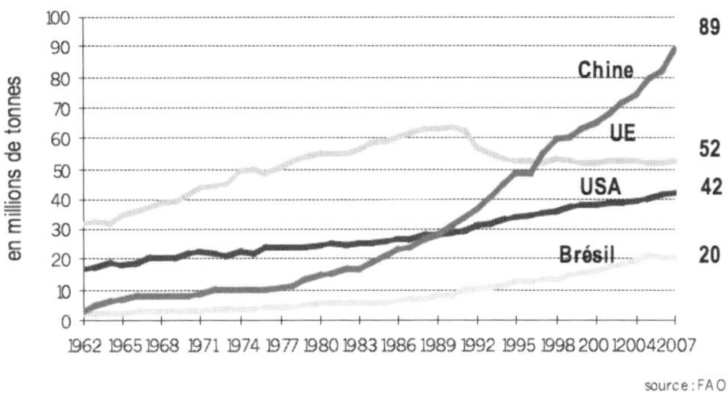

Figure 8 :
Production mondiale de viandes.

Par rapport au niveau atteint en 1977, il y a trente ans, la Chine a multiplié par 9 sa production de viande, le Brésil par 6. La progression est assez forte pour les États-Unis et ne diminue qu'en Europe (mais les importations modifieraient la courbe). Avec le développement rapide de l'économie mondiale, la demande de nourriture animale va vraisemblablement continuer de croître vite et donc de peser sur le marché des céréales. Avant d'en mesurer la conséquence en termes de prix des céréales, instillons une lueur d'optimisme en remarquant qu'actuellement, la part de nourriture animale dans la nourriture totale de la planète n'est pas négligeable puisqu'elle s'élève à 25 %. Sans oublier les grandes différences qu'avait révélées le tableau 3, on peut rappeler que ces 25 % correspondent au cas d'un pays comme la Grèce. Si donc le monde entier adoptait le régime grec si l'on peut dire (et non crétois), la subsistance serait assurée pour tous (en supposant une part égale pour chacun, ce qui n'est bien sûr pas le cas actuellement et appellerait une analyse politique précise : l'Inde où l'on trouve le plus grand nombre de mal-nourris est cependant exportatrice nette de calories).

La pression sur la production de céréales ou de soja à l'usage des animaux est sans doute le principal facteur structurel qui explique à la fois la hausse moyenne de leur prix et sa volatilité. La situation est ici assez semblable à celle du pétrole où la pression en sens inverse vient de l'épuisement des gisements avec le dépassement du « *peak oil* ». L'autre cause de hausse tendancielle du prix des blés d'habitude mise en avant est elle aussi commune à la mécanique des prix du pétrole : le dégonflement des stocks. Effectivement entre 1998 et 2002, les stocks de blé représentaient 35 % de la production annuelle. La pression de la demande et de mauvaises récoltes en Australie et en Amérique pour des raisons climatiques les ont fait rapidement baisser à 20 % en 2005 puis 18 % en 2007. Un troisième acteur est alors entré en jeu, la spéculation, car le prix du blé se négocie à terme de 3, 6 mois et un an sur le marché de Chicago. Les prix ont donc été multipliés par 2,2 entre 2005 et début 2008.

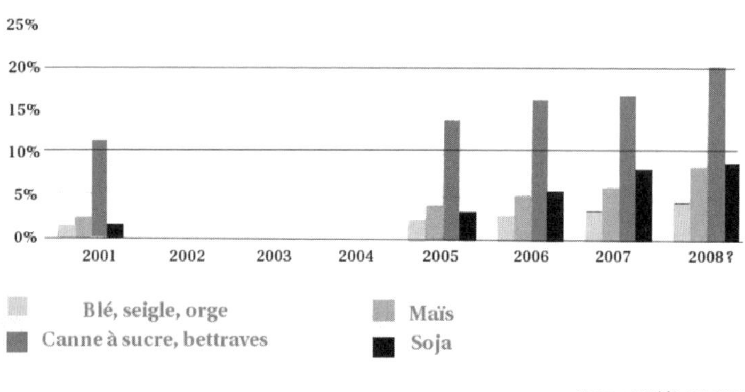

Figure 9 :

% de la production mondiale destinée aux carburants.

Mais, les mêmes causes jouant en sens inverse, les bonnes récoltes puis le ralentissement de la croissance mondiale ont retourné la tendance. Le blé est redescendu au cours des 6 derniers mois à un niveau 20 % seulement plus élevé qu'en 2005. Il peut continuer à baisser, mais la demande d'aliments pour le bétail reste tapie dans l'ombre et dès qu'une mauvaise récolte se produira dans l'un ou l'autre hémisphère, les prix repartiront à la hausse.

On a accusé aussi la conversion des céréales en éthanol. De fait, cette technique a connu une croissance rapide depuis une dizaine d'années comme le montre la figure 9 qui détaille la part de la production de chaque céréale transformée en éthanol. Il est encore trop tôt pour dire si les 4x4 seront des concurrents plus dangereux que les vaches pour les affamés en reprenant l'adage de Sauvy, mais un effet pervers se dessine clairement sur la figure 9 : comme l'éthanol est plus facilement produit à partir du maïs, du soja et de la canne à sucre, on observe un déplacement des cultures, les agriculteurs abandonnant le blé et parfois le riz pour ces plantes plus rémunératrices.

Bibliographie

J. Cohen, *How many people can the earth support*, New York, Norton, 1995.

H. Le Bras, *Les Limites de la planète*, Flammarion, coll. « Champs », 1996.

D.H. Meadows, D.L. Meadow, J. Randers, W.W. Behrens, *The Limits to Growth*, Cambridge (Mass.), MIT Press, 1972.

E.P. Odum, *Fundamentals of Ecology*, Philadelphie, W.B. Saunders, 1971.

W. Petty, *Another Essay in Political Arithmetik*, Londres, Pardoe, 1683.

World Population Prospects, 2007, New York, United Nations, 2007.

Malnutrition dans une société de pléthore

ARNAUD BASDEVANT

Alors que l'abondance, liée à la transition économique et à une période de développement inédite dans les pays occidentaux et émergents, laissait entrevoir une insouciance alimentaire pour une majeure partie de la population, force est de constater que la dénutrition persiste en rapport à la vulnérabilité sociale et que les désordres du comportement alimentaire ne font que progresser.

À partir de l'exemple de l'obésité, nous analyserons ici différentes facettes de la relation santé/société. L'obésité, malnutrition moderne, suscite en effet des enjeux de société qui dépassent les seules préoccupations médico-économiques. Longtemps considérée comme un avatar nord-américain, elle est maintenant reconnue comme une maladie de l'évolution des modes de vie de dimension planétaire, un symptôme de la transition démographique, économique et nutritionnelle : maladie pour certains, elle peut être vue comme une adaptation aux évolutions des modes de vie.

L'obésité dans le champ de la santé

Si Hippocrate note que l'obésité est associée à un risque de mort subite, il faut attendre Gallien pour disposer d'une première analyse raisonnée de la « *polysarkia* » qui « nuit à la santé des hommes et des femmes » en entraînant un essoufflement et une gêne physique, trouve son origine dans une « humeur sanguine » et doit se traiter par l'exercice, le régime et les plantes. Mais l'obésité entre véritablement dans le champ de la médecine à partir des travaux d'Adolphe Quetelet au début du XIXe siècle. En charge d'analyser les caractéristiques anthropométriques des conscrits, ce savant belge définit « le poids idéal » à partir d'une formule désormais célèbre qui porte son nom, l'indice de masse corporelle (rapport du poids en kg sur le carré de la taille en cm), indice conçu pour exprimer la corpulence en fonction de la taille. La définition d'un idéal pondéral s'inscrit dans la définition positiviste de l'état pathologique comme dégradation d'un état parfait dont on peut définir la norme. Cette approche quantitative de la médecine connaîtra son plein essor dans les années 1950-1960, par la définition à partir de l'épidémiologie descriptive des facteurs de risque sur lesquels les compagnies d'assurance ajusteront les niveaux de primes. Sont ainsi identifiés le tabagisme, l'hypercholestérolémie, l'hypertension artérielle, le diabète… et le poids idéal donc l'obésité. C'est à la Metropolitan Life Insurance Company que l'on doit la définition des seuils d'indice de masse corporelle (IMC) exposant à des dépenses accrues : l'obésité se définit par un IMC de 30 et l'obésité sévère par un IMC de 40. L'impact de l'obésité sur la santé tient avant tout à son influence sur le développement du diabète non insulino-dépendant (80 % des diabètes sont liés à l'obésité), de l'hypertension artérielle et des maladies cardiovasculaires. Plus récemment un lien a été établi entre l'obésité et un certain nombre de cancers, de maladies articulaires et respiratoires. Le retentissement de l'obésité concerne également la sphère psychologique et sociale : mésestime de soi, stigmatisation et discrimination. Les personnes obèses subissent une discrimination à l'embauche, ont des revenus inférieurs aux non obèses.

Correspondant à sa définition de la maladie (altération du bien-être physique, psychologique et social), l'Organisation mondiale de la santé décide en 1997 de considérer l'obésité comme une pathologie à part entière, d'autant que la situation épidémiologique évolue rapidement (cf. rapport *Obesity : the global epidemic).*

Un développement « épidémique »

L'obésité connaît un développement épidémiologique significatif à partir des années 1960 aux États-Unis, dans les années 1980 en Grande-Bretagne, dans le reste de l'Europe dans les années 1990 et dans la quasi-totalité des pays du globe en particulier les pays émergents, la Chine, le Brésil à partir de 2000. On estime à l'heure actuelle que 400 millions de personnes sont obèses dans le monde (7 % de la population mondiale, ce chiffre devant atteindre 12 % en 2020 si les tendances évolutives actuelles se maintiennent). En France la prévalence de l'obésité était de 12,4 % en 2006 : ces chiffres situent notre pays parmi les moins atteints par l'obésité mais la progression est régulière.

En dehors de cette diffusion mondiale, le fait épidémiologique le plus marquant est l'influence des facteurs socio-économiques. Dans tous les pays « occidentaux », l'obésité est plus fréquente dans les populations vulnérables sur le plan social et économique. En France, la fréquence de l'obésité atteint 18 % dans les foyers dont les revenus sont inférieurs à 900 € par mois et 5 % dans les foyers dont les revenus dépassent 5 300 €. Chez les jeunes, la prévalence de l'obésité est deux à trois fois plus importante chez les enfants et les adolescents des familles de migrants. On a pu dire que l'obésité frappe particulièrement les populations vulnérables dans les pays qui connaissent une rapide évolution économique et des modes de vie. En Chine et au Brésil, l'épidémie touche particulièrement les milieux urbains. De manière étonnante, dans un grand nombre de pays émergents, dénutrition et malnutrition coexistent au sein d'un même foyer. Les données épidémiologiques associent très nettement le développement de l'obésité aux facteurs socio-économiques.

De la « maladie de société » à la pathologie organique

Les recherches récentes ont mis à mal l'idée reçue selon laquelle l'obésité est une simple faillite de la volonté du mangeur occidental.

La réalité est plus complexe. L'inflation de la masse grasse résulte de l'interaction de facteurs comportementaux, environnementaux et biologiques suivant des modalités qui varient d'un individu à l'autre et selon le stade évolutif d'un processus pathologique qui s'inscrit dans la durée.

Dans la phase initiale de constitution de l'obésité, le rôle des facteurs comportementaux et environnementaux est prédominant. Excès d'apport alimentaire et réduction de la dépense énergétique sont les deux déterminants majeurs qu'il faut analyser au niveau individuel (comportements personnels), du micro-environnement (« niche écologique » : habitudes familiales, culture, conditions de travail, école) et des facteurs socio-économiques (système alimentaire, urbanisation, pauvreté, etc.).

Au niveau comportemental individuel, l'impulsivité alimentaire, les prises alimentaires extra-prandiales, la prise alimentaire en réponse au « stress » sont autant d'éléments parmi d'autres qui interviennent dans l'hyperphagie. Il n'est pas possible de définir un comportement alimentaire spécifique de l'obésité. La réduction de la dépense énergétique joue un rôle majeur, liée aux évolutions des métiers, des transports et aux arbitrages économiques, à la part croissante des activités sédentaires.

Au niveau du micro-environnement, le rôle des conditionnements et des apprentissages, des habitudes familiales, de la culture alimentaire peut être aussi bien facilitateur de l'obésité ou protecteur.

Dans le macro-environnement, on accorde généralement un rôle dominant aux évolutions du système alimentaire, aux évolutions des modes de production, de transformation, de distribution qui contribuent à une accessibilité et une disponibilité alimentaire inédite, à une densification calorique de l'alimentation, à une augmentation de la taille des portions et à une diminution des prix qui favorisent l'augmentation des apports. Mais l'intérêt s'oriente maintenant vers les facteurs géographiques, l'urbanisation, les trajectoires sociales et bien d'autres facteurs sociaux et économiques.

L'impact de déterminants comportementaux et environnementaux sera d'autant plus important qu'existe une prédisposition biologique, génétique ou épigénétique : à l'évidence il existe des différences individuelles de vulnérabilité aux effets de l'environnement « obésogène ». Ainsi des variants géniques, des facteurs intra-utérins, des modifications neuro-hormonales, des médicaments et des substances de l'environnement peuvent rendre plus ou moins vulnérable à l'obésité.

Après cette phase initiale de constitution de la prise de poids, l'obésité s'installe et tend à la chronicité. La maladie s'aggrave en raison du développement d'anomalies organiques du tissu graisseux. S'installe une pathologie organique du tissu adipeux liée à de nombreuses altérations cellulaires et moléculaires, au recrutement de nouvelles cellules adipeuses, au développement d'une inflammation et d'une fibrose. Cette pathologie d'organe rend les mesures thérapeutiques de moins en moins efficaces : les contraintes et astreintes comportementales (diététique, activité physique) nécessaires pour perdre du poids deviennent de plus en plus importantes car elles se heurtent à des obstacles biologiques.

Il n'est pas possible d'entrer plus en détail dans l'analyse de ces facteurs étiopathogéniques, retenons une notion clé : prendre en compte la diversité de ces déterminants, sans faire de l'un le bouc émissaire d'une situation dont la complexité est considérable. Nous sommes dans un système bio-psycho-socio-comportemental avec une intrication de déterminants multiples dont certains tiennent à l'individu et d'autres à l'environnement. Bref, l'obésité a cessé d'apparaître comme une simple mésaventure de la société *fast-food* pour devenir l'exemple même de la maladie chronique liée à l'environnement et favorisée par des facteurs biologiques.

Maladie ou adaptation

Tel est, brièvement et schématiquement résumé, le processus évolutif vu par le médecin. Mais avant d'être une maladie, l'obésité est une adaptation. Une notion de physiologie énergétique permet de le comprendre. Une prise de poids est liée pour les 2/3 à une augmentation de la masse grasse et pour 1/3 à celle de la masse maigre. Par exemple une prise de poids de 15 kg est représentée par 10 kg de « gras » et 5 kg de muscle et d'eau. Or la dépense énergétique d'un individu augmente avec la masse maigre : un sujet obèse dépense plus d'énergie qu'un sujet non obèse car il a plus de masse maigre. Tel sujet dépense 2 400 calories par jour indépendamment de toute activité physique quand il est mince et en dépensera 3 500 s'il devient obèse. Devenir obèse permet donc d'augmenter sa dépense énergétique, sa capacité de « brûler l'énergie » sans augmenter son activité physique : quel meilleur moyen pour s'adapter à une société qui pousse à la consommation alimentaire tout en réduisant l'activité physique. On retrouve là l'argument de Canguilhem : « La maladie est un effort de la nature en l'homme pour obtenir un nouvel équilibre. » D'une certaine manière on pourrait dire que devenir obèse est une adaptation individuelle à l'évolution des modes de vie et de l'environnement… Son seul inconvénient est d'entraîner des conséquences pour la santé. D'où l'opposition entre deux mouvements radicaux aux États-Unis : l'un revendiquant le « *fat is beautiful* » et demandant une adaptation du système de soin, autrement dit : « la société favorise l'obésité, qu'elle en traite/paye les conséquences » ; l'autre militant pour la maigreur et la résistance à la société de consommation et la mise en cause des acteurs économiques. D'où les procès intentés par certaines associations aux firmes agro-alimentaires ou aux *fast-food* au nom de leur implication dans le développement de l'obésité. Ceci nous conduit à évoquer la question des « responsabilités ».

Responsabilité individuelle ou collective

Cette question naît de l'impact médico-économique de l'obésité. L'obésité a un coût pour le système de soins. En 2008 en France, le président de la Haute Autorité de santé, HAS, s'inquiète : « Seuls les pays qui auront su maîtriser l'épidémie d'obésité pourront préserver leur système de protection sociale. » Cette inquiétude est-elle fondée ? Sans doute car une série d'études indiquent une part croissante des dépenses de santé en rapport avec l'obésité et ses conséquences. Une étude de l'IRDES sur les données de 2002, situe le coût de l'obésité entre 1,5 et 4,6 % des dépenses de santé. Selon la CNAMTS le montant représente 3 % et 7 % de l'objectif national des dépenses d'assurance-maladie (ONDAM) pour 2008. Au rythme actuel de la progression de l'obésité, le coût pourrait doubler d'ici à 2020 et représenter 14 % de l'ONDAM. Plus que leur valeur absolue, c'est la tendance évolutive qui inquiète.

D'où la mise en place de politiques de santé publique dont la stratégie dépend de l'idée que l'on se fait de la responsabilité collective et individuelle : devient-on obèse du fait de son comportement individuel, ou l'obésité est-elle une maladie de société ? Cette question est au cœur des discussions de stratégies préventives, au cœur de discussions politiques et économiques : l'individu est-il au cœur de la prévention des maladies liées à l'environnement et aux comportements ? Ou au contraire faut-il miser en premier lieu sur des leviers économiques et sociaux ? Ces questions sont celles des responsables de santé publique qui débattent des stratégies préventives. Les positions des différents pays divergent sur le poids respectif des actions centrées sur les individus et des stratégies globales impliquant les acteurs économiques.

Certains acteurs industriels manifestent une franche inquiétude vis-à-vis d'un phénomène de société qui pourrait aboutir à des contraintes réglementaires vis-à-vis de produits supposés jouer un rôle prédominant dans le développement de l'obésité. Cette question est devenue d'une actualité immédiate comme en témoignent les propositions du récent rapport parlementaire : principe de taxation-détaxation en fonction de la qualité nutritionnelle des aliments ; assujettissement des produits de grignotage et de snacking « trop gras, trop sucrés, trop salés » aux taux normal de 19,6 % au lieu du taux réduit de 5,5 % actuel ; augmentation à 5 % du taux de la taxe sur la publicité des produits alimentaires manufacturés et des boissons avec ajout de sucre et suppression de l'exonération de la taxe pour ces produits ; interdiction de la publicité pour les produits de grignotage et les boissons sucrées dans les programmes à forte audience d'enfants et adolescents.

D'où l'émergence d'un débat qui risque d'être vif dans les prochaines années sur la pertinence économique et préventive de telles mesures, sur la responsabilité de l'individu et de la collectivité dans la démarche préventive. La voie est étroite entre l'impératif de prévention communautaire et la nécessité de disposer d'arguments scientifiques, en particulier économiques, pour construire une politique de santé publique cohérente.

D'autres acteurs de l'économie et de la finance, à l'inverse, manifestent un intérêt croissant pour l'obésité et les profits qui pourraient s'en dégager comme en témoignent les nombreux articles consacrés au « *fat profit* » par le *Wall Street Journal* et l'intéressante analyse du Crédit Suisse sur « *Obesity and investment implication* ». L'*Observer* de juillet 2008 affichait un titre d'article des plus éloquents : « *Fat profits to be gained from losing pounds : The obesity epidemic is fuelling a global market that could be worth £1 trillion* » !

Dérive normative

Nous avons vu que l'obésité se définit sur un critère quantitatif, un seuil d'IMC dont la pertinence mériterait un développement spécifique tant il est vrai que sa validité pour décrire des populations est réelle mais que sa valeur prédictive individuelle est questionnable. Cette définition quantitative du pathologique a certainement fait progresser la médecine : on lui doit au travers de la prise en charge des facteurs de risque une régression des maladies cardiovasculaires et une part de l'allongement de l'espérance de vie. Ainsi, le traitement de l'hypertension artérielle a radicalement modifié la prévalence des accidents vasculaires cérébraux et de l'insuffisance rénale. Mais cette approche expose à des dérives normatives sur lesquelles il faut être vigilant. La dérive normative dans le domaine de la corpulence n'est pas anodine. Elle peut contribuer à la promotion d'un idéal de minceur dont les conséquences sont connues. Elle risque d'aboutir à une médicalisation intempestive de l'alimentation, à sa judiciarisation.

Les sciences humaines et sociales sont au cœur de l'analyse des déterminants et conséquences de ce qui est actuellement considéré comme la forme la plus commune de malnutrition moderne, l'obésité. Maintenant reconnue comme une pathologie à part entière avec des conséquences médico-économiques considérables, l'obésité suscite des débats qui dépassent largement le champ de la santé publique.

Bibliographie

A. Basdevant, B. Guy-Grand, *Médecine de l'obésité*, Flammarion Médecine Sciences, 2004.

CDC : http://www.cdc.gov.nccddphp/dnpa/obesity/economic

CNAMTS :

http://www.ameli.fr/l-assurance-maladie/statistiques-et-publications/

R. Hyde, « Europe battle with obesity », *Lancet,* 2008, 371.

NIH : obesityresearch.nih.gov/index.htm

OMS/WHO Europe : http://www.euro.who.int/obesity

Rapport d'information n° 1131 Assemblée nationale, Commission des affaires culturelles, familiales et sociales, octobre 2008.

La cuisine japonaise du dedans et du dehors, ou comment résister à la pensée carnivore

Nobutaka Miura

Dans tous ses usages, dans tous les gestes qu'elle implique, la baguette s'oppose à notre couteau (et à son substitut prédateur, la fourchette) : elle est l'instrument alimentaire qui refuse de couper, d'agripper, de mutiler, de percer ; par la baguette, la nourriture n'est pas une proie, à quoi l'on fait violence (viandes sur lesquelles on s'acharne), mais une substance harmonieusement transférée ; elle transforme la matière préalablement divisée en nourriture d'oiseau et le riz en flot de lait ; maternelle, elle conduit inlassablement le geste de la becquée, laissant à nos mœurs alimentaires, armées de piques et de couteaux, celui de la prédation[1].

Alimentation et mondialisation

Pour aborder les questions de l'alimentation, j'ai choisi de parler de « la cuisine japonaise du dedans et du dehors », parce qu'il semble que la cuisine japonaise est passée à la mode en France. En effet, on ne peut plus parler aujourd'hui de nourritures et de cuisines dans le cadre strictement national. Il faut désormais en parler dans le contexte de la mondialisation, parce que notre pain quotidien n'est pas à l'abri des flux du commerce international. Au contraire, notre vie alimentaire est exposée à la dynamique de

1/R. Barthes, *L'Empire des signes*, Skira, 1970.

la mondialisation, avec tous ses aléas. Si elle s'enrichit aux yeux de certains grâce à la mondialisation, elle s'appauvrit aux yeux de certains autres à cause d'elle. On ne parle peut-être pas de la même chose sous le même vocable. Il y a un effet double, positif et négatif, de la mondialisation sur notre vie alimentaire. Il n'est pas étonnant que le mouvement antimondialisation en France ait été déclenché par la révolte de paysans contre les OGM et contre la « mal bouffe ». Le livre de José Bové est traduit même en japonais et a trouvé une audience non négligeable. Les habitants de notre archipel sont aussi sensibles que vous à la question de la sécurité alimentaire.

J'entends par « sécurité alimentaire » deux choses. Sécurité des aliments sur le plan hygiénique et sanitaire d'une part, et sécurité d'approvisionnement d'autre part. Tous les peuples sont conservateurs quand il s'agit du goût et de la nourriture. Pour que chaque peuple conserve le régime alimentaire qui lui est propre, il lui faut produire lui-même ce dont il se nourrit. Or, pour nourrir sa population, le pays du Soleil levant dépend très largement des importations. Son taux d'autosuffisance alimentaire est de moins de 40 %, le plus faible des pays industrialisés, contre 128 % pour les États-Unis et 122 % pour la France, les deux pays les plus jaloux de leur régime alimentaire. Ce qui est inquiétant, s'agissant du Japon, c'est la décroissance spectaculaire de son taux d'autosuffisance alimentaire qui est passé de 73 % en 1965 à 40 % aujourd'hui, ce qui s'explique par la baisse de la production agricole intérieure et l'augmentation des importations qui y supplée. Les Japonais consomment de plus en plus ce qu'ils ne produisent pas eux-mêmes.

Depuis janvier 2008, la tension n'a cessé de monter entre Pékin et Tokyo à cause d'une série de scandales provoqués par les produits contaminés et toxiques en provenance de la Chine, le deuxième fournisseur de denrées alimentaires pour le Japon après les États-Unis. Chacun connaît le problème du lait frelaté importé de Chine. Les autorités chinoises n'ont pas réagi rapidement et correctement à des réclamations répétées de Tokyo, leur priorité des priorités en 2008 étant le rayonnement de l'Empire du Milieu dans le monde par l'organisation réussie des Jeux olympiques de Pékin. Par le passé, le Japon a également connu beaucoup de conflits commerciaux avec les États-Unis, à cause des pressions qu'ils exercent pour disposer d'une part toujours plus importante du marché des produits agroalimentaires. Il leur est arrivé de reprocher aux Nippons de ne pas consommer assez de viande de bœuf.

La libéralisation du marché agricole reste un des dossiers les plus épineux dans les négociations multilatérales de l'OMC. La France est le plus gros bénéficiaire de la Pac (politique agricole commune) de l'Union européenne et, par voie de conséquence, son défenseur le plus acharné. De même que les Français se sont appliqués à exclure le cinéma et l'audiovisuel des négociations du GATT en 1993 (bataille de l'« exception culturelle »), les Japonais ont résisté coûte que coûte à l'ouverture immédiate et inconditionnelle de leur marché du riz. Au même titre que la culture, les produits agricoles ne sont pas de simples marchandises comme les autres. Culture et agriculture, même combat ! Le libre-échange étant la loi du plus fort, si celle-ci est appliquée au commerce des denrées alimentaires, il y aura inévitablement des gagnants et des perdants, et la qualité sera sacrifiée en faveur de la quantité. Il est tout à fait naturel que face à une forte « macdonalisation » du monde, s'organise une forte résistance à la standardisation et à l'uniformisation de ce qu'on mange. « Se nourrir de quoi, où et comment ? », la question est au cœur même de l'identité culturelle de chaque peuple et de chaque nation.

La cuisine japonaise, victime de son succès ?

S'agissant de la cuisine japonaise, l'effet de la mondialisation est double. Appréciée à l'étranger, elle s'exporte bien, même très bien, au prix de la perte de son authenticité. La cuisine japonaise est victime de sa réputation. Elle se mondialise en se macdonalisant. Je citerai deux faits récents pour illustrer ce dilemme de bipolarisation de la cuisine japonaise en haut de gamme et en bas de gamme.

On peut affirmer aujourd'hui, sans triomphalisme, que la cuisine japonaise occupe une place d'honneur dans la gastronomie mondiale. Michelin a publié son premier guide consacré à la ville de Tokyo. Dans l'édition 2008 sont sélectionnés 150 restaurants dont 60 % sont de cuisine japonaise. En effet, surpassant Paris (97 étoiles) et New York (54), Tokyo est devenue (décrochant 191 étoiles au total) la ville le plus haut placée par le célèbre guide rouge. Mais je vous jure que je ne connais personnellement qu'une seule de ces tables étoilées. Je préfère fréquenter quelques bonnes adresses que je garde pour moi. Deuxièmement, le succès du sushi et du yakitori à Paris est tel que l'on y dénombre 600 restaurants dits japonais dont 90 % sont tenus par des Chinois. Intrigué par cette pratique déloyale de piratage, le bureau parisien du Jetro, organisme gouvernemental chargé de la promotion du commerce extérieur, a osé publier, au début de l'année, une liste de restaurants de cuisine japonaise « authentique » afin de sauvegarder son image de marque d'une haute cuisine, propre, saine et bien soignée.

Mais les pratiques de copie et de mimétisme, voire de contrefaçon sont inévitables quand une grande cuisine se diffuse au-delà des frontières. Il n'y a pas de brevets d'invention ni de marques déposées. Un grand nombre de restaurants de cuisine française au Japon sont tenus par des chefs japonais. Et pourtant, le guide Michelin ne fait pas attention à la nationalité du chef quand il distribue ses étoiles aux meilleures tables. L'exportation de la haute cuisine s'accompagne toujours d'une diffusion du prêt-à-manger, des plats plus simples et plus faciles d'accès. C'est ce que j'entends par la bipolarisation dans la diffusion de la cuisine japonaise dans le monde. Tous les restaurants japonais de la rue du Monsieur-le-Prince dans le VIe arrondissement de Paris ne sont pas dignes de leur enseigne affichée, mais ce n'est pas une mauvaise piste à suivre, espérons-le, pour que les néophytes se familiarisent avec les plats japonais.

On peut ainsi observer un certain engouement en France pour la cuisine japonaise. Mais comment expliquer cette mode que certains appellent « néo-japonisme » ? Par le souci diététique du *low-*

fat comme c'était le cas aux États-Unis qui ont organisé la lutte contre l'obésité dès la fin des années 1970 ? Ou plutôt par le goût prononcé chez les élites françaises pour le raffinement culinaire ? Ou encore par l'enthousiasme des jeunes Français pour la culture populaire japonaise comme les mangas et les jeux vidéo ? Je crois que ces trois explications sont bonnes sauf que les jeunes, fous de mangas, n'ont pas de quoi se payer un menu japonais. Mais dans n'importe quel supermarché, ils peuvent trouver des sushis à côté des sandwichs. Cela dit, il me paraît que la première explication est la plus plausible sans exclure la deuxième, le souci diététique du *low-fat* étant devenu une préoccupation des Français avec vingt-cinq ans de retard par rapport aux Américains.

En effet, la nourriture japonaise est peu grasse, peu lourde et peu sucrée, car l'on ne mange pas beaucoup de viande animale ; il n'y a pas de dessert dans le repas japonais traditionnel et on ne sucre jamais le thé vert. Voilà pourquoi les personnes obèses ne représentent que 3,1 % de la population japonaise contre 32,2 % de la population américaine (source OMS). Quant aux Français, ils occupent dans le palmarès un rang honorable avec 11,3 %. Mais signe inquiétant, le taux des personnes obèses chez les Français augmente rapidement en passant de 6,35 % en 1980 à 11,3 % en 2006.

De plus, le peuple nippon prend la tête du peloton en matière d'espérance de vie avec 79 ans pour les hommes et 86 ans pour les femmes. Et la différence d'espérance est assez significative avec 82,3 ans pour les Japonais, 80,2 ans pour les Français et 77,9 ans pour les Américains (source UNDP). Ce qui est à remarquer dans le cas des Japonais, c'est la croissance spectaculaire de leur espérance de vie qui n'était que de 50 ans pour les hommes et de 54 ans pour les femmes en 1947, deux ans après la fin de la guerre désastreuse et meurtrière en Asie-Pacifique. En l'espace de soixante ans, les Japonais ont gagné trente ans de vie supplémentaire. Comparez cela au cas des Français qui ont mis un siècle pour gagner trente ans de vie entre 1900 et 2000. Ce prolongement de la vie des Nippons s'explique dans une large mesure par le développement socio-économique du pays et l'amélioration de son système sanitaire et médical. Il faudrait également se demander si la longévité dont jouissent les Japonais ne s'explique pas aussi et surtout par l'occidentalisation du régime alimentaire et la consommation accrue de la viande animale et des produits laitiers. Ma réponse personnelle et instinctive à la question est négative.

D'abord, il faut savoir que l'estomac japonais est bien petit. Si nous ne grossissons pas trop, c'est tout simplement parce que nous ne mangeons pas beaucoup. La cuisine française est riche et abondante. Quand je mange au restaurant en France, il m'arrive de partager avec ma femme un plat de résistance qui est souvent trop copieux pour nous. Nous ne pouvons pas commander la côte de bœuf qui se commande toujours pour deux personnes. Quand on demande une glace, on a systématiquement trois boules alors que chez nous, on nous en apporte une seule. Si on ne fait pas attention à ce qu'on mange, on grossit facilement pendant son séjour en France. Ensuite, le peuple japonais demeure encore beaucoup moins carnivore que les peuples occidentaux. Les produits d'origine animale représentent 37 % de la nourriture des Français contre 20,4 % chez les Japonais qui sont mangeurs de poissons plutôt que de viande malgré l'occidentalisation de leur vie alimentaire de ces trois ou quatre décennies. Si vous me permettez de parler de mon cas, je n'avais jamais mangé de steak frites avant de partir étudier à Paris en 1971. La viande grillée n'était pas encore au rendez-vous dans le repas des Japonais moyens. Même le steak haché était à peine connu dans la cuisine familiale.

En arrivant à Paris, je me suis familiarisé avec la cuisine française d'abord au restaurant universitaire. C'est là que j'ai appris que le repas français, aussi simple qu'il soit, se compose d'une entrée, d'un plat et d'un dessert. Pour terminer le repas, je prenais un café express et de plus en plus souvent un petit calva. J'ai aussi découvert le couscous avec bonheur et appris qu'en France, le vendredi, on ne mange pas de viande. En 1971, les Halles n'avaient pas encore été démolies. J'ai visité souvent « le Ventre de Paris » par curiosité. J'y ai dégusté des plats exotiques comme les escargots, les cuisses de grenouille, la choucroute alsacienne, les tripes à la mode de Caen, l'andouillette et même les pieds de cochon. Pour connaître la culture française sur place, il fallait essayer tout cela. Avant de quitter mon pays, je n'avais jamais mangé de camembert ni de roquefort, jamais bu de vin. Le vin français n'était pas encore connu du grand public. S'il était déjà importé un peu, il était hors de portée. J'étais donc heureux de pouvoir découvrir en France une variété de vins à un prix abordable. Je suis tombé amoureux des huîtres crues qui se mariaient bien avec un riesling sec ou avec un petit chablis. Nous mangeons nous aussi des huîtres, mais jamais crues à cette époque-là.

Par contre, il y a une chose que je n'arrivais pas à assimiler. C'est le steak tartare. Je l'ai essayé deux ou trois fois, mais en vain. Le résultat était toujours catastrophique. Et mon cas n'est pas isolé. Cette phobie de la viande crue chez la plupart de mes compatriotes est peut-être comparable avec celle du poisson cru chez certains Français qui n'arrivent pas à apprécier le sashimi. Désormais, il ne faut pas le traduire par « poisson cru », parce que l'expression coupe l'appétit de ceux qui ne savent malheureusement pas que c'est un vrai régal.

Le curieux destin du hamburger

La plupart des Japonais assimilent mal le steak tartare. Comme son nom l'indique, le steak tartare trouve son origine dans la pratique alimentaire des cavaliers nomades mongols qui ont construit un grand empire en Asie de l'Est au début du XIIIe siècle. Gengis Khan, l'empereur des Mongols, décide de conquérir le monde avec son armée de féroces cavaliers. Ces derniers prennent l'habitude de transporter de la viande hachée, placée sous la selle et facile à manger pendant le voyage. Le petit-fils de Gengis Khan, Kubilai Khan, envahit Moscou et y introduit ainsi la viande hachée, adoptée par les Russes sous le nom de « steak tartare ». Le plat s'enrichit d'oignons et d'œuf cru, avant de voyager dans toute l'Europe. Il passe notamment par Hambourg, où, à la fin du XVIIIe siècle, il est déjà très populaire. Au milieu du XIXe siècle, de nombreux Allemands quittent le pays pour l'Amérique, depuis le port de Hambourg. Le hamburger traverse donc l'Atlantique avec les immigrants. De New York jusqu'en Californie, il devient vite un signe d'adaptation des immigrés allemands à la patrie de l'oncle Sam.

En 1931, la bande dessinée *Popeye* crée un nouveau personnage : Wimpy, dont le signe particulier est d'adorer les hamburgers. Sa popularité est telle qu'une chaîne de restaurants de hamburgers voit le jour, appelée Wimpy's. En 1948, les frères McDonald décident de monter un stand de vente de hamburgers à côté de leur salle de cinéma à San Bernardino. Ils ont la bonne idée de proposer le self-service à leurs clients et deviennent vite célèbres dans toute la Californie. En 1954, un certain Ray Kroc, placier en hachoirs électriques, s'interroge à propos d'une importante commande venant de Californie. Lors d'une tournée, Kroc en profite pour se rendre à San Bernardino, visiter ce gros client : il découvre alors le modeste établissement des frères McDonald, et sa longue file de clients… Impressionné par la rapidité du service et le faible prix de ces petits pains fourrés de steak haché, de ketchup et de salade, Ray Kroc propose un marché aux deux patrons. Le jour même, il repart avec un contrat de franchise l'autorisant à mettre sur pied une chaîne de restaurants qu'il baptisera : McDonald's. Le concept finira par conquérir toute la planète : il y a aujourd'hui plus de 30 000 franchises dans 121 pays.

Voilà l'histoire extraordinaire du steak haché qui a fait le tour du monde en plusieurs siècles[2]. Je ferme la parenthèse en ajoutant que le premier McDonald's au Japon est ouvert en 1971 à Ginza, le quartier commercial le plus chic de Tokyo, un an avant l'ouverture du premier McDo à Créteil en France. Et un quart de siècle plus tard, le démontage musclé du McDo de Millau en août 1999 par la Confédération paysanne et son leader José Bové aura été le premier épisode largement médiatisé déclenchant la lutte antimondialisation. La conquête du continent eurasiatique par les Mongols au XIIIe siècle aura constitué ainsi le point de départ du tour du monde que fera le steak haché, relayé, comme la torche

2/Source : http://www. clubsandwich.net

olympique, d'abord par des Allemands et ensuite par des Américains sous la forme qu'on connaît du hamburger.

Mais pourquoi fallait-il attendre jusqu'à 1971 pour que le tour du monde du hamburger soit enfin complet avec l'arrivée du McDo au Japon ? Vers la fin du XIIIe siècle, en 1274 pour être plus précis, les guerriers mongols de Kubilai Khan envahissent le Japon. Malgré leur nombre supérieur, les envahisseurs ont été repoussés par la bravoure des samouraïs et détruits par une puissante tempête. En 1281, la deuxième invasion mongole a de nouveau été anéantie par des vents violents et une mer déchaînée. Plus de quatre mille bateaux ont coulé et plus de trente mille hommes ont péri. Ce kamikaze, ou « vent divin », a sauvé le Japon d'une défaite certaine et est devenu un terme associé à l'esprit samouraï. Si jamais l'invasion des Mongols n'avait pas échoué à cause du vent divin, le Japon aurait été conquis par ce peuple cavalier, et le steak tartare aurait été introduit dans l'archipel ! Mais en réalité, le steak tartare fera le tour du monde par la route ouest et transatlantique. Il n'a pas traversé la mer du Japon séparant notre archipel du continent asiatique. Aujourd'hui, il nous arrive de manger, surtout dans le Nord, du mouton grillé au charbon ou au gaz, qu'on baptise du nom de « Gengis Khan » en souvenir du peuple cavalier légendaire. Certains soutiennent que cette habitude de manger du mouton grillé a commencé avec la conquête de la Mandchourie par l'armée impériale japonaise au début des années 1930.

Soit dit en passant, aujourd'hui trois des meilleurs lutteurs de sumo, le sport national traditionnel qu'adore tant le président Chirac, sont mongols. Le judo, un autre sport d'origine japonaise, s'est exporté à l'échelle mondiale pour devenir une discipline olympique depuis les Jeux de Tokyo en 1964. Par contre, le sumo, faisant partie du patrimoine culturel japonais, ne s'est jamais exporté sauf quelques tournées organisées à l'étranger. Le quasi-monopole par les Mongols des premiers rangs du classement représente une très belle revanche du peuple cavalier carnivore sur le Japon. Les sumos ont besoin de manger beaucoup pour prendre du poids. Mais on dit que, traditonnellement, ils ne mangeaient que du poisson et du poulet avec des légumes dans leur fondue appelée *chanko*, à l'exclusion de la viande de porc et de bœuf, parce que les animaux à quatre pattes donnent la mauvaise image du vaincu. En effet, pour être gagnant dans cette lutte, il faut tenir debout jusqu'au bout et faire tomber son adversaire par terre. Mais de nos jours, le tabou levé, ils mangent de tout pour grossir.

Mondialisation en plusieurs vagues

Beaucoup d'Européens et d'Américains ne savent pas distinguer la cuisine japonaise et la cuisine chinoise qui sont pourtant très différentes. Ce qui nous rapproche est que nous sommes deux peuples mangeurs de riz. Ce qui nous sépare est que les Chinois sont beaucoup plus carnivores que nous. Le sashimi constitue ainsi un vrai signe distinctif de la cuisine japonaise. La cuisine coréenne est encore très différente des cuisines chinoise et japonaise, de même que le chinois, le coréen et le japonais sont trois langues bien distinctes tout en appartenant à la même aire civilisationnelle de l'écriture idéographique chinoise. Il est donc difficilement pensable pour nous que dans le même restaurant dit « asiatique » soient servis différents mets appartenant aux différentes cuisines. Dans le sens inverse, nous ne confondons pas les cuisines française, italienne et espagnole. Les restaurants spécialisés dans ces cuisines sont distincts et identifiables dans les rues de Tokyo. Il en va de même pour les restaurants chinois, coréens ou indiens. La spécificité de chaque cuisine est bien sauvegardée, voire accentuée, au lieu de subir un effet négatif de mélange et de confusion dus à la mondialisation.

Pour affiner le débat sur la nourriture et la mondialisation, il faut distinguer au moins deux cycles de mondialisation. Mondialisation courte et mondialisation longue. La première est la mondialisation dite néolibérale qui s'est déclarée au début des années 1980 et s'est accélérée dans le monde d'après la guerre froide avant de connaître la crise financière qui nous frappe en ce moment. Mais il y a un cycle très long de mondialisation que j'appellerai mondialisation historique, déclenchée par les Grandes Découvertes des XVe et XVIe siècles qui sont à l'origine de l'expansion de l'Europe dans les quatre coins du monde.

Cette perspective de très longue durée s'impose quand on se penche tant soit peu sur l'évolution de notre vie alimentaire. Car ce qui a donné le coup d'envoi aux premières vagues de mondialisation a souvent été la quête d'aliments et de condiments rares. Rappelons que c'est le besoin en produits exotiques – épices et sucre, thé et café – introuvables en Europe, qui a fait partir des grands aventuriers à la conquête des terres inconnues et qui a été à l'origine des Compagnies des Indes orientales et occidentales. Y a-t-il une métaphore plus parlante que le commerce triangulaire transatlantique reliant l'Europe, l'Afrique et l'Amérique, quand on cherche la matrice originelle de la mondialisation des échanges par la marchandisation de toutes les ressources et produits, y compris la main-d'œuvre ?

Dans la genèse de la mondialisation historique, la « découverte de l'Amérique » par Christophe Colomb en 1492 est un événement fondateur. Mais pour ce qui concerne l'histoire de France, j'ai tendance à privilégier la date de 1635, parce que c'est alors qu'est créée l'Académie française par le cardinal de Richelieu, institution royale destinée à devenir le foyer du rayonnement du français en Europe et dans le monde, et que deux îles des petites Antilles, la Martinique et la Guadeloupe, passent sous la domination française. Cette coïncidence ne me paraît pas être un détail de l'histoire. Que s'est-il passé, à la même époque, à l'autre bout du monde ? Par une suite de décrets, le Japon a fermé ses portes vis-à-vis des « barbares du Sud » qui venaient d'Europe *via* Goa, *via* Macao ou *via* Manille, en vue d'échanges commerciaux et avec la mission d'évangéliser l'archipel.

C'est en 1549 que François-Xavier de la Compagnie de Jésus débarque à Kagoshima au sud de l'île de Kyûshû et entame une mission d'évangélisation pendant plus de deux ans. Son œuvre est relayée par d'autres missionnaires au cours de plus d'un demi-siècle avant de se faire brutalement interrompre dans les années 1630. Le christianisme est interdit par le troisième shogun des Tokugawa, les missionnaires sont expulsés, près de 300 000 convertis japonais sont obligés de renier leur foi catholique sous la menace de persécution. Parmi les Occidentaux, seul le pavillon hollandais se voit autorisé à commercer au petit comptoir de Nagasaki, un autre port de Kyûshû. Au niveau de la cuisine, la venue des premiers « barbares du Sud » au Japon n'a pas laissé beaucoup de traces. Car les missionnaires ont dû s'adapter au repas local très pauvre et très maigre. Ils ont dû abandonner leur régime alimentaire, une fois arrivés au Japon, si éloigné de l'Europe.

On peut néanmoins relever quelques noms d'origine européenne dans les aliments japonais. Le nom de *tempur*a donné aux beignets de légumes et de poissons vient du mot portugais *têmporas*. On dit que c'était à l'origine la nourriture du Carême. La langue portugaise laisse une autre trace sur le nom d'un sushi fait avec du riz et du maquereau vinaigré, appelé *battéra*, déformation phonétique de *bateira* qui veut dire « bateau » en portugais. Le gâteau qu'on appelle *castella*, introduit d'abord au port de Nagasaki, est baptisé ainsi selon son pays d'origine qu'est la Castille. Mais on ignore l'origine de ces produits qu'on suppose importés d'Occident et adaptés au palais japonais. Le mot portugais « *pan* » (« pain » en français) est aussi entré tel quel dans le vocabulaire japonais.

Si notre archipel a fermé ses portes au début du XVIIe siècle pour sauvegarder son indépendance, c'est la venue des colons blancs qui a changé le paysage de la mer des Caraïbes. Pour ce qui concerne les petites Antilles qui nous intéressent, après la conquête des îles en 1635, les colons français s'y installent. Ils exploiteront les plantations de canne à sucre avec la main-d'œuvre servile déportée du côté ouest de l'Afrique noire. À cette petite possession française vient s'ajouter l'île de Saint-Domingue, qui deviendra la perle des Caraïbes si chère à la France qu'au début du XIXe siècle, Napoléon y envoie ses troupes pour réprimer la révolte des esclaves, mais en vain.

Ces îles appartenant au roi catholique, le Code noir décrété en 1685 par Colbert ordonne, par son acte premier, l'obligation de baptiser tous les esclaves et leurs enfants. La croyance vaudoue est reléguée dans la catégorie des superstitions. Au niveau de la langue, la vie commune dans la plantation a donné naissance à un parler local spécial, le créole. Le créole est inventé comme une langue commune des esclaves de différentes ethnies noires. Il est construit sur la base lexicale française, mais ce n'est pas un patois français parce que les visiteurs français de la métropole, appelés z'oreilles, ne le comprennent pas. De la vie de la plantation ou de « l'habitation » comme on dit là-bas, sont nés beaucoup d'autres produits locaux par le métissage culturel, dont une cuisine de saveur tropicale dite créole. Certes, maîtres et esclaves ne mangeaient pas la même chose. Mais le résultat est là. Après l'abolition de l'esclavage en 1848, la main-d'œuvre coolie arrive de l'Inde du Sud pour ajouter à la cuisine créole un parfum de curry indien, comme l'indique le nom de colombo. Par ailleurs, la toile traditionnelle la plus prisée par les dames du pays s'appelle madras. Ayant voyagé plusieurs fois aux Antilles françaises, je garde de très bons souvenirs de ce que j'ai dégusté : accras de morue et boudin créole, court-bouillon de poissons et crabes farcis sans parler des fruits tropicaux et du vieux rhum.

La pérennité du régime alimentaire

Voilà une petite mise en parallèle historique des Antilles et du Japon. Il n'y a rien de commun entre ces deux zones géographiques diamétralement opposées. Mais si l'on fait attention à la période autour de 1635, un grand contraste saute aux yeux, séparant deux destins l'un de l'autre. Les Antilles françaises se voient violemment jetées dans le mouvement de la mondialisation mercantile, alors que l'archipel japonais échappe à l'engrenage du capitalisme naissant comme le « système mondial » moderne. À partir des années 1635, l'archipel d'Extrême-Orient évoluera comme en vase clos hermétique, replié sur lui-même, se protégeant ainsi des premières vagues de mondialisation venant du Sud. Au cours des deux siècles et demi de *sakoku* (« fermeture du pays »), le Japon connaîtra un certain développement socio-économique endogène sous le régime féodal. Et cette période de Pax Tokugawa dure jusqu'à la venue en 1853 des quatre « bateaux noirs » américains dans la baie d'Edo (future Tokyo). Le commodore Perry demande, sous la menace des canons, l'ouverture des ports au gouvernement du shogun, qui se retrouve du coup dans une situation très embarrassante. L'ouverture des ports qu'il concède aux puissances occidentales met en cause et disqualifie son autorité. Elle aura été à l'origine de sa chute et de la restauration du pouvoir impérial en 1868. Pourtant, deux siècles et demi de *sakoku* ne sera pas pour rien dans la consolidation de l'identité culturelle japonaise, dont la matrice subsistera comme infrastructure d'une société moderne en construction au cours du siècle et demi qui suivra l'ouverture du pays.

Le mode de vie des Japonais s'est cristallisé pendant cette période d'Edo (1630-1867) qui correspond à deux siècles et demi de repli sur lui-même et de paix intérieure. Par exemple, le théâtre kabuki et le sport national, le sumo, sont codifiés et devenus les spectacles préférés des citadins dès la fin du XVIIe siècle. Utamaro et Hokusai, deux grands maîtres des estampes ukiyoé, sont nés au milieu du XVIIIe siècle. Les sushis font leur apparition au début du XIXe siècle lors d'une pêche particulièrement abondante dans la baie d'Edo. Il est bien évident que les Japonais ne mangeaient pas les mêmes produits selon qu'ils étaient guerriers, paysans, artisans ou marchands. De riches marchants mangeaient beaucoup mieux que de pauvres paysans. Mais le repas japonais a trouvé au cours de cette période sa formule de base. On mangeait essentiellement du riz (ou, à défaut, du blé, du millet ou de l'avoine), accompagné de soupe *miso*, de fromage de soja fermenté (*tofu*) et de plats de légumes variés. Pas de viande du bétail mais de petits poissons et sporadiquement un peu de gibier et de baleine. L'assaisonnement est fait généralement avec de la sauce de soja (*shôyu*) ou du pâté de soja fermenté (*miso*). Pas de vin mais du saké, alcool de riz. Pas de café mais du thé vert. Pas de gâteau mais du pâté de haricot rouge sucré, etc. Le repas *kaiseki* qui est à l'origine de la grande cuisine japonaise actuelle, apparaît au début du XVIIe siècle[3].

3/Mieko Macé, « Du poisson et du riz », *L'Histoire*, numéro spécial : *Le Japon*, 2008.

2008 est l'année où nous célébrons cent cinquante ans de relations franco-japonaises inaugurées par le traité de commerce et d'amitié signé entre la France de Napoléon III et le Japon de l'avant-dernier shogun en 1858. Mais le même type de « traités inégaux » a été signé au cours de la même année 1858 avec d'autres puissances occidentales, à savoir les États-Unis, l'Angleterre, les Pays-Bas et la Russie. La révolution de Meiji de 1868 conduit à la politique délibérée d'ouverture et de modernisation du pays selon le modèle civilisationnel occidental. La construction des États-nations modernes en Occident, quoique effectuée à des rythmes variables, s'achève au milieu du XIXe siècle et vient ensuite l'âge de l'impérialisme et du partage du monde. Si le Japon a échappé à la première vague de mondialisation au début du XVIIe siècle, sa deuxième vague au milieu du XIXe siècle ne l'a pas épargné et l'a fait sortir de son isolement.

Mais la modernisation du Japon par l'occidentalisation n'a touché que la superstructure de la société. Si les systèmes juridique, politique, économique, industriel et militaire peuvent se moderniser assez rapidement, la mentalité et les mœurs ne changent pas du jour au lendemain. Le gouvernement a beau adopter le calendrier grégorien et le système métrique, le calendrier lunaire et l'ancien système de poids et mesures sont longtemps restés en vigueur dans la vie de la population. On rejette le kimono pour s'habiller à l'occidentale, les ex-samouraïs se font couper le chignon pour se coiffer à l'occidentale. L'empereur Meiji a mangé de la viande de bœuf pour la première fois en 1872 pour donner l'exemple à la nation. Mais l'occidentalisation de la vie alimentaire des Japonais, ébauchée timidement à l'ère Meiji, n'est devenue une réalité palpable qu'au bout d'un long chemin parcouru. Il a fallu plus d'un siècle pour que les Japonais rattrapent le niveau de vie des Occidentaux. La société d'abondance n'est venue qu'après le cycle de croissance rapide des années 1960 et 1970. C'est dans les années 1980 que le couple de mots français gourmand/gourmet est entré tel quel dans le vocabulaire japonais.

Pour expliquer la modernisation du Japon, deux thèses s'affrontent : celle de la « rupture » et celle de la « continuité ». La première privilégie l'impact de la civilisation occidentale et la seconde fait valoir la matrice de la tradition culturelle. La vérité doit être trouvée entre les deux, qui défend l'idée d'une « hybridation » plus ou moins réussie entre la civilisation occidentale et la culture japonaise. Certains préfèrent le mot « greffage ». Mais pour ce qui concerne la vie alimentaire, les Japonais ont su conserver la cuisine qui leur est propre au lieu de créer une cuisine métissée au contact avec la cuisine occidentale. Ils se sont inventé un régime particulier de cohabitation et d'alternance du style occidental et du style japonais. Je dis bien « alternance » et non pas « alternative ». Il ne s'agit pas de choisir entre les deux options et de remplacer l'une par l'autre, mais de mener la double vie en même temps et sans mélanger. Et cela dans tous les aspects de la vie, allant de l'habitat et de l'habillement jusqu'à l'alimentation en passant par les expressions artistiques. « L'âme japonaise et la technique occidentale », se disaient les dirigeants de Meiji. Je dois reconnaître rétrospectivement le bien-fondé de ce mot d'ordre, malgré la résonance nationaliste qu'il laisse entendre.

La vie alimentaire est un des facteurs les plus conservateurs d'une culture anthropologique donnée, en dépit des échanges croissants entre les cultures et entre les peuples. Même si un peuple est dominé par un autre de façon durable, il ne perdra jamais son goût et sa cuisine. Même si un peuple est expatrié ou exilé, il essaiera de conserver ses recettes comme il peut dans une terre étrangère d'adoption. À force d'étudier la langue et la culture françaises, la France est devenue ma seconde patrie. Mais si je ne suis pas décidé à passer le reste de ma vie en France, c'est peut-être parce que je ne peux pas manger tout le temps à la française. Je ne peux pas choisir entre les deux, je choisis la vie d'« alternance » en assumant la différence et la distance.

Vers la critique de la pensée carnivore

Mis à part l'alimentation, le facteur le plus conservateur de la culture anthropologique est incontestablement la religion. On ne change pas de religion comme on change de voiture. La religion ne s'exporte pas comme la technique qui, elle, ne connaît pas de frontières. Quant à l'alimentation, sa transmissibilité est plus importante que la religion, mais moins importante que la technique. Au milieu du XVIe siècle, les Portugais ont apporté au Japon le fusil (technique), le christianisme (religion) et le pain (alimentation). Si l'arme à feu a été recherchée et convoitée par les guerriers, le christianisme a eu beaucoup de mal à pénétrer le pays, et le pain n'est pas devenu un aliment des Japonais avant l'ère Meiji. En effet, notre archipel n'appartient pas à « la civilisation du blé » (Europe) mais à « la civilisation du riz » (Asie) pour reprendre la distinction établie par Fernand Braudel.

Comme dans toutes les religions, il y a des aliments permis et des aliments défendus, il faut étudier aussi les liens qui existent entre la pratique religieuse et la pratique alimentaire. Le bouddhisme est connu pour son végétarisme. Il interdit de consommer toute viande, car pour manger de la viande, il faut tuer des animaux. Or, il est interdit de nuire à tout animal. L'hindouisme des hautes castes est aussi végétarien. Chez les hindous est prohibée la viande de bœuf. La viande de porc est interdite en terre d'islam comme dans le judaïsme. Quand on est chrétien, il faut manger « maigre », sans viande, les vendredis et pendant le Carême. La viande est souvent remplacée par du poisson. L'alimentation et la religion constituent ainsi un sujet très vaste de l'anthropologie culturelle. Je me contenterai ici de faire deux remarques avant de conclure.

Premièrement, la vie alimentaire appartient à la fois au registre religieux et au registre séculier. Le facteur religieux est très important pour modeler la vie alimentaire qui, pourtant, ne lui est pas réductible. La sécularisation de la vie moderne diminuera peu à peu l'influence de la religion. Après l'ouverture des portes et sous la pression des puissances occidentales, le gouvernement de Meiji lèvera en 1873 la proscription du christianisme dans tout le territoire. Le grand renouveau des missions catholiques, protestantes et orthodoxes s'ensuivit. Mais le Japon n'est pas devenu pour autant un pays chrétien. La venue du christianisme à l'ère Meiji fut un événement important dans l'histoire des idées du Japon moderne qui voulait importer de l'Occident uniquement sa civilisation technique et matérielle. Le monothéisme chrétien a heurté la tradition polythéiste et syncrétique de la pensée japonaise. Pour préserver « l'âme japonaise », l'État de Meiji a institutionnalisé « le shinto d'État » au-dessus de tous les cultes et l'a imposé à tous les sujets de l'empereur. La défaite du Japon en 1945 l'a fait sortir du repli chauvin et meurtrier. Le shinto d'État est aboli et la liberté de conscience est garantie par la Constitution de 1946. Mais aujourd'hui, les chrétiens, de toutes Églises confondues, ne totalisent que 1,5 million, soit un peu plus de 1 % de la population japonaise. C'est très peu par rapport à la Corée du Sud dont près de 30 % de la population est chrétienne. Mais la présence très faible du christianisme au Japon n'est pas due à l'hostilité de sa population vis-à-vis de la religion venue de l'Occident. Les Japonais d'aujourd'hui sont plutôt indifférents aux religions et la société japonaise est très sécularisée. Ils sont à la fois shintoïstes et bouddhistes à des degrés divers. Ils ne se gênent pas pour célébrer leur mariage dans une église sans être chrétiens. Noël leur offre une occasion de fête indifféremment de leur foi religieuse.

Deuxièmement, le régime alimentaire des Japonais a beaucoup évolué en fonction de l'occidentalisation et de l'américanisation de leur style de vie. Du point de vue de profils diététiques, les Japonais s'approchent des peuples occidentaux, tout en restant beaucoup moins carnivores qu'eux. Si les Japonais consomment un peu plus de céréales et produits d'origine végétale que les Américains et les Français (60,9 % contre 56,3 % et 57 %), ils consomment beaucoup moins de produits d'origine animale (20,4 % contre 27,7 % et 37 %)[4]. D'après les données de 2003, les Japonais consomment en moyenne 43,1 kg de viande et 61,2 kg de poisson par personne et par an, alors que les Américains et les Français consomment respectivement 123,4 kg et 98,3 kg de viande et 23,1 kg et 31,2 kg de poisson[5]. Pour simplifier, les Japonais consomment un tiers de la viande et des produits laitiers, une moitié du sucre et deux fois

4/G. Fumey, *Géopolitique de l'alimentation*, Éditions Sciences humaines, 2008.

5/Source : Ministère japonais de l'Agriculture, de la Forêt et de la Pêche.

plus de poisson par rapport à la consommation des Américains et des Français. Mais force est de constater une progression de la consommation japonaise de la viande et des produits laitiers qui ne représentait en 1975 qu'un sixième de celles des Américains et des Français. Dans la société de consommation de masse, il n'y a plus de tabous alimentaires qui serviraient de garde-fou.

Il y a un historien japonais qui a sonné l'alarme depuis longtemps face à cette tendance dangereuse. Il s'agit de Toyoyuki Sabata, spécialiste de l'Europe médiévale, qui nous a légué entre autres deux livres très éclairants sur la civilisation comparée de l'alimentation. Le premier date de 1966, il est intitulé *La Pensée carnivore : redécouvrir l'esprit européen* ; le second, publié en 1988, porte sur *La Civilisation carnivore et la civilisation du riz : l'ère de l'excès nutritionnel.* Dans le premier livre, l'auteur développe sa thèse, ou plutôt son hypothèse, selon laquelle la tradition de la pensée chrétienne en Europe pourrait s'analyser en fonction de la tradition carnivore fondée sur la distinction nette entre le monde humain et le monde animal. Il explique du même coup pourquoi la pensée carnivore ne s'est pas développée dans l'archipel japonais, non pas par la tradition religieuse bouddhiste mais par les conditions géographiques et climatiques très peu propices à l'élevage du bétail par le pâturage. Dans le second livre paru vingt-deux ans après, l'historien préconise la revalorisation nécessaire du régime alimentaire des Japonais constitué autour du riz, parce qu'il s'avère bien équilibré diététiquement. La revalorisation de la civilisation du riz s'impose à l'échelle mondiale, selon Sabata, non seulement pour faire face au problème d'obésité dans des sociétés développées occidentales mais aussi pour faire face à l'expansion démographique de la planète.

Sabata, l'historien de Kyoto dont le nom se décompose en deux idéogrammes : *saba*, maquereau et *ta*, rizière, est précurseur de la pensée diététique et écologique d'aujourd'hui. Car son analyse est basée sur le constat simple d'un fait suivant : « Le bétail se nourrit de céréales. Manger du porc, du bœuf ou des œufs revient donc à manger des céréales. Par exemple, consommer 1 kg de viande, c'est consommer 11 kg de céréales[6]. » Si tout le monde veut manger comme les Français, on ne pourra jamais nourrir la population toujours croissante de la planète. Si l'on pouvait trouver un régime alimentaire mieux équilibré et plus économe pour réorganiser la production et la consommation des denrées alimentaires… Voilà une leçon à tirer des réflexions de l'historien comparatiste japonais.

Pour terminer, renvoyons aux très belles pages que Roland Barthes a consacrées à la cuisine japonaise dans *L'Empire des signes* (1970). Le sémiologue français y décrit avec une finesse inégalable l'antipode possible de la « pensée carnivore » de l'Occident qui n'a cessé de le dégoûter.

6/I. Kayoko, *Si le monde était un village de 100 personnes*, t II : *L'Alimentation*, Picquier Jeunesse, 2006.

Les saveurs de l'Autre

Boniface Mongo-M'Boussa

L'acte de manger est fondateur de l'identité et par là même de l'altérité. Ce lien nourriture/identité est permanent dans la littérature francophone. Le best-seller du Franco-Camerounais Gaston Kelman, *Je suis noir et je n'aime pas le manioc*, nous plonge immédiatement au cœur d'une identité ambiguë. En évoquant le manioc, l'auteur s'identifie aux Noirs, tout en s'en distinguant, puisqu'il ne cesse de revendiquer son identité bourguignonne.

D'autres écrivains jouent avec cette ambiguïté. Dans le roman de Mehdi Charef, *Le Thé au harem d'Archi Ahmed*, il n'est jamais question d'une quelconque convivialité. Le titre du roman est homophone avec le fameux principe d'Archimède. Ce jeu de mots est un clin d'œil aux origines algériennes de l'écrivain, du moins aux origines algériennes de ses parents.

Enfin, *Un plat de porc aux bananes vertes* de la romancière guadeloupéenne Simone Schwartz-Bart, nous conduit aux Antilles. Mieux : il nous plonge par l'indigence du plat au cœur de la mémoire de l'esclavage. On l'aura compris : il sera question ici du statut de la nourriture dans la construction identitaire.

À partir d'Oran

Le premier auteur qui nous interpelle dans cet exposé consacré aux saveurs de l'Autre, est le poète algérien Malek Alloula. Né en 1936 à Oran, Malek Alloula vit à Paris depuis 1967. C'est un écrivain exigeant, reconnu par ses pairs depuis la parution en 1982 de son essai *Le Harem colonial*[1]. Le titre de l'essai signale d'emblée la relation entre les deux rives de la Méditerranée. C'est dans cette perspective qu'il faut lire son récit *Les Festins de l'exil.* Si l'exilé n'emporte jamais son pays en bandoulière, il conserve en revanche la mémoire de ses saveurs culinaires. Souvent, le souvenir de cette mémoire gustative génère une mélancolie. Le livre de Malek Alloula est traversé d'un bout à l'autre par la nostalgie de la cuisine nationale. La phrase d'ouverture du second chapitre : « Longtemps, j'ai savouré les beignets aux raisins secs que ma mère me servait au retour du hammam », pastiche du célèbre incipit de Marcel Proust, signale d'emblée que le temps du récit est un temps révolu, recomposé, grâce à la magie de la littérature. Petit opuscule de 115 pages, *Les Festins de l'exil* mêle souvenirs de mets, de lectures et anecdotes savoureuses sur l'acte de manger. Le récit répond ainsi à la feuille de route de la collection « Saveurs de la réalité » aux Éditions Truffaut, qui consiste à disserter sur trente-trois questions à propos de l'acte de manger, témoigner sur une aire culturelle et proposer en complément une dizaine de recettes.

Tout au long de son récit, Malek Alloula rappelle à son lecteur le lien entre nourriture et littérature. Le livre s'ouvre sur une scène qui se déroule rue du Bac, dans l'hôtel particulier d'une riche héritière française : la soirée est placée sous le signe de la littérature avec Kateb Yacine comme invité d'honneur. Il se clôt par une postface dans laquelle Malek Alloula reproche à Albert Camus sa dent dure pour Oran « ville insouciante, épicurienne, totalement extravertie, légère, jouisseuse, nonchalante, bon enfant[2]… ». Outre Camus et Kateb Yacine, Malek Alloula convoque également Omar Khayyam, le poète persan, mondialement reconnu pour avoir célébré le vin, Manet et son célèbre *Déjeuner sur l'herbe*, Arcimboldo, Léonard de Vinci et sa *Dernière Cène*… En procédant ainsi, le poète algérien rappelle au lecteur que la

1/M. Alloula, *Le Harem colonial, images d'un sous-érotisme*, Séguier, 2001.
2/M. Alloula, *Les Festins de l'exil*, Françoise Truffaut, 2003, p. 106.

nourriture est un acte de civilisation, présent dans tous les domaines de la culture. Quant à sa mémoire gustative, elle est une petite encyclopédie de mets exotiques : *falfa* (poivrons à la tomate), *maaqoud* (croquettes de pommes de terre), *sardina merchermla* (sardines à l'escabèche), *kebda be tomatisse* (foie en sauce tomate), *melfouf* (brochettes de foie), *kefta mechouiya* (brochettes de viande hachée), *dolma hout* (ragoût aux boulettes de poisson), *emkhater* (plat aux oignons et viande), *bernia merqa* (ragoût aux aubergines frites), *dolma bel garnou* (fonds d'artichauts farcis), *arroz bel djej* (riz au poulet), *sefta* (couscous au sucre). Ce qui frappe dans ces derniers plats, c'est l'influence espagnole et française dans la gastronomie algérienne. Ce « métissage culinaire » conduit Malek Alloula à célébrer les vertus fédératrices du couscous, jouissant d'une prestigieuse double nationalité amplement méritée, parce qu'il aura, selon le poète algérien, œuvré pour le rapprochement des deux peuples tout autant que le législateur. Mais le couscous, malgré cet hommage appuyé, n'est pas le « héros » de *Festins de l'exil*, traversé d'un bout à l'autre par l'image de la mère. Par là, Malek Alloula pose la question de la relation entre la mémoire gustative et l'enfance et nous introduit forcément au cœur de la transmission.

Comment cuisiner son mari à l'africaine

C'est ici que le rôle de la femme en situation d'exil devient capital. Problématique par ailleurs du récit de la Camerounaise Calixte Beyala, *Comment cuisiner son mari à l'africaine*. Son héroïne, Aïssatou, envoûte le charmant Souleymane Bolobolo ; non seulement grâce à ses qualités de femme-jardin, mais aussi parce qu'elle lui propose des plats tropicaux, lui rappelant les saveurs de son Mali natal : ngombo au paprika, tortue de brousse aux bananes plantains vertes, attiéké aux crevettes, daurade aux piments rouges, boa en feuilles de manioc, etc. Ce faisant, elle maintient une certaine chaleur africaine au cœur de la grisaille de l'exil. Vu sous cet angle, *Comment cuisiner son mari à l'africaine* peut être lu comme un roman de la transmission, qui clôt toute une trilogie consacrée à l'immigration. Rarement, la question de la relation nourriture/écriture s'est posée avec une telle clarté dans la littérature négro-africaine comme chez Calixte Beyala. Du reste, la romancière franco-camerounaise met en exergue le rapport sexualité et bonne chair. La consommation des plats carnés se confond ici avec la consommation de la chair féminine. La structure du roman, qui alterne les chapitres consacrés aux différentes recettes culinaires et ceux décrivant la vie amoureuse d'Aïssatou, invite à une telle lecture. Et la volupté sexuelle de Bolobolo, qui ne cesse de faire cocue Aïssatou, se distingue à peine de son appétit culinaire. Cette débauche trahit une angoisse existentielle et une mélancolie relative au mal du pays :

> « L'harmonie et la paix règnent dans le silence que nous impose une musique lointaine. Quelquefois, il me prend dans ses bras, notre étreinte est alors empreinte d'une mélancolie qui montre qu'il regrette ces années perdues, passées dans des cocufiages inutiles. Je m'éloigne tout doucement, comme si je craignais de réveiller quelques démons enfouis dans nos mémoires, puis je dis sur un ton joyeux : « Veux-tu que je te prépare un jus de gingembre ? »
>
> Il sait inexorablement où l'entraîne cette boisson. Son émotion vibre dans son regard tandis qu'à pas feutrés je me dirige là, dans le soleil couchant. C'est sans doute cela l'idée qu'on se fait des bienheureux sur la terre. C'est ainsi que l'on cuisine son mari à l'africaine[3]. »

Ce monologue condense tous les ingrédients de notre exposé : une musique, qui vient de loin, l'étreinte teintée de mélancolie, le regret du temps qui passe, la débauche, une boisson aphrodisiaque, le bonheur retrouvé, la célébration de l'Afrique.

Une célébration que l'on retrouve également dans le récit de la Sénégalaise Aminata Sow Fall, *Un grain de vie et d'espérance.* Tout ici, sauf la célébration de l'Afrique, oppose ces deux récits et donc ces deux romancières. Le récit de Calixte Beyala évoque le cocufiage, Aminata Sow Fall chante la discrétion. Calixte Beyala

3/C. Beyala, *Comment cuisiner son mari à l'africaine*, J'ai lu, 2006, p. 156.

décrit le monde contemporain, Aminata Sow Fall se remémore l'art culinaire pour donner à voir le passé harmonieux de Saint-Louis, la ville des célèbres *signares* chantés par le poète Léopold Sédar Senghor. Chez ces *signares,* l'art culinaire se confond avec la séduction. Il s'agit d'apprivoiser son mari en étant une cuisinière émérite. La recette est simple : savoir présenter le repas avec tous les artifices de la séduction : l'habit, la grâce, le déhanchement, etc. Alternant ses souvenirs d'enfance et un hommage à la vieille Nogaye (mémoire vivante de la cuisine de Saint-Louis), Aminata Sow Fall célèbre l'enracinement et l'universalité de la cuisine saint-louisienne. À ce titre, *Un grain de vie et d'espérance* répond en écho au *Festins de l'exil* de l'Algérien Malek Alloula, tant on pourrait établir des parallèles féconds entre l'hospitalité oranaise et la *téranga*[4] saint-louisienne, entre nourriture et transmission.

Des signares de Saint-Louis à la cuisine créole

Cette question de la transmission est aussi importante du point de vue historique dans la relation Afrique/Antilles, précisément entre Saint-Louis, ancien comptoir français en Afrique, et la Guadeloupe, l'île antillaise au sein de laquelle la mémoire africaine est si présente dans les romans de Simone Schwartz-Bart : *Ti jean l'horizon* (1976), *Pluie et vent sur Télumée Miracle* (1979), ainsi que dans *Un plat de porc aux bananes vertes*, cosigné avec son époux, André Schwartz-Bart. Roman de l'exil, *Un plat de porc aux bananes vertes* tisse mémoire de l'esclavage et de l'immigration antillaise à Paris. Le roman raconte la fin de vie d'une vieille femme antillaise exilée dans un hospice parisien. À travers elle, c'est toute la détresse matérielle, psychologique et affective de l'Antillais en métropole que nous donne à voir Simone Schwartz-Bart et renvoie au Nègre comique et laid d'Aimé Césaire dans le *Cahier d'un retour au pays natal.* Clin d'œil, qui ne surprend guère le lecteur dans la mesure où Aimé Césaire est convoqué tout au

4/« Hospitalité » en langue woolof (langue nationale du Sénégal).

long du texte. Ce qui le surprend en revanche, c'est le projet de ce roman à quatre mains, qui tisse exil antillais et errance juive, le tout reposant sur la nostalgie d'un plat de porc aux bananes. Visiblement, il y a ici une communauté de destin (le roman est dédié à Aimé Césaire et Élie Wiesel), qui invite à méditer en ces temps de guerres de mémoire[5]. Une communauté de destin, que certains intellectuels juifs et nègres n'ont cessé de rappeler. On sait que c'est en lisant *Réflexions sur la question juive* de Jean-Paul Sartre que Frantz Fanon écrivit *Peau noire, masques blancs*, dont la lecture bouleversa à son tour l'écrivain juif autrichien Jean Améry, rescapé de la Shoah. Dans son essai *La Beauté de Cham*, Maurice Dorès souligne les convergences/divergences entre les Juifs et les Noirs à partir de l'histoire de Cham, l'ancêtre des Noirs[6]. Quant à Claude McKay, écrivain de Harlem Renaissance et inspirateur de la négritude, il raconte comment la lecture de ses poèmes élégiaques consacrés à la relation entre la mémoire gustative et la nostalgie de l'exil a ému jusqu'aux larmes Charlie Chaplin[7]. Tout ceci montre comment ces deux communautés ont parfois des destins qui se recoupent et justifie cette collaboration scripturaire entre Simone et André Schwartz-Bart dans *Un plat de porc aux bananes vertes*. Roman – faut-il le rappeler ? – qui explore la relation nourriture/identité. Problématique que décrit remarquablement une autre romancière guadeloupéenne, Maryse Condé, dans *Victoire, les saveurs et les mots*[8]. Le fait que la question du rapport entre mémoire gustative et mémoire historique aux Antilles soit présente chez deux romancières guadeloupéennes est doublement révélateur. Il souligne l'importance de la femme dans la transmission, au sein de cette société matrifocale ; il montre le rôle joué par la

5/J.-M. Chaumont, *La Concurrence des victimes. Génocide, identité et reconnaissance*, La Découverte, 1997.

6/M. Dorès, *La Beauté de Cham*, Balland, 1992. Lire également Portulan, *Mémoire juive, Mémoire nègre. Deux figures du destin*, Châteauneuf-le-Rouge, Vents des Îles, 1998.

7/ C. McKay, *Un sacré bout de chemin*, trad. de l'anglais (USA) et postface de Michel Fabre, Marseille, Éditions André Dimanche, 2001 (coll. « Rives noires »).

8/M. Condé, *Victoire, les saveurs et les mots*, Mercure de France, 2006.

cuisine dans la construction de l'identité antillaise et créole.

« La cuisine créole, écrit Daniel Maximin, ne manifeste en rien une quête identitaire. C'est une trouvaille identitaire finement bricolée par la figure dc la cuisinière, maîtresse sûre de ses équilibres, sorcière dont la marmite fait mijoter à plaisir les quatre éléments. Il est d'ailleurs significatif que la plus ancienne association de la Guadeloupe soit celle du Cuistot Mutuel, la société des cuisinières, célébrée chaque année au 15 août par la population tout entière qui leur voue admiration, respect et reconnaissance[9]. » Elle montre surtout comment en Guadeloupe, plus qu'en Martinique, cette relation à la transmission de la mémoire héritée d'Afrique est capitale. Car, de toutes les îles antillaises, la Guadeloupe est à coup sûr celle où les écrivains cultivent davantage leurs affinités avec l'Afrique. Le poète Guy Tyrolien, ancien administrateur colonial, a été très proche du Rassemblement démocratique africain de l'Ivoirien Félix Houphouët-Boigny, Simone Schwartz-Bart a longtemps vécu au Sénégal. Gisèle Pineau a raconté dans *Mes quatre femmes*[10] son éducation sentimentale congolaise. Mais de tous ces écrivains, c'est incontestablement Maryse Condé dont l'itinéraire intellectuel, littéraire et politique se confond le plus avec l'histoire africaine contemporaine.

Nourriture et littérature

Née dans une famille petite-bourgeoise guadeloupéenne, Maryse Condé étouffe aux Antilles. Elle monte alors à Paris pour des études supérieures. Happée par les mouvements des décolonisations africaines, elle tombe amoureuse de Condé, un comédien guinéen et part en Afrique. Mais la rencontre avec le continent de ses ancêtres se révèle impossible. Son séjour en Guinée la confronte à certaines réalités africaines (la polygamie, la réclusion de la femme) qu'elle supporte difficilement. Sur le plan politique, la déception est totale. Venue en Afrique sous l'euphorie du marxisme, Maryse Condé to-

9/D. Maximin, *Les Fruits du cyclone, une géopoétique de la Caraïbe*, Seuil, 2006, p. 110.

10/G. Pineau, *Mes quatre femmes*, Philippe Rey, 2007.

lère mal la dictature de Sékou Touré. Fuyant le mimétisme antillais, elle se retrouve dans une Afrique ambiguë[11]. Cette expérience africaine lui servira de détour pour mieux revenir aux Antilles. C'est dans cette perspective qu'il faut lire son diptyque autobiographique, *Cœur à rire et à pleurer* et *Victoire, les saveurs et les mots*. Dans *Cœur à rire et à pleurer*, la romancière revient sur son adolescence. Si dans sa fougue juvénile, Maryse Condé doutait à peine de l'aliénation de ses géniteurs, le regard qu'elle porte à l'âge adulte sur ce couple est tout en nuance. Dans *Victoire, les saveurs et les mots*, elle construit un roman sous forme d'enquête, dans lequel elle médite sur la vie de sa grand-mère Victoire. La romancière met dans ce roman ses pas dans ceux de sa grand-mère[12], Victoire Élodée Quidal, née à la fin du XIXe siècle à Marie-Galante et d'un père inconnu blanc travaillant au service d'Anne-Marie et Boniface Walberg à La Pointe en qualité de cuisinière. Tournant le dos au mimétisme créole ambiant, Victoire Élodée Quidal invente jour après jour des repas originaux. Et c'est ici qu'elle intéresse Maryse Condé :

> « Ce que je veux, c'est revendiquer l'héritage de cette femme qui apparemment n'en laissa pas. Établir le lien qui unit sa créativité à la mienne ; passer des saveurs, des couleurs, des odeurs des chairs ou des légumes à celles des mots. Victoire ne savait nommer ses plats et ne semblait pas s'en soucier. Elle était enfermée le plus clair de ses jours dans le temple de sa cuisine, petite case qui s'élevait à l'arrière de la maison, un peu en retrait de la case à eau. Sans parler, tête baissée, absorbée devant son potager tel l'écrivain devant son ordinateur. Elle ne laissait à personne le soin de hacher une cive ou de presser un citron comme si, en cuisine, aucune tâche n'était humble si on vise à la perfection du plat. Elle goûtait fréquemment, mais, une fois la composition terminée, n'y touchait pas[13]. »

11/Voir G. Balandier, *L'Afrique ambiguë*, Plon, 1957 ou encore *L'Aventure ambiguë* de C. Hamidou Kane, Plon, 1961.

12/V. Bonnet, « Maryse Condé, *Victoire, les saveurs et les mots* », *in Notre Librairie*, Cultures Sud, n° 167 octobre-décembre 2007, p. 125.

13/M. Condé, *Victoire, les saveurs et les mots*, Mercure de France, 2006 ; Gallimard, coll. « Folio », 2008, pp.104-105.

On retrouve dans ce passage toutes les conditions nécessaires à l'écriture romanesque : la solitude, le goût du détail, etc. Comparée à Mariotte dans *Un plat de porc aux bananes vertes*, pour qui l'odeur de ce plat typiquement créole tient lieu de « prothèse du souvenir » (pour reprendre l'heureuse expression de Paul Ricœur), les plats que mijote Victoire sont une voie vers l'autonomie. Vivant à une époque où l'on prêtait les bonnes comme l'on prête les objets, Victoire, bien qu'assaillie de demandes émanant des familles en vue pour des baptêmes, des mariages, des anniversaires, répondait chaque fois par la négative et gagnait de ce fait même une incontestable autonomie. On peut ici évoquer la fameuse dialectique du Maître et de l'esclave. Dans un essai roboratif, *Hegel en Haïti*, Susan Buck-Morss avance l'hypothèse selon laquelle c'est en s'inspirant de la réalité haïtienne de l'époque (le soulèvement des esclaves mené par Toussaint Louverture) que le philosophe allemand élabore sa fameuse dialectique du Maître et de l'esclave : « Même si je suis né esclave, que j'ai été nourri et éduqué par le maître, que mes parents et ancêtres étaient tous esclaves, je suis libre au moment où je le veux, où j'accède à la conscience de ma liberté[14]. » Et c'est dans une certaine mesure ce que réalise Victoire, qui accède à sa conscience en inventant des mets. Écoutons ce qu'écrit Maryse Condé à ce propos : « Quand elle inventait des assaisonnements, ou mariait des goûts, sa personnalité se libérait, s'épanouissait. Cuisiner, c'était son rhum Père Labat, sa *ganja,* son crack, son ecstasy. Alors elle dominait le monde. Pour un temps, elle devenait Dieu. Là aussi, comme un écrivain[15]. » Comme un écrivain qui s'invente en inventant un monde, une langue, Victoire s'invente en refusant de servir une nourriture exotique attendue. Par là même, elle s'érige en sujet autonome. Ce qui la conduit à séduire son maître Boniface Walberg. Le parallèle entre l'écrivain et la cuisinière s'impose dans la mesure où *écriture* rime avec *séduction*. On comprend dès lors toute l'immense sympathie

14/S. Buck-Morss, *Hegel en Haïti*, Léo Scheer, 2006, p. 67.

15/M. Condé, *op. cit.*, p. 123.

de Maryse Condé pour cette grand-mère qui a su s'inventer, en dépit de sa condition. Or, s'il est un domaine où les Antillais ont réussi à bricoler un monde, à introduire leurs saveurs et leurs odeurs dans la sensibilité du XXe siècle, c'est incontestablement dans le domaine de l'écriture. Il suffit de penser à l'apport d'Aimé Césaire, au travail d'Édouard Glissant ou encore aux réalisations des écrivains de la créolité. À ce titre, Victoire est le double de Maryse Condé. Elle se sert de l'histoire de sa grand-mère Victoire pour évoquer son long chemin vers la liberté. C'est dire combien le lien entre cuisine et identité est capital pour penser la relation à l'Autre. La cuisine est, comme le dit si bien Michel Wieviorka, un « fait social total ».

L'ALIMENTATION
À L'ÉPREUVE
DE LA MONDIALISATION

La mondialisation de l'alimentation

PHILIPPE FRÉMEAUX

Marx l'avait annoncé il y a cent cinquante ans, c'est en train de devenir une réalité : le marché est désormais mondial. La pression de l'offre, la dynamique expansionniste du capitalisme engendrent une ouverture à la concurrence généralisée. Ouverture que facilitent les progrès des transports et des communications qui permettent une circulation plus aisée des biens, des services et des hommes. Tout cela concourt à permettre une extension internationale de l'offre et un rapprochement des normes de consommation et des modes de vie. Mais pour séduire les consommateurs, répondre à la demande ou la susciter, défendre et accroître sa rentabilité, l'offre se doit aussi de se différencier, d'innover. Soit en produisant les mêmes biens dans des conditions de coût moindre, soit, ce qui n'est pas contradictoire, en proposant de nouveaux produits afin d'échapper aux lois de la concurrence.

Ce processus est aussi à l'œuvre dans le domaine de notre alimentation. Il s'y traduit, là comme ailleurs, par un double mouvement d'uniformisation et de diversification de l'offre, dans un contexte d'industrialisation croissante du contenu de nos assiettes.

L'alimentation, une pratique culturelle toujours en mouvement

Si se nourrir, c'est satisfaire un besoin physiologique, la manière par laquelle nous y parvenons est éminemment culturelle.

Nourrir son enfant, partager un repas avec ses proches, inviter des amis, autant de moments privilégiés du processus de socialisation, du vivre ensemble. Ce qu'on mange, et la façon dont on le mange, est au cœur de la fabrique de l'identité individuelle comme du sentiment d'appartenance à une communauté. Dis-moi ce que tu manges et je te dirai qui tu es, d'où tu viens, où tu vis et à quel milieu social tu appartiens…

L'alimentation, comme tout processus culturel, n'est pas figée. La multiplication des produits et ingrédients disponibles, l'évolution des modes de préparation sont aussi anciens que l'histoire humaine et que les rencontres entre aires culturelles distinctes, quelles qu'en soient les causes.

À lire les travaux des historiens de l'alimentation, on constate que nombre de produits ou modes de préparation qui nous semblent aujourd'hui au cœur même de l'identité de telle ou telle cuisine sont souvent d'importation relativement récente, à l'échelle du temps long des civilisations. La diffusion de la pomme de terre date de moins de trois siècles en France et la tomate n'est devenue un ingrédient majeur de la cuisine italienne qu'à la fin du XVIIIe siècle. Ce fruit – utilisé comme un légume – a été introduit en Europe peu après la découverte de l'Amérique par Christophe Colomb, mais il y fut longtemps utilisé comme plante ornementale avant d'être considéré comme comestible.

L'introduction de nouveaux produits a pu être un moyen d'échapper à la rareté, à la faim, quand l'introduction d'une nouvelle culture permettait d'accroître le nombre de calories disponibles, comme ce fut le cas de la pomme de terre, d'origine péruvienne, une fois celle-ci acceptée en Europe[1]. Mais la recherche de la nouveauté répond aussi, et ce n'est pas d'hier, au souci de rompre la monotonie des repas en découvrant de nouvelles saveurs, soit par l'introduction de nouveaux ingrédients, soit par l'adoption de nouveaux modes de préparation. L'alimentation est ainsi au cœur d'une dialectique qui, du point de vue du mangeur, allie fidélité à

1/Encore que sa monoculture, en Irlande, provoquera une famine meurtrière au XIXe siècle, quand les plants de pomme de terre seront massivement atteints par le mildiou.

la tradition héritée des générations précédentes, attachement aux sensations éprouvées dans l'enfance et aspiration au changement, par recherche de nouvelles sensations, de nouveaux plaisirs ou par souci de différenciation sociale.

Aussi longtemps que nos sociétés sont demeurées à dominante rurale, la majeure partie de la population s'est cependant d'abord nourrie de sa propre production et l'alimentation est donc demeurée intimement liée aux productions locales, celles-ci pouvant évidemment changer au gré des influences diverses, comme nous venons de le voir. Dès la plus haute Antiquité cependant, l'émergence des villes, permise par l'apparition de surplus agricoles, joue en retour un rôle déterminant dans l'évolution de l'offre et du commerce agricoles et alimentaires. L'équilibre de l'Empire romain suppose la mobilisation de la production de grain des régions soumises. Les épices, de grande valeur marchande pour un faible volume, voyagent au long cours dès le Moyen Âge et sont au cœur de la quête d'une nouvelle route des Indes. Plus tard, le développement du commerce triangulaire va se traduire par la réduction en esclavage de millions d'Africains afin de produire, dans les colonies d'Amérique, des denrées tropicales à destination des métropoles, à commencer par le sucre de canne. Le café, arbuste issu des hauts plateaux éthiopiens, d'abord acclimaté au Yémen, sera massivement implanté en Amérique du Sud, puis en Afrique par les puissances coloniales. Le cacao, d'origine américaine, sera, quant à lui, acclimaté en Afrique et en Asie. Sans parler des fruits tropicaux, à commencer par la banane, désormais premier fruit mondial par l'importance du commerce dont il est l'objet. La mondialisation d'hier, et la violence qui l'accompagne, est donc intimement liée à la demande de produits alimentaires des métropoles, au profit des plus riches, mais parfois aussi de la masse de la population.

Avec la révolution industrielle et la nouvelle vague de colonisation qui l'accompagne, une nouvelle étape sera franchie. Si les régions tropicales nouvellement soumises développent des cultures de plantation souvent proches de celles développées aux Amériques, la conquête de terres au climat proche de celui de l'Europe par des populations qui en sont issues, permet de développer massivement la production de denrées alimentaires d'origine européenne. L'élimination ou la soumission des populations qui vivaient sur les terres fertiles des États-Unis ou du Canada, mais aussi du cône Sud de l'Amérique – Argentine, Uruguay, Sud du Brésil –, de l'Australie ou de la Nouvelle-Zélande permettent à des paysans issus d'Europe de produire à bas coût céréales, viande, produits laitiers, de quoi nourrir à moindre prix la population en rapide expansion du vieux monde. Une révolution rendue possible par le développement des transports maritimes et du frigorifique dans la seconde moitié du XIXe siècle.

La division internationale du travail agricole héritée de cette époque demeure encore d'actualité. En témoignent les conflits qui opposent, en matière de commerce international, les États-Unis, l'Union européenne et les pays du Sud structurellement exportateurs de produits agricoles substituables à nos propres productions. De même, si l'esclavage a fini par être aboli, au cours du XIXe siècle, nous consommons plus massivement que jamais des produits tropicaux – café, chocolat, banane, thé – cultivés par des paysans ou des salariés agricoles disposant de très faibles revenus. Une inégalité structurelle contre laquelle s'efforce de lutter le commerce équitable.

Les politiques de souveraineté alimentaire conduites par les grands pays émergents ont limité la progression des échanges de produits agricoles et alimentaires. Ceux-ci ont néanmoins progressé de 3 % en moyenne annuelle, au cours de la dernière décennie, alors que la production agricole ne progressait que de 1 %, selon la FAO. Une évolution largement due à la progression des échanges de produits transformés.

L'alimentation contemporaine entre multiculturalisme et industrialisation

Jamais l'offre de produits alimentaires n'a été aussi diversifiée qu'aujourd'hui. Il n'est plus besoin de voyager pour faire le tour du monde, pousser son chariot entre les linéaires d'un grand

La mondialisation contre les paysans des pays pauvres

Le développement des flux internationaux de produits alimentaires structure fortement les modes de consommation dans les pays du Sud, où les populations urbaines se voient offrir, en concurrence des productions locales, des produits à bas prix ou subventionnés par les pays exportateurs : brisures de riz thaï ou abats de poulets brésiliens ou européens sont ainsi au menu des populations urbaines africaines. Les pénuries apparues sur le marché mondial l'an passé ont tari ces flux et ont été à l'origine de nombreuses émeutes de la faim. Des pénuries urbaines qui ne doivent pas faire oublier que la grande majorité des populations sous-alimentées – 850 millions de personnes – vivent en zone rurale.

hypermarché suffit : vins australiens, fromages d'Italie, charcuterie espagnole, bière mexicaine… la diversité du monde nous est directement accessible, ici et maintenant. La dynamique de l'économie de variété mondialisée est ainsi pleinement à l'œuvre dans le domaine de l'alimentation. C'est vrai en France, c'est vrai aussi chez la plupart de nos voisins. Alors qu'on ne trouvait de l'huile d'olive qu'en pharmacie en Angleterre voici quelques décennies, les rayons d'un Tesco ou autre Sainsbury's proposent désormais, à côté de multiples spécialités indiennes et chinoises issues de l'ex-Empire britannique, tous les légumes qu'offre la Méditerranée : aubergines, courgettes et poivrons ont gagné du terrain au détriment de la *jelly*… De même, alors qu'un supermarché suédois, il y a seulement vingt ans, proposait autour de quelques rares produits frais, trente farines différentes, dix sortes de lait, cinq types de pain, trois fromages différents, deux sortes de boulettes de viande et des seaux entiers de confitures d'airelle, on peut y trouver de quoi faire une ratatouille sans difficulté !

La confrontation des cultures qu'accélère la mondialisation contemporaine nous permet ainsi de découvrir une partie de la diversité du monde dans nos assiettes… Une partie seulement, car les cuisines des pays restés à l'écart des grands flux migratoires demeurent en marge de ce mouvement. La diffusion des produits et modes de préparation est en effet étroitement liée à la forme prise par les mouvements de population : l'héliotropisme des Européens du Nord les conduit à intégrer dans leurs habitudes alimentaires des éléments issus des cuisines italienne, espagnole, grecque ou française… Leur consommation de vin est en hausse pour les mêmes raisons. En revanche, les traditions culinaires du Nord de l'Europe ne diffusent pratiquement pas dans les pays du Sud de l'Europe. L'expansion des moules frites ne peut être considérée comme un signe d'expansion de la culture culinaire belge, très vivace par ailleurs, pour qui sort de la rue des Bouchers, à Bruxelles. Leur succès n'est qu'un symptôme de plus du succès auprès des restaurateurs d'imposer des plats associant faible préparation et fortes marges.

Il n'en demeure pas moins que le développement des flux migratoires liés au travail et au tourisme international de masse rebat les cartes dans la plupart des pays riches. La diversité de l'offre, qui a longtemps caractérisé les pays d'immigration et les pays historiquement dotés d'empires coloniaux, s'observe désormais dans toutes les grandes métropoles, devenues des lieux de cohabitation entre populations de multiples origines. Le couscous est devenu un des plats préférés des Français et même la plus petite ville de province française dispose aujourd'hui de son restaurant vietnamien ou chinois et de son stand de vente de kebab frites, symbole, il est vrai assez désespérant, de l'interpénétration des cultures culinaires. Cette diversité ne signifie pas enfin écrasement des traditions. Au contraire, le consommateur qui cultive le goût de l'exotisme peut tout autant affirmer sa nostalgie du terroir, des racines, généralement mythifiées, en consommant des produits dits régionaux, à côté des spécialités dites ethniques…

La mondialisation rebat ainsi les cartes des traditions culinaires, et met à notre disposition de multiples produits issus de terroirs ou de traditions culinaires différents. Pour autant, les processus d'uniformisation qui caractérisent la mondialisation contemporaine sont aussi à l'œuvre dans le domaine alimentaire. Certains produits sont désormais distribués à peu près partout dans le monde. À commencer par la boisson gazeuse inventée en 1886 par un préparateur pharmacien d'Atlanta… Il est vrai que le Coca-Cola est d'autant plus mondialisable qu'il possède un goût très spécifique tout en pouvant être élaboré de manière décentralisée, en ajoutant à de l'eau gazéifiée du sucre et un concentré importé, ce qui permet d'en adapter le prix à chaque marché local[2].

Pour autant, la part du marché alimentaire contrôlée par les multinationales demeure limitée. Les grandes firmes sont cependant parvenues à imposer des produits identiques ou proches, vendus sous la même marque, sur un certain nombre de segments – boissons gazeuses, céréales, sauces, café, chocolat, biscuits, produits laitiers frais, barres chocolatées et snacks… des produits dont la consommation augmente avec la déstructuration des repas et le développement du grignotage. Une forte concentration s'observe également dans le secteur de la bière ou des alcools.

Marketing et publicité règnent en maître sur ces marchés de grande consommation. Nestlé et Danone comptent ainsi parmi les dix premiers annonceurs français. Les règles du jeu sont ici voisines de celles adoptées par les fabricants de détergents ou de cosmétiques. Je bois Evian, parce que je le vaux bien ! Et si Unilever a pu longtemps prospérer aussi bien dans les détergents que les yaourts, c'est bien que ce sont des produits proches, en termes de marketing.

Capter la confiance et la faveur du public en recourant massivement à la publicité est d'autant plus nécessaire que la taille n'apporte pas réellement d'avantage compétitif au niveau production dans l'agroalimentaire. Les procédés sont très spécifiques à chaque produit : une sucrerie, une brasserie, une laiterie ou une biscuiterie ne comportent pratiquement aucun élément commun sinon au stade final du conditionnement et les économies d'échelle sont presque toujours plutôt limitées. En outre les produits alimentaires ont un volume ou un poids relativement élevé rapporté à leur valeur, ce qui accroît le coût du transport. 80 % des références

2/En ce sens, le Coca-Cola est écologiquement plus correct que les eaux minérales embouteillées sur leur lieu de surgissement et dont la diffusion dans le monde entier se traduit par un énorme gaspillage d'énergie, source de CO^2, pour leur transport !

proposées par Carrefour dans ses magasins sont ainsi produites en France.

Il est donc aisé pour des concurrents de moindre taille de concurrencer les géants. Mais la faible concentration de l'offre n'a pas empêché une industrialisation massive du contenu de nos assiettes. Bien au contraire. Car si certaines PME jouent la qualité ou l'originalité, la plupart d'entre elles suivent des stratégies de « *me too* » – moi aussi –, se contentant de copier les produits proposés par d'autres. Les trois milliards de pizzas ingurgitées chaque année par les Français sont ainsi produites par de multiples offreurs. Comme ces pizzas ne se différencient guère les unes des autres, la grande distribution peut imposer des prix toujours plus bas à des fournisseurs en concurrence frontale les uns avec les autres. Dès lors, la tentation est forte, pour eux, de défendre leurs marges en recourant à des ingrédients moins coûteux, une stratégie vite copiée par leurs voisins, ce qui tire toute la production vers le bas en termes de qualité. Et s'il existe un marché mondial en plein développement aujourd'hui, c'est moins celui des produits finis, encore contraint par la nécessité de s'adapter aux traditions propres à chaque marché, que celui des ingrédients, des demi-produits – produits sucrants, huiles et graisses végétales, épaississants et agents de texture divers –, toujours moins coûteux et incorporés indistinctement dans les différentes préparations.

Causes et conséquences de l'alimentation industrialisée

L'industrialisation du contenu des assiettes s'observe dans tous les pays développés. Portée par l'offre, poussée par la distribution, elle répond aux transformations de nos modes de vie. L'urbanisation, la généralisation du salariat, la rupture des liens avec les terroirs de populations désormais urbaines depuis plusieurs générations conduisent à confier toujours plus l'élaboration de nos repas aux industries agro-alimentaires, afin d'économiser du temps de travail domestique, temps d'autant plus précieux qu'il est moins partagé et qu'une large partie de la réduction du temps de travail

Les limites de l'uniformisation

La diversité persistante des goûts alimentaires permet encore à de très nombreuses firmes moyennes de s'imposer sur leur marché national en développant leurs propres marques, quitte ensuite à profiter de l'uniformisation des goûts des consommateurs pour s'implanter à l'étranger. Barilla ou Bonduelle en fournissent deux exemples. Certaines aires géographiques, aux cultures culinaires fortes et anciennes, demeurent par ailleurs largement préservées des influences extérieures récentes. C'est le cas d'une grande partie des pays d'Asie. L'urbanisation et l'élévation du niveau de vie changent cependant les normes alimentaires : la consommation de produits laitiers et de viande progresse au détriment des céréales ce qui conduit à consacrer une part croissante des terres cultivées de la planète à la production d'aliments pour le bétail ou la volaille, au détriment de cultures vivrières.

est consommée en temps de transport pour regagner son domicile. L'industrie agro-alimentaire permet de réduire à quelques minutes le temps de préparation du repas. La ménagère n'a plus qu'à ouvrir un sachet, réchauffer au micro-ondes, et ajouter une sauce déjà préparée pour se donner l'illusion d'avoir fait la cuisine. Les ventes de plats préparés ont ainsi progressé de 5 % par an en moyenne sur les quarante dernières années ! Les industries agro-alimentaires (IAA) sont ainsi le seul secteur industriel où l'emploi – 634 000 salariés en 2007 – n'a pas régressé au cours des dernières années, le développement de l'activité ayant compensé l'effet des gains de productivité.

Si l'époque contemporaine marque une rupture, c'est donc moins parce que les géants de l'alimentation mondiale voudraient unifier le contenu de nos assiettes que parce qu'elle fait rentrer de plain-pied l'alimentation dans la sphère industrielle, non sans conséquence sur la qualité des produits et l'éducation au goût des consommateurs. L'industrialisation de la nourriture et le développement des normes sanitaires qui l'accompagnent ne sont pas sans bienfaits. Si la maladie de la vache folle demeure aux yeux de l'opinion comme le symbole d'une dénaturalisation de la production agricole, la vérité est que les intoxications alimentaires n'ont jamais été aussi peu nombreuses qu'aujourd'hui : les grands industriels sont soumis à une surveillance à laquelle échappaient les artisans voici un siècle. Et une firme dont le principal capital réside dans l'image de qualité prêtée à ses marques a tout intérêt à bien contrôler la qualité sanitaire de ses produits. Le contenu de nos assiettes est donc plus sûr qu'hier pour autant qu'on ne se pose pas trop de questions sur l'effet sanitaire de l'ingurgitation répétée de traces de pesticides, de colorants et autres additifs de synthèse. Mais le procès majeur à faire à l'agroalimentaire tient surtout à la mauvaise qualité gustative et diététique de ses productions. Comme nous l'avouait en souriant le directeur technique d'une usine du groupe Besnier, voici quelques années lors d'une visite d'usine de camemberts Président : « Nous produisons ici 200 000 camemberts par jour. La qualité est absolument constante. Jamais bons, jamais mauvais ! »

AOC et AMAP

La production de notre alimentation est de moins en moins l'objet de circuits courts, mettant en contact le producteur d'un produit non élaboré et le consommateur qui en assure lui-même la transformation. Des règles d'ordre public garantissent cependant au consommateur que certains produits sont issus d'un terroir délimité et ont été produits selon des normes garantissant leur qualité. C'est le cas des Appellations d'origine contrôlée introduites dans un premier temps pour les vins français de qualité. Dans un autre ordre d'idée, les Associations pour le maintien d'une agriculture paysanne (AMAP) rassemblent des consommateurs prêts à consommer des légumes variés et de saison, cultivés à proximité, et dont la production et la distribution a donc un faible coût énergétique.

L'industrie agro-alimentaire se défend en affirmant qu'elle produit à bon marché et que chacun, en fonction de ses moyens, peut trouver les produits qu'il recherche. Une logique qui colle aux exigences de la distribution qui diversifie d'autant plus les produits qu'elle référence que ses clients n'ont pas tous le même pouvoir d'achat. Les consommateurs peuvent ainsi trouver aussi bien des produits premiers prix incorporant des ingrédients de faibles coût et valeur gustative que des produits de meilleure qualité. On l'observe notamment dans le domaine des fromages.

Mais le fait d'être plus riche ne suffit pas nécessairement à accéder à de bons produits. L'industrialisation des fabrications, les exigences de l'aval en termes de durée de conservation et de standardisation de l'aspect, ont fait quasiment disparaître la charcuterie artisanale de qualité, et fortement contribué à dégrader la qualité gustative de tous les fruits et légumes. Une perte de qualité qui contribue à expliquer leurs pertes de part de marché face aux desserts lactés. Inversement, pour qui aime le poisson, force est de constater que ce sont désormais les espèces les moins chères qui sont souvent les meilleures, car trop peu valorisées pour être encore aquacultivées…

Au-delà, même si les plus aisés peuvent s'offrir des produits de meilleure qualité, notamment en termes sanitaires, grâce à l'offre croissante de produits issus de l'agriculture biologique, cela ne change pas grand-chose aux évolutions lourdes qui frappent aujourd'hui les modes de préparation des repas. La perte des savoir-faire culinaires touche tous les milieux sociaux. Le couple bobo qui achète bio est aussi bien souvent un couple biactif surmené gros consommateur de plats surgelés tout préparés.

L'industrie agro-alimentaire prospère d'ailleurs sur les critiques dont elle est l'objet sur le plan diététique en adaptant son offre au pseudo-hédonisme moderne qui, au nom de la dictature du bien-être, de la ligne, et de la qualité du transit intestinal, vous commande de délaisser les plaisirs de la table au profit d'une alimentation utilitariste. Finie la bonne bouffe, place aux « alicaments », néologisme associant les mots aliments et médicaments. Un développement qui accentue encore la dénaturalisation de notre alimentation. On se rapproche ainsi à grands pas du modèle américain, un pays où les produits frais, naturels, n'occupent qu'une place marginale dans les linéaires des supermarchés au profit pour un tiers de *junk food*, pour un autre tiers de boissons énergisantes et autres produits enrichis en vitamines ou autres additifs, et pour un dernier tiers des produits *fat free* ou *sugar free* (c'est-à-dire sans graisse ou sans sucre) ! Nous n'en sommes pas encore là, mais nous nous engageons vaillamment dans la même voie.

Car il ne faut pas s'y tromper : les produits qui nous garantissent un beau teint frais en dépit des vicissitudes de la vie moderne sont le corollaire logique des plats et desserts préparés, trop salés ou trop sucrés, incorporant de multiples agents de texture et autres renforçateurs de goût, que nous ingurgitons par ailleurs et qui (dé)forment notre goût et celui de nos enfants dès leur plus jeune âge, surtout quand il n'existe pas à la maison de tradition culinaire familiale de nature à offrir une éducation gustative concurrente. On sait que c'est le facteur majeur à l'origine de l'épidémie d'obésité qui frappe un nombre croissant de pays.

Au final, nous vivons aujourd'hui cette même dérive qui affligeait voici quelques décennies les jeunes qui partageaient l'ordinaire des familles anglaises lors de séjours linguistiques. La France ne fait ici que rejoindre les habitudes alimentaires observées dans un grand nombre de pays développés où l'urbanisation et la salarisation de masse sont plus anciennes.

La culture alimentaire française – ce qu'on mange et comment on le mange – issue pour partie d'une tradition rurale encore récente, de la place du repas dans la vie familiale, et de la diffusion de masse de normes alimentaires longtemps réservées aux classes aisées grâce à l'augmentation du niveau de vie, a longtemps semblé résister. C'est de moins en moins vrai aujourd'hui. Une part croissante de la population s'est rapprochée du mode de vie américain et se nourrit désormais, en regardant la télévision, et souvent en ordre dispersé, de cordons bleu prémâchés, de crêpes à la sauce béchamel insipides et de knackis à la composition incertaine, tous produits qui ont l'avantage d'être bon marché, de ne demander aucune préparation, et d'être appréciés des enfants…

Le poids de la restauration collective

Cette évolution est encore renforcée par la place qu'occupent désormais les repas pris à l'extérieur dans l'alimentation de chacun, dès l'enfance. Il y aurait ainsi beaucoup à dire sur les cantines scolaires. L'industrialisation de la restauration s'observe dans le développement du *fast-food* – la restauration rapide – ou de la restauration thématique : hamburgers, pizzas, moules ou grillades frites, permettant une taylorisation du service et de fortes marges. La restauration collective peut être de qualité quand les moyens mis en œuvre sont suffisants et, surtout, quand le chef se donne du mal ! Malheureusement, elle propose trop souvent, comme le constate toute personne amenée à fréquenter les chaînes hôtelières ce qu'on appelle couramment, dans le jargon convenu, une « cuisine internationale », cette forme dégradée d'une cuisine française réinterprétée dans le sens du moindre effort de préparation.

Au final, c'est donc moins la mondialisation de l'alimentation qui inquiète aujourd'hui que les conséquences de l'industrialisation générale de l'alimentation alors que nos modes de vie ne nous laissent plus le temps, ou nous ont fait perdre l'envie, le goût et la compétence nécessaires pour faire de nos repas une vraie fête, jour après jour. Il est temps de réapprendre à travailler des ingrédients simples, de saison et faire des préparations qu'on puisse déguster sans culpabilité, parce que compatibles avec les exigences d'un développement durable de l'ensemble de l'humanité. De nombreuses organisations agissent aujourd'hui en ce sens, comme l'association Slow food, née en Italie et qui compte déjà plus de 85 000 adhérents dans 50 pays. De quoi réconcilier solidarité et recherche du plaisir. Mais la mobilisation de la société civile ne suffira pas à enclencher un tel mouvement. Il faudra aussi d'autres politiques agricoles favorisant une agriculture paysanne capable de satisfaire les besoins au Nord et au Sud, sans renier la qualité… Et si le passage aux 32 heures était aussi une bonne idée ?

Le club de vacances ou la quantité contre la qualité

Dans les villages de vacances, la « cuisine internationale » est toujours déclinée à la marge en fonction du lieu où elle est servie, en intégrant les stéréotypes culinaires locaux connus de la clientèle issue des pays riches à laquelle cette nourriture est destinée. À côté du steak frites et de la perche du Nil récemment dégelée accompagnée de riz sauce tomate, la paella sera ainsi de rigueur à l'hôtel-club de Torremolinos assortie bien entendu d'une sangria, ce moyen subtil de vendre un vin rouge innommable.

Le repas, dans les clubs de vacances, est presque toujours présenté sous forme de buffet, ce qui permet de réduire la main-d'œuvre dédiée au service. La diversité et l'abondance de ces buffets sont d'autant plus déprimantes que la quantité y sert le plus souvent de substitut à la qualité. Et le spectacle de touristes entre deux âges à l'obésité naissante ou bien établie, trompant leur ennui ou cherchant à rentabiliser leur forfait, en remplissant à ras bord leurs assiettes d'une nourriture quelconque dès le petit-déjeuner est un bon résumé de cette mauvaise réponse aux frustrations du monde moderne qu'est l'hyperconsommation. Une réponse qui n'est pas de nature à améliorer le moral de celui ou celle qui erre avec son plateau à la recherche de quelque chose de bon et de simple : un vrai jus d'orange, un œuf sur le plat dont le jaune serait à la fois chaud et liquide et dont les bords du blanc grésilleraient encore… plutôt que ce machin en train de durcir lentement dans ce bac tiédasse où il attend preneur en compagnie de quelques dizaines de ses congénères.

La (grande) cuisine contre la (bonne) cuisine de ménage

Les optimistes ou les inconscients diront que la grande cuisine se maintient, que les livres de cuisine sont des best-sellers, qu'il n'y a jamais eu autant d'émissions culinaires à la télévision, que les grands chefs sont devenus des stars internationales. Mais c'est que la cuisine, au lieu d'être une activité quotidienne, est devenue un loisir. Tout comme la marche, dans notre civilisation de la bagnole, est devenue suffisamment incongrue pour devenir un produit commercial, sous forme de randonnée organisée. La grande cuisine, en particulier, contribue à l'industrialisation générale de l'alimentation, en produisant artisanalement des repas, par nature non reproductibles dans le cadre familial. Ce n'est pas seulement la qualité de la réalisation qui caractérise aujourd'hui l'offre des « grands » restaurants, c'est la diversité toujours plus spectaculaire des ingrédients, qui permet des mariages insolites. C'est aussi la complexité des préparations dont la sophistication épate le client, l'excusant ainsi par avance de son incapacité à produire des repas simples mais bons jour après jour, tant cette cuisine s'éloigne de ce qu'il est possible de reproduire au quotidien... Si le respect du produit, la qualité des cuissons demeurent la règle dans la majorité des grandes maisons, on peut s'inquiéter des dérives d'une cuisine qui court elle aussi après la mode et l'étrangeté à tout prix et qui contribue à la dynamique de l'industrie agro-alimentaire en lui apportant sa caution en échange de quelques redevances. C'est ainsi que les industriels adaptent avec plus ou moins de succès les derniers plats en vogue chez les grands cuisiniers : le velouté de potimarron devrait prochainement balayer la soupe à l'oignon ou le minestrone dans les bacs des marchands de surgelés... Sans mythifier le passé, force est d'observer que la grande cuisine, fût-elle de qualité, n'est plus que la partie émergée d'un iceberg de médiocrité générale dans la restauration française. Car, à côté des quelques centaines d'étoilés que compte un pays comme la France, des dizaines de milliers de restaurateurs proposent des plats cuisinés achetés chez Métro et vite sortis de leur emballage sous vide, des frites surgelées blafardes accompagnant une entrecôte à l'épaisseur proche d'une tranche de jambon blanc, des salades maison mélangeant du maïs et des haricots verts sortis de la boîte avec quelques dés de surimi insipides par nature.

Le vin entre terroir et mondialisation

Le vin constitue un excellent exemple des contradictions qui traversent l'économie de l'alimentation aujourd'hui. Le vin est tout d'abord une boisson dont la consommation tend à se mondialiser, lentement mais sûrement. Les pays traditionnellement gros producteurs et consommateurs – France, Italie, Espagne, Argentine – où le vin s'était imposé comme boisson de masse au XIXe siècle, ont vu leur consommation baisser de manière spectaculaire dans la seconde moitié du XXe siècle et le mouvement continue, sous l'effet des campagnes sanitaires, de règles plus sévères en matière de sécurité routière et de la diffusion de boissons alcoolisées concurrentes, portées par des marques puissantes. Inversement, la consommation continue de se développer dans le reste du monde, contribuant ainsi à soutenir la demande. La consommation chinoise a ainsi doublé en dix ans, et dépasse aujourd'hui un litre par habitant et par an. C'est encore peu, mais il suffirait qu'elle double encore pour absorber l'équivalent d'un quart de la production totale française !

Parallèlement à cette évolution de la structure géographique de la demande, c'est le produit lui-même qui s'est progressivement modifié. La baisse de la consommation « traditionnelle » a suscité une baisse de la production banalisée dans les vieux pays producteurs, au profit de vins définis en fonction du terroir dont ils sont issus. Cette conception du vin que garantit le système français des Appellations d'origine contrôlée est désormais adoptée par la plupart de nos voisins européens. Elle s'oppose à une vision plus industrielle du vin, garantie par une marque, associée ou non à un cépage, qui affirme garantir un goût et un mode d'élaboration relativement indépendants du terroir. On voit bien ce qui se joue derrière ce conflit entre ces deux visions du produit : dans le premier cas, la valeur ajoutée demeure largement dans les mains du viticulteur producteur, dans le second, c'est l'industriel qui empoche l'essentiel de la marge, portant la responsabilité de l'élaboration du produit et achetant son raisin à des agriculteurs mis en concurrence. En résumé, s'opposent la mondialisation uniformisatrice des goûts portée par les multinationales des boissons et la mondialisation diversité portée par les propriétaires-récoltants.

La France défend ses producteurs avec raison, en vantant et en défendant le principe du lien du produit au terroir. L'extension de la logique des AOC à d'autres produits, des pruneaux d'Agen au fromage de Laguiole en passant par les lentilles du Puy, en témoigne. Dans le domaine viniviticole, elle tire cependant paradoxalement une très grande partie de ses recettes d'exportations de deux produits certes protégés par leur lien à un terroir défini – le champagne et le cognac – mais pour lesquels les conditions d'élaboration jouent un rôle assez déterminant dans la qualité finale du produit. Et nul ne niera que sans la puissance des marques qui portent ces produits, le champagne ne serait pas devenu l'indispensable synonyme de toute fête, partout où l'on consomme des boissons alcoolisées.

Notons d'ailleurs qu'au-delà de la promotion et de la défense des AOC, la France tend aussi à s'adapter à la demande pour des produits aptes à répondre à la demande des nouveaux consommateurs. Quelques grands acteurs du négoce proposent ainsi à l'export des vins homogènes, adaptés au goût des consommateurs, à prix modérés, développant ainsi les débouchés des vins de table français. Cet alignement sur les stratégies marketing des multinationales du yaourt ou du café fait hurler les défenseurs de la tradition. Mais l'exemple vient d'en haut. Baron Philippe de Rothschild S.A., propriétaire du prestigieux mouton-rothschild, un des pauillac les plus prestigieux, vend ainsi plus de 12 millions de bouteilles (dont 75 % à l'export) d'un bordeaux d'assemblage à la qualité constante, mais fort moyenne, sous le nom de mouton-cadet, en jouant ainsi sur le prestige du nom mouton-rothschild. Des bouteilles vendues au prix de crus bourgeois du haut médoc qu'on peut juger bien supérieurs.

On voit ici, à travers l'exemple du vin, qu'un même produit peut porter les valeurs de la diversité, *via* une multitude de produits dans toutes les gammes de prix, et parallèlement se banaliser, afin de s'adapter à des marchés de masse, où la marque joue un rôle essentiel. De ce point de vue, le vin est un bon concentré des contradictions et ambiguïtés qui caractérisent le marché mondial de l'alimentation.

Le Monde pourrait nourrir le Monde si…

Edgard Pisani

Où en est le Monde, comment évolue-t-il ? S'il se nourrit encore aujourd'hui, se nourrira-t-il tel qu'il sera demain ?

Répondre à ces questions, c'est observer d'abord le premier facteur majeur, celui de la population. Nous sommes 6 milliards d'habitants ; les prévisionnistes indiquent que nos « successeurs » pourraient être 9 milliards : *a priori*, et avant toute autre analyse, nous sommes en droit de dire que le Monde n'est pas capable de nourrir 9 milliards d'habitants.

En face de cette situation, qu'à l'évidence nul ne peut ignorer, il y a deux attitudes contraires et moralement insupportables. D'un côté, celle de la Chine qui, devant l'expansion de sa population, a interdit qu'il y eût plus d'un enfant par ménage. À l'opposé, celle du Vatican qui, radicalement hostile à l'avortement, n'accepte toujours pas le planning familial qui permettrait de modérer l'expansion démographique.

Le second problème qui se pose est celui du climat. Les productions agricoles, comme l'élevage, en sont tributaires. Or, il n'est pas douteux que nous assistons à des perturbations climatiques profondes, même si leur nature et leurs conséquences en sont encore mal connues. Les ouragans sont plus forts en Amérique qu'ils ne l'ont jamais été et atteignent en Asie des dimensions catastrophiques, tandis qu'en Angleterre, la température moyenne y augmentant d'un degré par an, la culture de la vigne se développe.

La terre, l'eau… et la science

Quels autres facteurs déterminent la quantité d'aliments susceptibles d'être produits ?

Comment ne pas parler de la terre ? Les villes, généralement construites sur les terres les plus fertiles, se sont étendues inconsidérément et nous privent de millions d'hectares dont nous aurions besoin pour continuer de nourrir les hommes. Si l'on ajoute à cela les infrastructures, les autoroutes et autres voies de chemins de fer, on constate que le terroir agricole utile ne cesse de diminuer.

Comment ne pas parler de l'eau ? Il faut savoir que 60 % de l'eau potable disponible sur la Terre est utilisée à l'irrigation et qu'il faut parfois des milliers de mètres cubes d'eau par hectare pour produire la récolte optimale que l'on veut obtenir. On a pensé, et l'on pense encore, que la désalinisation de l'eau de mer pourrait pallier l'insuffisance de notre approvisionnement naturel. À cela, je ferai deux remarques : il faut être près des mers pour que cette solution soit plausible et il faudrait que l'énergie nécessaire à la désalinisation ne soit pas trop chère pour que l'on arrive à produire de l'eau qui soit disponible à un prix raisonnable.

Parmi les facteurs de production, qui sont nombreux et dont il ne sera pas fait état ici, il faut tenir compte des progrès de la science, ambigus mais incontestables. Lorsque j'ai pris ma fonction de préfet, il y a quelque soixante-cinq ans, les rendements laitiers étaient de 1 000 litres par vache et par an, les rendements en blé étaient de 20 à 25 quintaux par an et, grâce aux sélections, aux améliorations des cultures, aux engrais, on en est arrivé à des rendements qui, souvent, sont multipliés par dix : 10 000 litres de lait par an sont, aujourd'hui, une performance sinon banale, du moins fréquente dans certaines régions du monde, avec une tendance à s'étendre ; de la même manière, la production moyenne par hectare en matière de blé est de l'ordre de 80 à 100 quintaux.

Mais en face de cela, il y a le fait que la science introduit des pratiques, des moyens et des produits qui compromettent l'équilibre naturel, et je veux ici traiter, d'un mot, le problème des OGM. Je ne suis pas contre les OGM et je souhaite qu'il soit possible d'en développer l'espace. À la vérité, les OGM sont vraisemblablement sans inconvénients alimentaires, mais ils ont un grand inconvénient sur le plan environnemental et il ne serait pas raisonnable de laisser se répandre la culture des OGM jusqu'à ce qu'ils soient nuisibles pour leurs voisines. Je suis même prêt à penser que nous devrions mobiliser des moyens financiers publics, si c'est nécessaire, pour faire que les OGM ne soient pas nocifs et que, n'étant pas nocifs et étant mangeables, ils favorisent la solution du problème des besoins humains en alimentation.

Questions de politique

Il convient également d'aborder la question de la politique de l'OMC. L'Organisation mondiale du commerce, faisant fi du fait que l'Europe est la seule zone de libre-échange au monde, l'accuse de pratiquer des règles qui sont intolérables pour le monde entier. Alors que le monde entier pratique à sa guise – et en particulier les États-Unis – des interventions décisives sur l'équilibre des marchés mondiaux, l'OMC s'acharne sur l'Europe et ne règle pas les problèmes qui sont actuellement posés. Je crois qu'il faudrait au moins que l'OMC ait auprès d'elle un organisme, un laboratoire ou un centre de recherches qui lui indique dans quelle mesure telle ou telle décision est susceptible de résoudre un problème à tel endroit et de ne pas le résoudre ailleurs : en effet, penser que les mêmes règles et les mêmes procédés sont utilisables et féconds partout est une illusion d'une extrême gravité.

Pour partir de là et en restant dans l'ambiance que l'OMC a créée autour d'elle, je peux dire que le libre commerce a eu pour résultat de détruire les agricultures les moins prospères, car les pays riches, dont les terres sont fertiles et les rendements élevés, arrivent à des prix de revient tels qu'ils parviennent à exporter leur production agricole à travers le Monde, et provoquent ainsi la disparition des agricultures locales.

Partant d'un exemple proche de celui-là, je voudrais en citer un autre, avec presque une honte personnelle. J'ai été fier pendant un temps, lorsque j'étais Commissaire de la Communauté économique européenne, de disposer de centaine de milliers de tonnes de blé ou de maïs, de poudre de lait, pour alimenter les pays qui en manquaient. Le résultat en est que ces pays, nourris sans aucune compensation monétaire puisqu'ils étaient incapables de la donner, ont pris l'habitude de se nourrir à prix très bas ou à non-prix et ainsi, par notre charité, nous avons découragé des productions, nous les avons rendues inimaginables. À quoi avons-nous assisté ? À la prospérité des plantations de fruits dont nous sommes friands et à la disparition des aliments de base dont les Africains ont été privés. Voyageant en Afrique, j'ai eu la curiosité de demander que l'on me permette de visiter une bananeraie : tout était beau, tout était propre, les chemins étaient goudronnés, il n'y avait pas de feuilles par terre et les « jardiniers » étaient habillés de façon presque luxueuse ; des voitures et des motos circulaient partout : c'était vraiment le spectacle de la richesse. Le hasard a fait que, me promenant à pied, seul, je suis allé jusqu'à la limite de la plantation. Il y avait un grillage et, derrière, il y avait la brousse. C'est-à-dire que, à un certain endroit, on était arrivé à créer la prospérité grâce à des plantations dont les fruits étaient exportés vers les pays riches, et on n'avait pas mis en valeur les terres de même qualité dont auraient pu vivre les habitants de la région. J'ai demandé au directeur de la plantation les raisons pour lesquelles on en était là et comment il se faisait que les ouvriers de la plantation n'avaient pas créé des jardins pour se nourrir et pour alimenter leur famille. Il m'a répondu que les salaires étaient assez élevés pour que ses ouvriers et leurs familles puissent s'en contenter. Cela signifie que la politique que nous avons suivie, soit en termes d'aide alimentaire, soit en favorisant les plantations, est arrivée à décourager la production alimentaire dans des pays dépourvus de moyens de vivre.

Ainsi, non seulement nous sommes, d'une certaine façon, menacés, mais nous menaçons ceux-là mêmes que nous prétendons aider.

La crise de l'énergie et ses conséquences

Est-ce la seule crise ? La crise de l'énergie, par exemple, est importante pour l'agriculture, qui en est grosse consommatrice. Elle est importante car le prix où est arrivé le litre d'essence ou de gasoil est tel qu'en définitive, il vaut mieux produire des agro-carburants que d'acheter des carburants pétroliers. Pourtant, nul ne semble avoir eu l'idée qu'il serait peut-être raisonnable de réserver les agro-carburants aux seuls agriculteurs et à leur seul profit, ce qui diminuerait le coût de l'énergie pour les agriculteurs et éviterait de détourner des terres agricoles vers la production d'énergie.

En Chine, il y a 20 ou 22 millions de paysans qui se précipitent vers les villes parce qu'ils n'ont plus de quoi vivre dans les campagnes. La population rurale française, quant à elle, a diminué des trois quarts depuis quelques décennies. En Inde, en Chine, en France, l'emploi industriel diminue alors que le nombre des travailleurs disponibles augmente : si l'agriculture continue à se délester d'un nombre important de travailleurs, l'équilibre du travail dans les villes dans lesquelles nous vivons sera plus difficile, le chômage sera plus grand et la crise deviendra insupportable. Depuis quelques mois, la Chine renvoie d'ailleurs « chez eux », des dizaines de milliers d'agriculteurs installés dans les villes depuis quelques années ou quelques mois !

Comment éviter la crise alimentaire et démographique qui menace notre planète ?

J'aurais tendance à chercher des solutions dans une division du monde en grandes zones de libre-échange, du type de l'Union européenne, à l'intérieur desquelles les pays échangeraient librement, seul le commerce entre ces grandes zones étant réglementé. Mais il faudrait aussi créer un Conseil mondial de sécurité agricole et environnemental pour que la nature ne soit pas détruite, elle dont nous dépendons. Ainsi pourrait-il être interdit que le Brésil détruise 200 000 hectares de forêt et plante du soja ou du maïs pour produire de l'agro-carburant alors même que ces 200 000 hectares vont changer gravement le climat de l'Amérique du Sud.

Seule une politique mondiale, concertée, adaptée aux conditions des régions différentes pourrait nous permettre de produire à suffisance ce dont nous avons besoin. Reste le problème des zones qui, pourtant fertiles et irrigables, ne sont pas cultivées. Nous devons secourir les pays qui n'ont pas de quoi survivre, mais nous devons aussi aider les pays dont l'agriculture reste peu développée en dépit de leurs ressources naturelles, et leur permettre de devenir autosuffisants grâce à la naissance d'une agriculture familiale, paysanne, moderne.

Bien que favorable à la liberté des échanges, je suis hostile à une liberté qui ne connaisse aucune règle et provoque la disparition d'agricultures de subsistance rendues fragiles par des conditions naturelles difficiles : le Monde a besoin de toutes les agricultures du Monde.

Enfin, j'en appelle à la création, aux Nations unies, d'un Conseil de « sécurité alimentaire », puisqu'il meurt aujourd'hui plus d'êtres humains du fait de la famine que du fait de la guerre : l'humanité détruit chaque année une fraction significative de la terre nourricière. Comment peut-elle respecter et cultiver toutes les terres fertiles dont elle dispose et, ainsi, survivre ? Tel est, en bref, le problème posé à nos générations.

Nourrir tous les hommes

Michel Foucher

L'augmentation rapide du prix des produits agricoles dans la période 2007-2008 a contribué à créer une situation d'insécurité alimentaire. Celle-ci est définie par la FAO comme une consommation inférieure aux 2 100 calories journalières requises, pour une population estimée à près de 923 millions de personnes en 2007 selon le neuvième rapport intérimaire de la FAO (rendu public le 9 décembre 2008) qui alerte sur la progression de la faim dans le monde et démontre que l'objectif du Sommet mondial de l'alimentation de 1996 – réduire de moitié le nombre de personnes sous-alimentées dans le monde d'ici à 2015 –, confirmé comme premier objectif du millénaire pour le développement en l'an 2000, devient plus difficile à atteindre dans de nombreux pays. La FAO enregistre une augmentation de plus de 80 millions de personnes par rapport à la période de référence de 1990-1992.

Avec la crise alimentaire récente, plusieurs pays qui étaient en passe de réaliser l'objectif du Sommet mondial de l'alimentation pourraient avoir subi des revers, estime la FAO, en raison des prix élevés des denrées qui ont aggravé l'insécurité alimentaire, notamment pour les ménages les plus pauvres, sans terre et dirigés par des femmes. Les interventions initiales des gouvernements – par le contrôle des prix et les restrictions à l'exportation – ont eu des effets parfois jugés limités par les organisations internationales et les analystes. À l'inverse, les prix élevés des denrées alimentaires ont été analysés par les meilleurs experts comme une opportunité à saisir pour les agriculteurs des pays en développement, y compris pour les petits exploitants agricoles, dès lors que les politiques publiques nationales et internationales considèrent que l'agriculture doit redevenir une priorité internationale, comme moyen de lutter contre la pauvreté et comme moteur de la croissance dans des régions (Asie, Afrique) où jusqu'à 85 % des emplois sont assurés par l'agriculture. Or, la part consacrée à l'agriculture dans l'aide publique a chuté de 17 % en 1980 à 3 % en 2006[1].

Au-delà de l'analyse des facteurs de cette évolution négative – prix de l'énergie, aléas climatiques, hausse de la demande en Asie, concurrence entre produits alimentaires et biocarburants –, il convient d'établir un diagnostic précis sur une crise qui a reçu un fort impact médiatique mais qui est, pour une large part, une réplique de crises antérieures. Il importe donc de distinguer ce qui est inédit de ce qui est structurel et, en premier lieu, de comprendre de quoi la représentation de cette crise est le symptôme.

Une crise symptomatique, décrite comme globale

La dernière crise de 2007-2008 est en réalité une crise de l'accès de certaines populations urbaines à un niveau alimentaire normal et non pas une crise de l'offre de production laissant présager une pénurie généralisée. Des montées bien plus significatives des prix s'étaient produites dans les années 1970 puis au début de la dernière décennie. La différence entre les années 2004-2005 qui avaient déjà enregistré des pics de prix alimentaires et des émeutes dites de la faim, souvent dans des pays de l'Afrique de l'Ouest touchés de nouveau en 2007-2008 (Guinée, Libéria…) et les événements des deux dernières années tient non seulement à l'écho rencontré dans les médias mais aussi aux connexions construites

1/« L'agriculture, priorité internationale », par Jacques Diouf, directeur général de l'Organisation pour l'alimentation et l'agriculture (FAO) et Jean-Michel Severino, président de l'Agence française de développement (AFD), *in Libération* (10 décembre 2008) et *Le Monde* (16 avril 2008).

entre des protestations sociales distinctes et dispersées et entre divers facteurs explicatifs (prix de l'énergie, impact de l'extension des agro-carburants, rôle supposé des consommateurs des pays émergents, actions des spéculateurs).

Cette nouvelle crise, souvent qualifiée de manière imprécise (crise de vie chère, crise agricole, alimentaire, écologique), est venue dans le contexte d'une prise de conscience croissante des enjeux écologiques planétaires[2] et d'une meilleure appréhension des interdépendances. Son écho public a fonctionné comme un signe précurseur de la crise économique et financière de l'été 2008, rupture planétaire également. Les explications avancées ont opéré une synthèse des mutations et des angoisses de l'époque : concurrence supposée des pays émergents sur le pétrole comme sur les céréales en raison de la hausse de leur niveau de vie, accent placé sur le rôle de la spéculation financière dans le domaine agricole avec l'achat anticipé de récoltes cotées au principal marché, le Chicago Board of Trade (CBOT), remise en cause de l'option des agro-carburants, redécouverte inquiète de la réalité de la croissance démographique.

Enfin, les acteurs de l'aide au développement dans les instances internationales et les agences spécialisées ont pointé à juste titre les problèmes structurels non réglés depuis plusieurs décennies, à savoir l'insuffisance des politiques publiques agricoles qui a contribué à aggraver les effets de causes plus récentes (baisse des stocks, agro-carburants, hausse de la demande urbaine).

À cet égard, il est essentiel d'identifier les régions les plus touchées et de comparer les réponses des États pour enrayer des risques d'insécurité alimentaire. Il n'est pas inutile de relire les travaux du géographe brésilien et ancien président du conseil de la FAO Josué de Castro et sa *Géopolitique de la faim* (1951 en brésilien, 1965 en français) qui montrait que le sous-développement était un produit dérivé du développement inégal et que la faim était une question globale, économique, écologique et sociale, donc moins affaire de géographie que de politique.

2/Protocole de Kyoto entré en vigueur en 2005, rapport Stern de 2006, 4e rapport du GIEC en 2007.

Des cours très volatiles

Le premier facteur et symptôme de la crise de la période étalée de l'été 2007 à l'automne 2008 a été la hausse des prix des céréales : le blé est passé de 200 US $ la tonne en mai 2007 à près de 500 en mars 2008 pour retomber à 250 en décembre 2008. Celui du maïs a varié de moins de 130 en octobre 2006 à 280 en juillet 2008, pour redescendre à moins de 200 à la fin de l'année 2008. Quant au riz, ses prix ont triplé entre l'été 2007 et l'automne 2008. La baisse généralisée qui s'est ensuivie dit assez la volatilité des cours fixés sur les marchés internationaux et appelle à la prudence dans les interprétations, dès lors que la production est en hausse pour les saisons 2008 et 2009. Selon les estimations de la FAO (octobre 2008), une production record de 2 232 mt de céréales était enregistrée pour 2008, soit une hausse de 4,9 % par rapport à 2007 et une amélioration considérable de l'offre était attendue pendant la campagne 2008-2009. La chute des cours mondiaux des céréales s'explique par ces bonnes perspectives des récoltes, une météorologie favorable permettant une amélioration des rendements, et la hausse des superficies étant stimulée par la croissance des agro-carburants, notamment aux États-Unis ; le repli du cours du pétrole brut et la crise financière ont joué dans le même sens. Dans les deux cas, hausse brutale des prix, puis baisse aussi rapide, s'agit-il de bonnes nouvelles ?

Retour sur les hausses de prix des années 2003-2007

Quelles sont les explications avancées pour rendre compte du doublement des prix du blé, du maïs et du soja entre janvier 2006 et l'été 2008 et le triplement de celui du riz ? En fait, les prix avaient commencé à monter début 2004, la production augmentant moins vite que la demande, ce qui a vidé les stocks. En 2005, des incidents climatiques dans la majorité des pays producteurs ont entraîné la baisse de 2 % de la production de céréales l'année suivante.

Selon les experts, la hausse des prix n'est cependant pas liée à une crise climatique particulière et durable mais aux effets cumulatifs de tendances à long terme et de facteurs plus récents (dynamique offre/demande). La demande avait augmenté depuis deux décennies (croissance de la population, hausse des niveaux de vie, diversification de la diète). Jusqu'en 2000, les prix agricoles baissaient, en raison de récoltes records et de la baisse des stocks (recours aux stocks). En même temps, on observait une baisse des investissements publics et privés dans l'agriculture, notamment de base, d'où le déclin des rendements dans les pays en développement. L'urbanisation a diminué les superficies agricoles ; les bas prix ont encouragé les producteurs à se tourner vers des productions non alimentaires ou à changer l'usage des terres. Enfin, les crises de nature écologique (érosion des sols, stress hydrique) ont ajouté leurs effets.

Par ailleurs, la hausse des prix du pétrole (de 30 $/b en 2003 à 140 en 2008, puis 60 en octobre 2008) laisse penser qu'il existe une forte corrélation entre les niveaux des prix alimentaires et ceux du pétrole même si elle n'est pas la seule relation forte. D'autres facteurs, comme la demande alimentaire élevée due à la croissance économique dans les pays d'économie émergente et le manque de réponse de la production, jouent également un rôle dans cette augmentation des prix alimentaires.

L'impact de ces mouvements de prix est plus fort dans les régions à forte intensité (engrais, mécanisation). Il résulte également de l'intérêt pour les biocarburants. Aux États-Unis, 30 % de la superficie cultivée en maïs est destinée à la fabrication d'éthanol, ce qui expliquerait un tiers de la hausse des prix et l'extension des surfaces cultivées en maïs aux dépens du blé et du soja. L'octroi de subventions aux biocarburants expliquerait un quart de la hausse des prix du maïs. Enfin, la dépréciation du dollar jusqu'à l'été 2008 aurait entraîné la hausse de 25 % des prix libellés en dollars.

En résumé, la hausse des prix résulte de la combinaison de facteurs structurels et d'éléments plus conjoncturels[3]. Les premiers se lisent dans la réduction de la croissance de la production agricole sous

3/Voir les travaux du CIRAD réalisés pour le Groupe interministériel français sur la sécurité alimentaire (constitué en avril 2008), mai 2008.

l'effet de politiques d'abandon d'un secteur agricole excédentaire, d'où le maintien pendant deux décennies de prix bas. La réforme des politiques agricoles dans les grandes régions productrices de céréales (États-Unis, Union européenne, Chine et Russie-Ukraine-Kazakhstan) a abouti à une baisse de la production et à une réduction des stocks de sorte qu'aucun grand producteur ne joue aujourd'hui le rôle de stockeur central de produits agricoles. La succession de récoltes déficitaires entre 2000 et 2007 a encore abaissé le niveau des stocks, accentuant les fluctuations de prix. La demande des pays émergents, notamment en Asie, est en augmentation régulière sans avoir connu de pic particulier. Le principal élément nouveau a été la hausse rapide de la demande de maïs aux États-Unis pour la production d'agro-carburants. La hausse des prix a enclenché deux phénomènes plus conjoncturels : les mesures de blocage des exportations agricoles dans plusieurs pays pour donner la préférence aux marchés intérieurs (Vietnam, Cambodge, Indonésie sur le riz) ; une augmentation des prises de position de fonds indiciaires spécialisés dans les matières premières, agricoles ou autres, qui se sont portés acquéreurs de contrats à terme avec des objectifs spéculatifs sans lien avec les évolutions de l'offre et de la demande. Ces stratégies strictement financières ont amplifié la volatilité des cours.

Émeutes de la faim ou mouvements urbains politiques ?

Bien des ingrédients de cette crise, tels que la baisse des stocks, le rôle des biocarburants, la hausse des prix de l'énergie ou l'apparition de nouveaux consommateurs, ne sont en réalité pas nouveaux. Ils sont le symptôme de déséquilibres durables qui datent des trois dernières décennies au cours desquelles les secteurs agricole et rural des pays en développement n'ont pas reçu les soutiens requis et ont été négligés par la plupart des gouvernements et des institutions internationales qui ont voulu imposer des plans d'ajustement structurel et où la croissance de la population totale, de plus en voie d'urbanisation, a pesé sur des stocks non régulés. Cette nouvelle crise alimentaire se différencie des précédentes par un impact élargi en raison de la croissance des populations urbaines qui ont un recours accru au marché pour se nourrir. La hausse des prix a touché les pays qui ont pris le parti de nourrir leurs populations par des produits importés sur le marché international, dont les prix étaient restés bas durant deux décennies. Ce faisant, les filières vivrières locales et régionales avaient été négligées et avaient perdu leur accès aux marchés urbains. C'est ainsi que le continent africain est devenu un importateur net de produits agricoles.

Ce qui a été présenté comme des émeutes de la faim relève plutôt de protestations urbaines dirigées par les citadins contre la vie chère et les déficits de gouvernance plus que de révoltes frumentaires animées par les couches les plus pauvres. Mais en 2006 et 2007 au Mexique (hausse de 67 % du prix de la tortilla et de 32 % du prix du maïs) et surtout en 2008, de Dakar à Djakarta, la multiplication des manifestations urbaines a conduit à tisser un lien entre elles et a été interprétée comme le résultat d'une crise frumentaire de portée mondiale. En réalité, dans plusieurs pays, les mouvements urbains[4] ont eu comme objectif la dénonciation des pratiques gouvernementales, notamment au Cameroun (révision de la constitution ; quarante morts en février 2008), en Bolivie (tensions entre partisans et adversaires du président Morales), en Mauritanie (tensions politiques ayant conduit à un coup d'État militaire).

Bref, les conséquences des hausses brutales des prix ont été différentes selon le niveau de développement, c'est-à-dire la part consacrée à l'alimentation de base (40 à 60 % dans les pays en développement, 14 % aux États-Unis). Et les effets de la hausse des prix ont été favorables pour les céréaliers de l'hémisphère nord mais défavorables pour les consommateurs pauvres.

33 pays en crise grave

Les estimations de la FAO indiquaient que 33 pays avaient besoin d'une aide extérieure à la suite de mauvaises récoltes, mais

4/Mexique et Bolivie, Sénégal, Burkina Faso, Cameroun, Mauritanie, Maroc, Égypte, Pakistan, Indonésie et Malaisie.

aussi de conflits et d'insécurité, de catastrophes naturelles ou au renchérissement local/régional des produits alimentaires. Sont concernés 21 pays en Afrique, 10 en Asie et 2 en Amérique latine. Dans cinq cas ont été relevés des déficits exceptionnels des disponibilités et de la production vivrière : Irak et Somalie, en raison des tensions géopolitiques internes, Zimbabwe, Lesotho et Swaziland. Dans sept cas a été identifié un manque d'accès généralisé à des produits alimentaires : Mauritanie, Libéria et Sierra Leone, Érythrée, Afghanistan, Birmanie et Corée du Nord. Là encore, les tensions politiques internes et la défaillance des appareils d'État en sont la cause première. Enfin, en Chine, aux Philippines comme en Afrique centrale et occidentale (Soudan, Tchad, Éthiopie, Kenya, Ouganda, Burundi, République centrafricaine, Congo, République démocratique du Congo, Ghana, Côte-d'Ivoire, Guinée, Guinée-Bissau) et dans deux pays latino-américains (Bolivie et Haïti) ont été notés des phénomènes d'insécurité alimentaire grave localisée.

L'analyse détaillée des situations nationales et régionales permet d'identifier les raisons principales de l'insécurité alimentaire. Le déficit de l'offre est lié à la faible productivité, aux pandémies (HIV/SIDA au Lesotho et au Swaziland), à des conditions climatiques adverses ou à des conflits. Le manque d'accès aux produits disponibles est le plus souvent provoqué par la guerre, des sécheresses prolongées, l'insécurité, des cyclones ou l'effet d'inondations passées qui entravent la circulation. Enfin, les situations d'insécurité localisée peuvent s'expliquer par une variété de facteurs : troubles civils et conflits mais aussi inondations, séismes, typhons et ouragans, passage de criquets pèlerins ou plus simplement des prix élevés localement. Souvent, ces facteurs se combinent : ainsi en Irak, où certaines régions ont été affectées par le conflit armé et l'insuffisance des précipitations, sur fond de destruction des réseaux d'irrigation. *Idem* en Afghanistan. Au Tadjikistan, c'est la conjonction de dégâts sur les cultures d'hiver, de ravages des criquets pèlerins et d'un faible accès au marché qui explique le déficit exceptionnel de production et de disponibilités vivrières. Les ouragans ont aggravé les choses en Haïti et à Cuba. La FAO est du reste en mesure de faire des prévisions et, pour la campagne 2008-2009, les déficits pluviométriques sont avérés en Afrique de l'Est, au Moyen-Orient et en Argentine.

Les réponses des États

La FAO et le Pam (Programme alimentaire mondial) ont apporté en 2008 une assistance en nature à 73 millions de personnes dans 78 pays, pour une valeur de 3,4 milliards de dollars. Le Pam a été affecté à son tour par la hausse des prix et a dû diminuer le montant de son assistance au moment où elle s'avérait plus nécessaire.

Les réponses à cette crise agro-alimentaire relèvent d'abord des États qui ont agi à titre strictement national pour enrayer les conséquences sociales et politiques de la hausse des prix dans les villes. Quatre catégories de mesures ont été prises, illustrées par les quatre exemples suivants : subventions et soutien aux consommateurs et contrôle des prix, actions en faveur des producteurs ou sur le commerce extérieur. En Égypte où fonctionne un système de rationnement, le choix est d'aider les consommateurs, en doublant la quantité accessible aux 55 millions de détenteurs de cartes (doublement des rations de riz et de sucre – 2 kg par mois –, et d'huile). Au Sénégal il a été décidé d'agir sur le marché intérieur par le contrôle des prix et des subventions. En Algérie, l'accent a été mis sur la garantie de prix minima pour les producteurs : doublement du prix d'achat du blé dur et du blé tendre. Dans les pays du Sahel et en Éthiopie, l'État a procédé à des importations exceptionnelles (blé en Éthiopie pour augmenter les volumes de produits subventionnés ; maïs au Kenya). D'autres, plus nombreux, surtout en Asie, ont interdit ou restreint les exportations pour enrayer la hausse des prix sur le marché intérieur (Bangladesh, Cambodge, Chine, Inde, Indonésie, Iran, Kazakhstan, Népal, Vietnam, Russie) ou suspendu les taxes sur les importations (Nigeria, Kenya, Ghana ; Chine, Jordanie, Mongolie).

La FAO considère que ces diverses mesures de contrôle des prix et de restrictions à l'exportation, « prises pour protéger dans l'immédiat le bien-être social, sont souvent ponctuelles et risquent de se révéler inefficaces et non viables ». « Certaines d'entre elles ont eu des effets dommageables sur les niveaux et la stabilité des prix alimentaires dans le monde » (Rapport 2008, page 2). Cette appréciation paraît contester la possibilité pour les États d'agir pour assurer la sécurité alimentaire et réduire leur dépendance, alors qu'il est avéré que ce n'est pas la libéralisation accrue des échanges agricoles – un des objectifs des négociations conduites dans le cadre de l'Organisation mondiale du commerce (OMC) – qui a permis de prévenir la crise récente. L'OMC doit admettre que les États en développement ont le droit légitime de conduire des politiques nationales agricoles adéquates.

Les actions à conduire

Pour définir des lignes d'action, la relecture des textes de Josué de Castro peut être bénéfique, malgré les différences de contexte (il a présidé la FAO de 1952 à 1956), en ce qu'il défend le postulat suivant : la faim est une question plus politique que « géographique ». Il a décrit la faim comme un problème global, à la fois économique, social et écologique et a pointé trois priorités : produire mieux après des réformes agraires ; produire plus avec des financements publics et l'assurance de revenus garantis ; répartir la production de manière plus équitable en favorisant l'accès direct aux marchés.

Un demi-siècle plus tard, la crise a sans doute attiré l'attention sur le rôle central des filières agricoles locales et régionales pour répondre aux marchés intérieurs et asseoir le développement rural. Les erreurs des instances internationales (FMI qui imposait des politiques d'ajustement débouchant sur le désengagement de l'État, Banque mondiale qui a négligé l'agriculture, OMC qui prône le « *market access* » pour les grands exportateurs) ont été identifiées même s'il est trop tôt pour mesurer les corrections qui seront apportées. Il se peut que l'effet principal de la crise récente ait été d'attirer des investisseurs privés dans un secteur économique jugé porteur en raison d'une hausse durable de la demande mondiale. La multiplication récente des achats et des locations de terres agricoles (8 millions d'hectares selon l'ONG Grain) par la Chine, la Corée du Sud, les Émirats ou l'Arabie saoudite dans des pays comme le Soudan, le Kazakhstan, l'Indonésie en est le signe. C'est une réponse en termes de sécurisation nationale des approvisionnements.

Mais le défi central est de réévaluer les secteurs agricoles et agro-alimentaires en tant que pourvoyeurs d'emplois et de revenus pour le plus grand nombre et en tant que moyens d'accès à l'alimentation pour les plus pauvres. Le choix des États africains de soutenir l'agriculture paysanne et les petites unités agro-alimentaires gérées par les femmes va dans le bon sens et a été validé par la crise récente. C'est un effet positif de la hausse des prix. Il reste à espérer que la baisse des rendements, liée à la diminution des investissements dans la recherche, sera enrayée par des actions publiques vigoureuses dans ce domaine puisque c'est la progression des rendements qui permet d'accroître l'offre agricole mondiale. Enfin, une autre ligne d'action est la promotion de l'échelle régionale de la sécurité alimentaire (échanges internes, recherche, stockage de sécurité). La formation de marchés régionaux en Afrique et en Asie, sur le modèle de l'Union européenne ou du Mercosur, offrirait des garanties et des protections aux agriculteurs.

Nourrir tous les hommes

Il se peut que la crise récente des années 2007-2008, par sa portée globale et son impact sur les opinions publiques au Nord comme au Sud, ait contribué à la prise de conscience par les dirigeants politiques et les bailleurs de fond des erreurs stratégiques commises. Et qu'elle les ait convaincus que l'agriculture est bien une priorité internationale dont les deux fonctions sociales sont de réduire le risque de pénurie et de crise frumentaire et de demeurer un facteur de développement dès lors qu'un milliard et demi de terriens y sont actifs, soit 45 % de la population active mondiale. Ce n'est pas d'abord par une intégration totale mais durablement inégale dans le marché mondial que sera garanti le développement ; ce marché ne concerne au reste que 12 % du volume des céréales produites dans le monde. C'est une politique volontariste d'encouragement aux filières locales et régionales dans les pays moins avancés qui peut permettre d'enrayer un cycle de pénuries et de faire face aux aléas climatiques prévisibles.

Pour continuer de donner tort à Malthus, il convient de produire plus et mieux mais aussi de consommer mieux, avec plus de produits issus du commerce équitable (0,5 % des échanges de produits comme le café, le thé, le cacao ou les bananes) qui bénéficie aux communautés paysannes organisées, et moins de produits de contre-saison, les fameux « *food miles* ». En Chine a été calculée une hausse de 12 % de la production végétale pour les usages alimentaires et industriels entre 1985 et 2005, ce qui place ce pays à un niveau quatre fois inférieur à celui des États-Unis[5]. Si la Chine voulait atteindre le régime alimentaire américain, elle devrait quintupler sa production. Ces données soulignent les limites de la généralisation du modèle agro-alimentaire des pays industrialisés à l'ensemble de la planète.

Le scénario Agrimonde 1 qui élabore une analyse prospective sur les systèmes agricoles et alimentaires mondiaux à l'horizon 2050 estime possible de nourrir tous les hommes de manière durable en 2050 si plusieurs conditions sont réunies : une rupture entre la hausse des revenus et la croissance des consommations, des investissements considérables dans les infrastructures et la recherche pour accroître les rendements tout en préservant les écosystèmes et en diffusant des systèmes de production agricole robustes face aux évolutions climatiques, des politiques volontaristes, à toutes échelles, pour mieux gérer les évolutions productives et réguler les échanges entre les grands ensembles régionaux[6], indispensables dès lors que le Machreck, le Maghreb et l'Afrique subsaharienne resteront déficitaires en produits agricoles et alimentaires à

5/Agrimonde, Unité prospective de l'INRA-CIRAD, mai 2008.

6/Les grands ensembles régionaux du Millenium Ecosystem Assessment (MEA), expertise internationale sur les écosystèmes à l'initiative des Nations unies, conduite de 2001 à 2005 par 2000 experts de 95 pays, sont : les pays de l'OCDE, l'Amérique latine, l'Afrique subsaharienne, le Moyen-Orient et l'Afrique, l'ex-URSS et l'Asie.

l'horizon 2050 ; enfin une diminution des pertes. Deux variantes sont analysées pour les 9 milliards de terriens en 2050 : l'une à 3 500 kcal/jour/habitant supposera de fortes croissances des surfaces cultivées et des rendements dans toutes les régions, au risque d'affecter les réserves foncières et les écosystèmes ; l'autre à 3 000 kcal/jour/habitant suppose une convergence des régimes alimentaires dans chaque région vers une moyenne mondiale des disponibilités apparentes[7] plus faibles de 15 %. Les apports caloriques augmenteraient en Afrique et diminueraient dans les pays de l'OCDE ; la part des produits animaux croîtrait en Afrique et baisserait dans l'OCDE.

Pour nourrir tous les hommes, le « *popolo grasso* »[8] des pays riches, en modifiant son régime alimentaire, permettrait sans doute au « *popolo minuto* » des pays en développement d'améliorer le sien, sans détruire les écosystèmes. À interdépendance mondiale, réponse globale, intelligente et solidaire.

7/Ratio entre l'équivalent calorique des quantités de biens alimentaires disponibles (production + importations – exportations +/- stocks) et le nombre d'habitants d'une région.

8/Termes désignant les notables des villes italiennes médiévales par opposition aux artisans et au peuple.

Comment nourrir 9 milliards d'habitants ?

Bruno Parmentier

En matière d'alimentation mondiale, on dira probablement dans quelques années que le XXIe siècle a commencé en 2007 : nous sommes passés à ce moment-là d'une situation d'abondance (pour certains pays seulement, certes) à une situation de manque (léger excédent de la demande mondiale sur l'offre). Les prix agricoles, qui ne cessaient de baisser depuis des décennies, sont repartis à la hausse avec une étonnante vigueur, reprenant en quelques semaines vingt à trente années de baisse (céréales, pain, riz, lait, viande, etc.). Des pays traditionnellement exportateurs ont fermé leurs frontières pour garder leurs récoltes pour eux ; les spéculateurs s'en sont donné à cœur joie ; de nombreux pays importateurs ont été le cadre d'émeutes de la faim, en Amérique, en Afrique, et en Asie ; dans les pays riches, le pouvoir d'achat est revenu au cœur des préoccupations et on a craint des pénuries ponctuelles et la réapparition de la faim dans certains secteurs fragiles de la population. Ce renversement de la donne mondiale aura des conséquences pendant des années. On se rend compte maintenant que l'impression de sécurité de l'approvisionnement alimentaire qui caractérisait les pays riches à la fin du XXe siècle n'aura probablement été qu'une double parenthèse historique et géographique : historique parce qu'elle n'aura duré que quelques dizaines d'années, et géographique parce qu'elle n'aura concerné qu'un tiers de l'humanité.

Les conséquences en chaîne ont été innombrables : beaucoup de pays qui avaient négligé leur agriculture depuis plusieurs décennies ont compris à leurs dépens la fragilité d'une politique d'approvisionnement basée sur l'achat à bas prix des surplus alimentaires du marché mondial. Les grands bidonvilles de nombreuses capitales du Sud se sont trouvés privés d'accès au riz thaïlandais, au blé français ou au maïs américain. Les anciens paysans qui avaient été chassés de leurs terres, d'abord par l'indifférence de leur gouvernement et de la communauté internationale au sort de l'agriculture vivrière, et ensuite précisément par ces importations à bas prix qui les avaient ruinés, se retrouvent une fois de plus en situation critique : arrivés en ville, ils ne peuvent plus payer leur nourriture à des prix abordables, et ont très peu de possibilités de repli vers une agriculture vivrière pratiquée sur leurs anciennes terres.

Le phénomène de hausse des prix des céréales est beaucoup plus lourd de conséquences dans le tiers-monde que dans les pays riches. D'une part, comme on mange beaucoup de produits bruts – non transformés – (riz, haricots, maïs, farine de blé, soja, etc.) dans les pays pauvres, les cours mondiaux ont un impact direct sur le pouvoir d'achat ; à l'inverse, dans les pays riches, les seuls produits agricoles consommés bruts sont les fruits et légumes, et, pour les autres produits largement transformés, bien d'autres facteurs interviennent dans l'évolution des prix à la consommation (coûts des salaires, de l'énergie, du transport, des loyers, etc.). D'autre part, les populations pauvres des grands bidonvilles du tiers-monde réservent entre la moitié et les trois quarts de leurs revenus à la nourriture, alors que les populations riches des pays développés n'y consacrent que de 10 % à 20 % de leur budget. L'effet produit par les hausses de prix sur ces populations n'est donc pas du tout le même.

D'après le Fonds international de développement agricole (Fida), une agence de l'Onu, pour chaque hausse de 1 % du prix des denrées de base, 16 millions de personnes supplémentaires sont plongées dans l'insécurité alimentaire. Il estime que 1,2 milliard d'êtres humains pourraient avoir chroniquement faim d'ici à 2025, soit le double de ce qui avait été précédemment anticipé. De fait, la FAO a estimé que le nombre de personnes sous-alimentées a augmenté au cours de la seule année 2007 de 75 millions (passant de 850 millions à 925 millions), tandis que l'indice des prix alimentaires progressait de 12 % en 2006 par rapport à l'année précédente, de 24 % en 2007 et de 50 % au cours des sept premiers mois de 2008.

Ce phénomène va durer ; un rapport de la Banque mondiale (2008), s'appuyant sur des estimations de la FAO, de l'OCDE et du Département de l'agriculture des États-Unis, prévoit que les prix de la période 2010-2015 se maintiendront à peu près aux mêmes niveaux que ceux de 2007-2008, soit, pour un indice 100 des prix 2004 : entre 150 et 200 pour le maïs et le blé et au-dessus de 200 pour le riz.

La demande alimentaire ne cesse de croître

La croissance de la population, d'une part, continue. La population mondiale augmente de plus de 200 000 personnes par jour, et donc près de 80 millions par an (il s'agit bien d'excédent des naissances sur les décès). Autant de consommateurs en plus. On devrait stabiliser la population mondiale autour de 9 milliards en 2050. Cela représente 1,1 milliard d'Asiatiques, 800 millions d'Africains et 400 millions de Latino-Américains de plus. Cette seule hausse oblige à augmenter régulièrement de 1,2 % par an la production agricole mondiale.

Et d'autre part, beaucoup plus de gens mangent de la viande. Il faut également compter avec le changement de régime alimentaire. Sous toutes les latitudes et dans toutes les cultures, on observe un phénomène absolument universel : quand des populations qui ont manqué de nourriture pendant de nombreuses générations accèdent à un peu d'aisance matérielle, elles se précipitent pour acheter et consommer des sucres, des graisses et d'une manière générale des produits animaux (viande, lait, œufs). C'est ce qui s'est passé en France au XXe siècle : depuis 1950, on est passé de 44 à 85 kg de viande par an et par habitant, de 5 à 18 kg de fromage, de 10 à 25 kg de poisson, de 5 à 14 kg d'huile. En revanche on a diminué de plus de moitié la consommation de pain et de pommes de terre. On observe désormais ce phénomène dans les classes moyennes des pays émergents, en particulier Chine (pour la viande) et Inde (pour le lait). On parle là de centaines de millions de personnes. Et encore on n'a pas vu le pire : imaginons que les ouvriers chinois, qui peuvent maintenant mettre une aile de poulet dans leur riz, se mettent en plus à consommer du fromage, et que les employés indiens, qui boivent davantage de lait, arrêtent de croire à la réincarnation et se mettent à manger aussi de la viande…

Il faut en moyenne 4 kg de protéines végétales pour produire un kilo de poulet. Ce rapport est de 6 pour 1 pour le porc et de 12 pour 1 pour le bœuf. Les populations qui auparavant étaient bien obligées d'être végétariennes et qui passent carnivores augmentent donc très fortement leurs ponctions sur les ressources de la planète, en particulier tout ce qui va manquer : terre, eau et énergie.

Si la surpopulation dans le monde est un phénomène inquiétant, n'oublions pas un autre fait : la vraie surpopulation, c'est celle du bétail. Le poids cumulé des 1,4 milliard de bovins est actuellement supérieur à celui des 6,5 milliards d'humains sur la planète. 80 % de l'alimentation animale provient de cultures qui conviendraient également à la consommation humaine : maïs, blé, sorgho, soja, etc. Les animaux d'élevage accaparent à eux seuls 44 % de la production mondiale de céréales. Un végétarien consomme en moyenne 180 kg de grains par an et un consommateur de viandes 930 kg par an.

Il est fort peu probable qu'on empêchera les classes moyennes du monde d'acheter davantage de produits d'origine animale. La politique la plus réaliste consiste donc à accélérer autant que possible l'évolution naturelle, qui fait qu'après plusieurs générations d'abondance, de gâchis et d'obésité, les gens deviennent plus raisonnables et finissent par manger moins de viande et plus de fruits et légumes, pour mincir à nouveau. On pourrait alors partiellement compenser l'augmentation de la consommation des classes moyennes dans le tiers-monde par une diminution de celle des classes aisées du monde occidental. Mais on ne voit pas très bien quelles politiques mettre en place pour accélérer le processus à part de l'information et de la formation à la consommation alimentaire « responsable ».

Un gâchis proprement scandaleux

Entre 10 % et 15 % des récoltes mondiales sont perdues, avec des pointes allant jusqu'à 50 % dans certaines zones. Dans le cas des céréales, les causes sont multiples : perte de grains avant ou pendant la récolte, chute des tiges, pourrissement lors du stockage, attaque des oiseaux, des insectes ou des moisissures, envol pendant le transport ou le battage, etc. Il y a là un énorme gisement à exploiter au XXIe siècle, sur le modèle de ce qu'ont par exemple réalisé les pays européens ; des investissements importants dans le stockage sont notamment indispensables dans de nombreux pays du Sud.

Mais les pays riches occidentaux et en transition ont également leurs propres problèmes de gâchis, qui se sont déplacés de la production vers la consommation. Les quantités de nourriture jetées à la poubelle, à tous les stades, sont phénoménales. Depuis les supermarchés dont les salariés disent souvent que « leur plus gros client, c'est la benne à ordure », jusqu'aux restaurants et cantines dont les normes sanitaires empêchent de resservir les restes de nourriture, en passant par les particuliers. Depuis les récentes crises sanitaires, il devient même de plus en plus difficile de récupérer les restes des restaurants et des boulangeries pour approvisionner les porcheries.

De plus, la tendance est à l'augmentation de la taille et de la teneur en éléments complexes des portions servies, particulièrement aux États-Unis (les portions nord-américaines dans des restaurants comparables sont 30 à 40 % plus abondantes que les portions européennes), ce qui augmente à la fois l'obésité et la taille des poubelles. On démarre le XXIe siècle avec davantage de gens en surpoids que de gens sous-alimentés (1,1 milliard, dont près de 400 millions sont carrément obèses). Et ces chiffres augmentent très rapidement. Selon l'Organisation mondiale de la santé, l'obésité constitue la première épidémie non infectieuse de l'histoire de l'humanité.

Sans oublier le poids considérable des emballages alimentaires (la plupart du temps non consignables et peu recyclables), les kilomètres effectués en voiture pour aller faire ses courses au supermarché, et la fâcheuse habitude prise par les Occidentaux de consommer de tout 12 mois par an. Manger des tomates ou des fraises en février, c'est d'abord manger du pétrole, soit celui qui a fait fonctionner l'avion qui les a livrés depuis un pays du Sud, soit celui qui a chauffé la serre près de chez nous. Tout cela représente un gaspillage qui va bientôt apparaître « d'un autre siècle ».

Un milliard de nouveaux consommateurs

Tant qu'on n'a pas trouvé de moyens efficaces de stocker l'énergie ni d'énergie alternative au pétrole, transportable bon marché, la voracité du milliard de véhicules (+ 60 millions par an), dont les propriétaires sont tous solvables, représentent une menace considérable d'augmentation de la demande de produits agricoles. Si elle se concrétise, elle provoquera immanquablement des conflits majeurs entre l'assiette des pauvres et le réservoir d'essence des riches. Dans l'état actuel des techniques des agro-carburants de première génération, 1 hectare de colza permet à une voiture diesel de rouler 25 000 km et 1 hectare de betteraves à sucre permet à une voiture à essence de rouler le double. Sans compter qu'il faut actuellement plus d'une 1 tonne d'équivalent pétrole pour arriver à produire 3 tonnes d'équivalent diester (et le bilan est nettement plus médiocre pour l'éthanol de blé ou de betterave) ! Pour arriver à faire rouler toutes les voitures françaises aux agro-carburants avec les technologies actuelles, il faudrait y consacrer la totalité des surfaces agricoles du pays. Mais alors que mangerions-nous ?

La première génération des agro-carburants, à base de céréales et d'oléagineux, représente donc une véritable erreur historique. On n'en pensait que du bien ; ils allaient soutenir les cours défaillants, lutter contre l'effet de serre, créer des emplois, contribuer à l'indépendance énergétique nationale. Cruelle déception : ils provoquent des pénuries graves et ont un coût écologique prohibitif, à tel point qu'on commence à se demander si, au final, ils n'aggravent pas l'effet de serre. On n'a durablement pas assez de céréales et d'oléagineux, et choisir d'en brûler dans les moteurs ne saurait représenter une solution durable.

Il est probable que nous devrons reconvertir rapidement les quelques usines de bioéthanol et de diester européennes de la première génération ; heureusement, nous n'en avons pas construit beaucoup, contrairement aux États-Unis qui en ont, eux, réalisé 170. Ce pays réserve dorénavant ses excédents de maïs à la fabrication d'essence, au détriment du ravitaillement alimentaire du Mexique, le lien est là direct entre le réservoir d'essence des riches et l'assiette des pauvres : il a provoqué les premières émeutes de la faim en janvier 2007 lorsque le prix de la tortilla de maïs, aliment de base de ce pays, a augmenté de 50 %. Si les Européens persistent dans cette politique, ils risquent de devenir également des « affameurs de la planète ».

La feuille de route est simple en la matière : il faut trouver, un peu sur le modèle de ce qui se passe au Brésil avec la canne à sucre, des plantes qui fournissent beaucoup de biomasse en nécessitant peu d'énergie (donc probablement des plantes pérennes), qui consomment le moins possible d'eau (puisqu'elle va manquer), et qui poussent ailleurs que dans les champs déjà utilisés pour produire de la nourriture (puisqu'il n'y en a pas assez). C'est le défi des agro-carburants de deuxième génération, et on doit s'y investir rapidement et efficacement pour diminuer les délais annoncés de dix ans pour leur mise au point. Tenter d'accélérer le processus en mettant au point de nouvelles plantes par génie génétique semblerait indiqué. Mais il restera d'autres problèmes : si on utilise la biomasse pour faire rouler nos voitures, on en aura moins pour fertiliser nos terres, et si on trouve des plantes robustes qui poussent très vite, comment être sûr qu'elles ne vont pas tout envahir, y compris les champs de céréales ?

Au total, le défi auquel doit faire face l'agriculture mondiale est simple : augmenter la production agricole constamment de 2 % par an pour pouvoir en définitive la doubler d'ici à 2050. Mais avec des disparités considérables suivant les continents. Il faudrait multiplier par cinq la production agricole en Afrique et même « seulement par trois » si les Africains restent végétariens (la population va doubler, passant de 800 millions à plus de 1,5 milliard, et déjà 30 à 50 % des gens ne mangent pas à leur faim).

C'est pratiquement irréalisable. En Asie, il faudrait multiplier la production par 2,3, un autre défi considérable compte tenu de la grande productivité actuelle et du manque de terres. En revanche en Amérique latine, il ne faudra multiplier « que » par 1,9, ce qui est probablement possible car on pourra y augmenter à la fois la productivité et les surfaces cultivées. La population européenne, elle, devrait diminuer (il ne reste plus que deux pays au-dessus du seuil de renouvellement de la population, l'Irlande et la France), et sera donc probablement approvisionnée. Notons néanmoins qu'il est probable qu'on assistera, malgré toutes les proclamations sur la fermeture des frontières, à une immigration massive, ne serait-ce que pour maintenir à peu près la population active.

De réelles difficultés pour augmenter l'offre alimentaire

En matière de production agricole mondiale, on peut être optimiste et observer qu'on a beaucoup fait au XXe siècle, lequel a démarré avec 1,8 milliard d'habitants et terminé avec 6,3, soit 4,5 milliards d'habitants supplémentaires. Comme il y avait à peu près autant de gens qui avaient faim en 2000 qu'en 1900 (autour de 850 millions), on a bel et bien réussi ce tour de force de nourrir 4,5 milliards de bouches supplémentaires. De ce point de vue, aller jusqu'à nourrir un peu moins de 3 milliards de bouches supplémentaires au XXIe siècle devrait être relativement simple.

Mais on peut également être pessimiste, en observant que c'est le plus facile qui a été fait : produire *plus* de nourriture avec beaucoup *plus* d'intrants – plus de terres, plus d'eau, plus d'énergie et plus de chimie. Le défi du XXIe siècle va être beaucoup plus compliqué à relever : cette fois-ci il faudra encore produire *plus* (et *mieux*), mais avec *moins* : moins de terres, moins d'eau, moins d'énergie et moins de chimie. On touche concrètement aux limites de la planète, et il faudra beaucoup d'intelligence et de mobilisation collective pour arriver à franchir ce nouveau cap.

Le réchauffement pose d'énormes problèmes à l'agriculture

2007 a été l'année de la généralisation de la prise de conscience planétaire de la réalité du réchauffement climatique et des immenses menaces que cela représente dorénavant pour l'humanité, avec comme point d'orgue l'attribution du prix Nobel de la paix conjointement à Al Gore et au GIEC (Groupe intergouvernemental d'experts sur l'évolution du climat).

Malheureusement, ce réchauffement ne promet presque rien de bon pour l'agriculture (même s'il pourra permettre de cultiver quelques terres nouvelles en Sibérie, en Terre de Feu et dans le Nord du Canada). On ne verra guère se généraliser les petites pluies bienfaitrices, mais bien plutôt s'accentuer les phénomènes extrêmes : avancée des déserts, assèchement des rivières et nappes phréatiques, d'un côté ; inondations, tempêtes et ouragans de forte puissance, de l'autre. La quantité totale d'eau qui tombera du ciel sera légèrement supérieure, compte tenu de la plus forte évaporation, mais encore moins bien répartie. Sans oublier l'avancée de la mer sur les terres très fertiles des grands deltas et la remontée de l'eau salée dans les nappes phréatiques.

Les experts prévoient que les changements climatiques vont engendrer au moins 150 millions de réfugiés climatiques dans les prochaines années, et que si le climat se dégrade « vraiment », ce chiffre pourrait se rapprocher du milliard. Il s'agira d'un phénomène majeur qui va provoquer de grandes tensions internationales. Car en effet, où iront-ils, ces réfugiés ? Dans les pays vides, comme la Russie ? Dans ceux qui ont particulièrement contribué au réchauffement climatique, comme les États-Unis ? Ou, plus probablement, dans les pays voisins, pauvres eux aussi, entraînant des déstabilisations et des famines en chaîne, en particulier dans la péninsule indo-pakistanaise, en Asie tropicale et en Afrique sahélienne ?

Il ne faut pas croire que ces évolutions climatiques ne vont toucher que les pays pauvres et tropicaux. Les experts prévoient qu'en 2050, il fera le temps de Nice à Angers et le temps d'Alger à Nice. S'ils ont raison, cela veut dire qu'il faudra transformer les systèmes de production dans la moitié nord de la France en privilégiant davantage les cultures d'hiver et en créant de l'irrigation, et qu'il ne restera que peu d'agriculture efficiente sans irrigation permanente dans le Sud-Est. De gros investissements agro-environnementaux seront donc indispensables très rapidement, même en France.

La superficie de terres cultivées ne cesse de diminuer

Les bonnes terres cultivables, ni trop chaudes ni trop froides, ni trop en pente, ni urbanisées, ni érodées, ni polluées et sur lesquelles il pleut régulièrement, sont une denrée très rare sur la planète. En fait on ne cultive (hors prairies et forêts) qu'environ 1,5 milliard d'hectares, soit 12 % des 13,1 milliards d'hectares immergés.

Sur le plan mondial il existe encore des réserves disponibles, mais elles sont pour l'essentiel situées dans les forêts tropicales des bassins de l'Amazonie, du Congo et du Sud-Est asiatique, particulièrement en Indonésie et en Malaisie. Les mettre en culture présente un vrai risque d'aggravation du réchauffement de la planète et de désertification relativement rapide de ces régions écologiquement sensibles (n'oublions pas qu'un jour le Sahara a été, lui aussi, une forêt vierge). C'est pourtant ce que nous faisons, à raison de 140 000 km^2 chaque année et sachant que l'on ne replante que la moitié en forêt. Malheureusement cela ne suffit pas pour augmenter la superficie totale de la « ferme-monde », car, année après année, nous perdons plus de terres que nous n'en gagnons. En effet, l'érosion et l'urbanisation gagnent du terrain à une vitesse préoccupante. Même en France, déjà très bien pourvue en équipements, les constructions de logements principaux et secondaires, voies de transport, parkings, parcs de loisirs et autres terrains de golf conduisent à perdre l'équivalent d'un département agricole tous les dix ans. La Chine, qui installe chaque année 15 à 20 millions de ruraux en ville, sacrifie pour ce faire 1 million d'hectares.

C'est ainsi qu'en 1960, chaque habitant de la planète disposait potentiellement de 0,43 ha de terres cultivables. Aujourd'hui, il n'en a plus que 0,25 ha. À ce rythme, les terriens de 2050 ne disposeront plus que 0,15 ha. Sur un hectare cultivé, au lieu d'être 4 à manger, nous devrons nous débrouiller pour le faire à 6.

L'eau pour l'irrigation va manquer

L'eau est tout simplement indispensable pour faire pousser les plantes. Au-delà de les nourrir, elle constitue en quelque sorte le carburant de leur croissance. En effet, si la plante ne transpire pas en permanence, ce qui provoque un assèchement de ses extrémités, la sève ne peut pas y monter par capillarité. Il faut donc des quantités très importantes d'eau pour l'agriculture : en moyenne 1 tonne d'eau pour produire un kilo de céréales. Un Européen moyen consomme indirectement en mangeant plus de 4 tonnes d'eau « virtuelle » par jour (l'eau virtuelle étant la quantité d'eau nécessaire pour produire et acheminer tout ce qu'il a dans son assiette).

De tout temps, les hommes ont donc tenté de s'affranchir des aléas pluviométriques de la nature. Au XXe siècle, on a ainsi largement investi dans l'irrigation, pour compenser les irrégularités de la pluie. La planète compte actuellement 200 millions d'hectares irrigués, soit approximativement un champ sur sept. On sait d'ores et déjà que l'on ne peut pas doubler cette surface ; les 44 000 barrages qui ont déjà été construits ont tous besoin d'entretien (ils s'ensablent, se fissurent, etc.). Les nouveaux ouvrages vont coûter beaucoup plus cher puisqu'ils seront situés dans des endroits plus difficiles d'accès ou moins favorables au stockage de l'eau (forte évaporation, par exemple), et on n'est plus sûr d'avoir durablement de l'eau à mettre dedans.

Autre frein à l'irrigation : la baisse des nappes phréatiques. C'est un problème considérable sur l'ensemble de la planète car on pompe souvent l'eau beaucoup plus vite qu'elle ne se régénère. Exemples : les 200 000 puits de la nappe de l'aquifère de l'Ogallala au centre sud des États-Unis en ont déjà épuisé près de la moitié ; celle de la vallée du Gange a diminué de 60 mètres ; on observe des baisses rapides de niveau des nappes, de 2 à 3 mètres par an dans des pays aussi divers que le Mexique (Guanajuato), la Chine (Hebei), le Pakistan (Baloutchistan) ou l'Iran (Chanaran).

Les rivières, actuellement très chargées en été grâce à la fonte accélérée des glaciers – ce qui permet de pomper largement pour l'irrigation –, commencent à s'assécher les unes après les autres, sur tous les continents. De nombreux lacs et mers intérieures disparaissent purement et simplement, comme le lac Tchad, la mer d'Aral ou le lac Owens. Au XXIe siècle, l'accès à l'eau sera à coup sûr une source de conflits majeurs, sur tous les continents, en particulier au Moyen-Orient et en Asie.

Au total, irriguer ses cultures risque de devenir une entreprise beaucoup plus compliquée au XXIe siècle qu'au XXe siècle. Les experts estiment que le niveau maximum de surfaces irriguées dans le monde pourrait tourner autour de 240 millions d'hectares, soit seulement 20 % de plus qu'aujourd'hui.

Inévitablement, on sera conduit à faire de gros efforts pour économiser l'eau (les pertes en ligne des systèmes d'irrigation et d'eau potable sont affligeantes), et pour trouver le moyen de se nourrir avec des plantes qui en consomment moins.

Le commerce international de produits alimentaires risque de se faire de plus en termes d'équivalent eau suivant le principe : « Si vous n'avez pas d'eau, importez votre viande ou vos céréales ! » Depuis la fin des années 1980, le Moyen-Orient et l'Afrique du Nord ont acheté en moyenne 40 millions de tonnes de céréales par an ; en termes d'eau virtuelle cela représente 40 milliards de tonnes, soit plus que la quantité d'eau utilisée pour l'agriculture dans toute l'Égypte.

L'énergie rare et chère oblige à revoir toutes les techniques agricoles

Nous arrivons au bout d'une longue période facile où l'énergie était abondante et bon marché. Les techniques agricoles, comme toutes les techniques inventées dans cette période, sont particulièrement énergétivores. Dans les agricultures hautement mécanisées et à multiples intrants (fertilisants, pesticides, etc.), il faut actuellement plus de cent litres d'équivalent pétrole pour produire 1 tonne de blé.

Les 28 millions d'agriculteurs de la planète qui possèdent un tracteur (et tout ce qui va avec : semences sélectionnées, engrais, pesticides, irrigation, assistance technique, possibilités de stockage, etc.) ont actuellement un avantage comparatif important par rapport aux 250 millions d'agriculteurs qui en sont restés à la traction animale (bœufs, zébus, ânes, chameaux, mulets) et à des techniques souvent rudimentaires, et un avantage considérable par rapport au milliard d'agriculteurs qui ne disposent que de leur propre force physique et souvent aucun accès à ces améliorations techniques. Mais avec un pétrole durablement cher, nous devrons réinventer entièrement les techniques modernes d'agriculture.

Pour commencer, il faudra beaucoup moins labourer, diminuer l'utilisation des engrais de synthèse, arrêter de chauffer les serres l'hiver et relocaliser une partie importante de la production agricole au plus près des zones de consommation.

La chimie agricole est en bout de course

Une part importante de l'augmentation massive des rendements agricoles dans la deuxième moitié du XXe siècle est à mettre au crédit de la chimie. La « révolution verte » qu'elle a entraînée, en Europe, Amérique du Nord et Asie en particulier a permis de nourrir une humanité beaucoup plus nombreuse. En France on sort actuellement de façon régulière trois à quatre fois plus de grains d'un champ de blé qu'au sortir de la Seconde Guerre mondiale (80 quintaux au lieu de 25). Ceci a été permis par l'externalisation simultanée de quatre fonctions : nourrir les plantes (les engrais), soigner les plantes (les fongicides), éloigner les animaux prédateurs (les insecticides) et éloigner les « mauvaises herbes » (les herbicides). Les succès ont été remarquables et durant les cinquante dernières années, la production agricole mondiale a été multipliée par 2,6.

On doit maintenant affronter simultanément trois problèmes : le renchérissement du prix de l'énergie et l'épuisement des mines vont rendre ces substances de plus en plus rares et onéreuses ; les inconvénients en termes de pollution des sols, des nappes phréatiques, des littoraux et en fin de chaîne des corps humains se font de plus en plus sentir et sont de ce fait de moins en moins bien acceptés socialement ; on assiste depuis les années 1990 à un plafonnement des rendements qui laisse penser qu'on touche aux limites de cette technologie.

Mais il y a un problème encore plus grave : il n'y a pas de nouvelles fonctions à inventer, qui pourraient relancer la progression de la productivité. Au total, la chimie ne pourra probablement pas « sauver » l'humanité une seconde fois, comme elle l'a fait au siècle précédent.

De moins en moins de biodiversité, de plus en plus de maladies

Nous prenons collectivement d'énormes risques en matière de biodiversité. D'une part nous éteignons à vitesse accélérée des espèces de plantes et d'animaux que nous ne connaissons même pas, en particulier en détruisant leurs principaux gisements : forêts tropicales sur terre, coraux et mangroves sur mer, et donc nous nous privons d'une richesse qui aurait pu éventuellement nous servir. D'autre part nous mettons « tous nos œufs dans le même panier » en matière d'utilisation des ressources comestibles, en ne gardant que les variétés et races les plus productives (et souvent les plus fragiles). À titre d'exemples les 4 millions de vaches laitières françaises ne proviennent plus que d'une centaine de taureaux reproducteurs fournisseurs de spermes, tandis que 4 variétés de blé produisent les deux tiers de la récolte du pays. Il existe 30 000 espèces végétales comestibles ; 30 fournissent 90 % de l'alimentation humaine et 15 espèces animales, 90 % de l'élevage.

Dans le même temps les épidémies vont se multiplier sur la planète. Certaines seront dues au réchauffement, qui diminue le nombre de jours de gel dans les pays tempérés, et donc la destruction des larves ; l'Europe a déjà connu la fièvre catarrhale ovine ; elle connaîtra prochainement la peste équine, la fièvre de la vallée du Rift, la fièvre du Nil occidental, la leishmaniose, la leptospirose, etc.

D'autre part la concentration croissante de populations et d'animaux d'élevage dans certains pays tropicaux chauds et humides dépourvus de systèmes sanitaires efficaces ainsi que le rapprochement des hommes et des animaux autrefois isolés dans la forêt vierge sont objectivement favorables aux mutations des virus et microbes et à leurs transmissions entre les oiseaux et les hommes. À titre d'exemple, la France n'élève que 215 millions de poulets, pratiquement tous confinés dans des poulaillers, alors que le Brésil en compte 1 100 millions, l'Indonésie 1 249 millions et la Chine

4 360 millions ! En matière de porcs, il y en a 15 millions en France contre 489 millions en Chine…

La conjonction des deux phénomènes, baisse de la biodiversité et montée des épidémies, risque d'être carrément explosive au cours du XXIe siècle, aussi bien en matière d'élevage et d'alimentation carnée que de santé humaine.

Au total, la « ferme-monde » risque d'avoir le plus grand mal à augmenter régulièrement sa production de 2 % par an, et donc à fournir la demande. Elle a appris à produire plus avec plus, et à consommer pour ce faire beaucoup de ressources non renouvelables. Elle doit maintenant produire plus (et mieux) avec moins, ce qui est beaucoup plus difficile. Les années de pénuries relatives et de hausses spectaculaires des prix risquent donc de se multiplier si des mesures volontaristes ne sont pas prises. Des mesures concernant la recherche de nouvelles technologies de production et des mesures de soutien aux agriculteurs et de réorganisation des échanges internationaux.

Des nouvelles techniques pour satisfaire cette demande

Une bonne part des techniques agricoles productives qui sont appliquées aujourd'hui, et qui ont permis de nourrir 4,5 milliards d'habitants de plus sur la planète, ont été inventées dans la deuxième moitié du XXe siècle, au cours de ce qu'on a appelé la « révolution verte ». Malheureusement la productivité a recommencé à stagner depuis une quinzaine d'années.

On n'est pas sûr que les progrès de la génétique conduisent à trouver des plantes qui produisent encore beaucoup plus. De plus, ces variétés à haut rendement se révèlent extrêmement sensibles ; elles n'expriment pleinement leur potentiel que lorsque les conditions optimales de température, d'humidité, de protection et de pratiques culturales sont réunies.

Dans le même temps, la demande sociale de produits plus sains, plus variés, plus naturels et contenant moins de produits chimiques devient de plus en plus forte ; la rupture de confiance entre les consommateurs urbains et les producteurs ruraux devient préoccupante.

Les solutions alternatives actuelles, type agriculture biologique sans aucun produit chimique, sont certes prometteuses, mais malheureusement encore nettement insuffisantes.

Au total, le « cocktail technologique » actuel ne pourra probablement pas nourrir correctement 9 milliards d'habitants. Et encore moins répondre en plus à toutes les autres demandes désordonnées de la société : stocker le carbone, régénérer l'eau et l'air, produire de l'énergie et des matières premières industrielles, entretenir une campagne accueillante, etc.

Une nouvelle agriculture écologiquement intensive

On a donc un besoin urgent d'une nouvelle révolution agronomique « doublement verte », et d'une agriculture « écologiquement intensive ». L'idée de base est qu'il faut remplacer rapidement la plupart des apports artificiels par des apports naturels. Faire faire par les plantes et animaux auxiliaires de culture (champignons, vers de terre, abeilles, coccinelles, bactéries, etc.) ce qu'autrefois on confiait à la machine et à la chimie.

Les progrès attendus sont immenses, et il convient pour cela de dépasser les clivages actuels entre ceux qui veulent produire *mieux* et ceux qui veulent produire *plus*, les deux restant malheureusement largement antinomiques jusqu'à aujourd'hui (la quasi-totalité des agriculteurs qui passent à l'agriculture biologique produisent moins). Ce qui était une qualité lorsque, très provisoirement, on avait trop de production en Europe, devient problématique alors même que les pénuries s'installent dans le monde. D'un autre côté, l'agriculture dite « productiviste » n'a pu vraiment se développer, comme la plupart des techniques du XXe siècle, que parce qu'elle a privatisé la production et socialisé ses inconvénients en termes d'environnement ou de santé publique.

Deux grandes cultures intellectuelles doivent trouver maintenant les moyens de travailler ensemble : celle des agronomes, culture de l'action, et celle des écologues, culture de l'observation. Il faut à la fois comprendre et agir, pour trouver les clés de l'agro-écologie, qui permettra de produire à la fois plus *et* mieux, avec moins. Il faut également dépasser le clivage entre les chercheurs et les agriculteurs pour refonder une nouvelle recherche dans le dialogue local entre les théoriciens et les praticiens, puisque ce n'est plus une agriculture qu'il faut inventer, mais des dizaines de milliers (une par canton ou bassin versant), chacune parfaitement adaptée aux conditions micro-locales. Au total, une triple alliance entre les sciences agronomiques, sociales et écologiques.

Parmi les pistes à explorer, toutes celles qui permettent d'améliorer naturellement la fertilité des sols, ce qui va bien au-delà de les retourner avec des charrues de plus en plus agressives ; il est même probable qu'on va labourer de moins en moins, puisque cette technique n'est plus réellement adaptée au XXIe siècle (elle consomme beaucoup d'énergie, expose les vers de terre à la voracité des oiseaux, tasse les sols, favorise l'érosion et la remontée des pierres à la surface, offre les restes d'engrais aux vents de l'automne et les transforme en gaz à effet de serre, etc.).

Une autre idée consiste à dire que nous n'avons plus les moyens de gâcher les rayons du soleil qui arrivent sur une terre nue ; on doit tous les faire capter par des feuilles qui les utilisent pour stocker du carbone par le biais de la photosynthèse ; on fait déjà deux récoltes par an dans les pays tropicaux, il faut absolument chercher à en faire deux également dans les pays tempérés : une l'hiver pour nourrir la terre avec des plantes qui fixent en particulier le carbone et l'azote, permettant ainsi d'économiser des engrais, et une l'été pour nourrir les hommes. Ou l'inverse, le blé pour nourrir les hommes l'hiver et une légumineuse ensuite pour fixer l'azote (économie de pétrole) et capter du carbone.

Autre tendance, l'exploration systématique de toutes les associations de variétés et d'espèces différentes sur un même champ, de façon à nourrir et protéger les plantes de façon plus naturelle ; dont les systèmes agro-forestiers qui associent certaines espèces d'arbres permanents avec des cultures annuelles. L'idée est de combiner de façon optimale différentes fonctions spécifiques de certaines plantes : pompage des éléments nutritifs, fixation de l'azote, répulsion des insectes, résistance aux maladies, accueil des auxiliaires de cultures, résistance au vent, conservation de l'humidité, enrichissement du sol, etc.

Tout ce qui permettra d'économiser l'eau et de l'utiliser au maximum et pendant toute l'année sera également le bienvenu, ainsi que les techniques indispensables de drainage : travaux et couvertures des sols, techniques d'infiltration, de captage et de stockage, utilisation de variétés moins gourmandes en eau, etc.

Il faudra également faire des progrès décisifs dans le contrôle moins agressif des maladies et des ravageurs. Les techniques de lutte biologique ont été très largement délaissées au profit des techniques de lutte chimique ; il est temps d'inverser les priorités.

Le programme est vaste ; il s'agit d'un effort collectif volontariste et durable comparable à celui qu'ont fait les Américains et les Russes pour gagner la course à la Lune.

Mais il faudra aussi changer d'état d'esprit et non plus chercher une seule solution valable pour tous, mais un éventail de solutions, chacune valable micro-localement, au niveau du village voire du vallon ! Une agriculture ultra-diversifiée, localisée, à très grande intensité intellectuelle locale.

Des progrès possibles grâce à l'amélioration génétique

Le défi qui est posé pour nourrir l'humanité au XXIe siècle est tellement grave et important qu'il paraît fou de se priver de l'un des progrès déterminants du XXe siècle, la maîtrise plus complète de la génétique. Cette science est vieille comme l'humanité ; elle se base sur la sagesse populaire : « Bon sang ne saurait mentir. » Elle a conduit par sélections successives à améliorer considérablement les variétés et les races, tant en matière végétale qu'animale. Le tournant du XXIe siècle, c'est la compréhension de ces phénomènes à partir du décryptage du génome. On ne se contente plus de constater que telle variété végétale ou telle évolution d'une race animale est plus productive, on commence à comprendre pourquoi. Il devient alors tentant de sélectionner les seuls individus qui possèdent le gène recherché pour ses qualités intrinsèques, ou de transférer ce gène dans un ensemble d'individus de façon à obtenir un ensemble homogène possédant la caractéristique recherchée. On en est au tout début de cette science, et les premiers organismes génétiquement modifiés du début du XXe siècle feront sourire dans cinquante ans, lorsqu'il y en aura des milliers utilisés couramment.

Croire que quelques gènes sauveront l'humanité semble simpliste à l'heure où tout va devenir plus complexe, plus diversifié, plus adapté aux conditions écologiques locales. Mais croire qu'on peut se passer d'un pan entier de la science pour alimenter 9 milliards d'habitants en 2050 semble tout autant angélique. Si l'on trouve des plantes qui poussent en consommant moins d'eau parce que, comme celles qui arrivent à pousser dans le désert, elles ferment leurs stomates et arrêtent de transpirer lorsqu'il fait trop chaud, cela peut représenter un progrès décisif pour l'humanité, surtout en cette période de réchauffement climatique. De même si l'on augmente la résistance de certaines plantes au froid, au chaud, à l'altitude, au sel, à l'eau stagnante, au pourrissement. Ou si l'on trouve des plantes plus riches en protéines, en vitamines, en antioxydants, en oméga 3, en acides aminés, etc., ou qui contiennent moins d'éléments allergènes ou difficiles à digérer. Ou des plantes qui fournissent de l'énergie à bon compte pour nos voitures, etc. Les champs de recherche sont immenses.

On voit ainsi que les deux applications des premiers OGM mis sur le marché – la résistance à un herbicide et la répulsion de certains insectes – seront certainement marginales à l'horizon 2050, sans compter qu'il s'agit d'OGM à fonction destructive (mort d'insectes ou de mauvaises herbes), et donc chargés psychologiquement pour ceux qui les mangent. La plupart des découvertes à venir devraient concerner des progrès perçus comme positifs par les agriculteurs et les consommateurs, des « OGM de vie ».

Se décourager sur la base des premiers OGM, bien imparfaits, et de l'environnement social, juridique et économique imposé par la première entreprise qui s'est lancée dans cette activité semble velléitaire. De même que l'informatique a démarré sa vie dans un modèle plus ou moins militariste et dirigiste dont le représentant principal était une grosse société américaine (IBM, puis Microsoft), avant que ce modèle n'explose, la recherche sur les OGM a été marquée par les conditions de son démarrage par une grande société privée américaine (Monsanto) à laquelle les pouvoirs publics américains ont tout passé : laxisme juridique avec la privatisation du vivant et des homologations sur la foi d'essais non indépendants et non contradictoires, protection de la justice contre toute velléité d'action indépendante des agriculteurs et même yeux fermés sur les premières bavures, etc. Les Américains continuent sur le modèle qui avait été théorisé il y a quelques décennies par le slogan : « Ce qui est bon pour la General Motors est bon pour les USA » (et, sous-entendu, pour le reste du monde) ; ils n'ont fait que remplacer General Motors, un peu démodé, par Monsanto, plus moderne !

L'autre grand pays agricole mondial, la Chine, s'est aussi lancé dans cette course à la connaissance, avec ses propres valeurs et ses propres habitudes juridiques, sociales et économiques du type « parti communiste », sans grande transparence non plus.

L'Europe a donc son mot à dire sur ce dossier, différent de ceux des USA et de la Chine, avec ses valeurs, ses priorités, sa manière de faire, et son environnement juridico-socio-économique ; il est temps qu'elle le fasse, au lieu de se contenter de réagir à l'action des autres. En particulier en lançant des grands programmes de recherche publics ou financés par le public, sur des priorités débattues démocratiquement, avec son propre équilibre entre innovation et précaution, et avec une autre politique que celle de la privatisation du vivant…

Une organisation plus efficace du monde agricole et alimentaire

Il ne suffit pas de produire, encore faut-il être bien organisé pour que la nourriture produite dans le monde arrive régulièrement et à un prix acceptable à tous les consommateurs, où qu'ils habitent. Historiquement, la plupart des grands pays sont intervenus pour réguler les marchés alimentaires, au moins dans les grandes villes, pour compenser les aléas de la production due aux conditions météorologiques ou sanitaires (le prix du pain à Paris a été fixé par le gouvernement de 1268 à… 1986).

À première vue, c'est en développant les campagnes et l'agriculture qu'on a le plus de chances d'approvisionner régulièrement les villes. Mais à la fin du XXe siècle où le prix des transports a fortement chuté, compte tenu de la proximité de la plupart des capitales et métropoles des grandes voies de communication terrestres ou des ports et au vu de la constante incertitude concernant les récoltes, nombre de responsables politiques trouvent plus simple de s'approvisionner sur le marché mondial, qui est souvent nettement moins cher que le marché local. D'autant plus qu'ils en profitent pour prélever sur ce commerce des ressources, publiques ou privées. Ils tentent ainsi de satisfaire les villes (et eux-mêmes) en désespérant les campagnes.

Les crises agricole et énergétique mondiales de 2007-2008, suivies par l'effondrement du système financier à échelle internationale à l'automne 2008, obligent à revoir un certain nombre de convictions bien établies.

Auparavant, le libéralisme triomphait un peu partout, à des degrés divers mais de façon d'autant plus exclusive que son principal opposant du XXe siècle, le communisme, s'était effondré. En matière agricole, il s'est exprimé, en particulier dans les grands pays exportateurs du Sud comme le Brésil et l'Australie, à travers un principe simple : ouvrir les frontières, suspendre les subventions à l'agriculture et laisser le commerce mondial régler le problème de l'approvisionnement.

On a ainsi assisté à un transfert de la responsabilité de l'organisation de l'agriculture mondiale de la FAO à l'Organisation mondiale du commerce (OMC). La théorie sous-jacente était que ce qui avait bien marché dans l'industrie (privatisation, libéralisation des échanges et spécialisation de chaque pays là où il a le plus d'avantages comparatifs) devrait également bénéficier à l'agriculture.

Chaque fois qu'un pays avait des difficultés à rembourser sa dette, le Fonds monétaire international et la Banque mondiale avaient fait du désengagement de l'État une condition de leurs aides : arrêt des soutiens à l'agriculture vivrière, coûteuse et qui « ne rapporte rien » ; seuls soutiens acceptés, ceux dirigés vers les productions tropicales exportables et faisant peu concurrence à celles du Nord (café, cacao, arachide, coton, etc.), qui devaient permettre d'obtenir des devises, et par conséquent de rembourser les dettes.

La plupart des gouvernements s'étaient prêtés de bonne grâce à ces conseils (n'oublier pas qu'en règle générale, ces gouvernements sont composés d'hommes issus des villes et des milieux du commerce et non de ceux de l'agriculture, ce qui les prédispose intellectuellement et matériellement à privilégier le premier par rapport à la seconde).

Ce cycle a duré plusieurs dizaines d'années. On continuait à avoir faim sur la planète, mais essentiellement dans les campagnes (il y avait autant de personnes malnutries en 2007 qu'un siècle plus tôt, en 1900, soit 850 millions, mais elles vivaient discrètement à la campagne et étaient devenues minoritaires à l'échelle mondiale). L'ensemble de la population des pays riches se nourrissait, ainsi que la majorité des populations des grandes villes du tiers-monde (en partie grâce aux excédents vendus à bas prix par les agricultures excédentaires).

Chacun a pu constater à partir de l'été 2007 que finalement ce problème de l'approvisionnement des grandes villes n'était aucunement réglé. Désormais de moins en moins de gens soutiennent l'idée que les frontières n'ont pas été assez ouvertes, les subventions à l'agriculture pas assez réduites et les États et organisations internationales trop interventionnistes.

L'équilibre libéral était en effet très fragile car reposant sur la capacité d'un certain nombre de pays à produire durablement des excédents bon marché et sur la possibilité de transporter d'énormes tonnages de produits périssables à travers le monde de façon sûre et peu onéreuse. Or nourrir les villes de cette façon revient indirectement à faire grossir les bidonvilles, où arrivent les paysans contraints de quitter leurs terres – en effet, celles-ci ne peuvent plus les nourrir en l'absence d'une politique agricole qui leur donne le temps et les moyens d'améliorer la productivité de leur activité tout en les protégeant de la concurrence trop inégale des surplus des pays agricoles les plus efficaces.

Le Gabon importe 86 % de ses céréales et l'Algérie 82 %. Recréeront-ils une agriculture lorsqu'ils n'auront plus de pétrole pour payer ? Et que penser de la situation de pays à très faibles ressources comme Haïti, qui importe 70 % de ses céréales, le Sénégal (61 %) et la Colombie (56 %) ?

Le Sénégal, par exemple, a laissé chuter de 20 % sa production céréalière entre 1995 et 2002, alors que ses importations de céréales progressaient de 68 %. Il achète à bas prix de la brisure de riz thaïlandaise, ce qui ruine les riziculteurs de la région du fleuve Sénégal, lesquels ne bénéficient pas des mêmes conditions climatiques ni de production (résultat : en 2005, la production nationale n'a atteint que 200 000 tonnes, contre 900 000 importées). Il importe également du blé – largement subventionné – en provenance de l'Union européenne et des États-Unis. Les Sénégalais ont ainsi changé leurs habitudes alimentaires et consomment de plus en plus de pain ou autres produits alimentaires issus du blé, alors que le climat ne permettra jamais d'en produire de façon significative. La dépendance de l'étranger ne cesse de croître, dans un pays dont la vocation industrielle, qui permettrait de générer durablement des devises pour importer une partie de ses produits alimentaires, semble bien hypothétique.

Le Mexique, qui a signé l'accord de libre-échange avec les États-Unis et le Canada, a bénéficié d'un développement important de son industrie de montage (usines dites « *maquiladoras* »). Ce pays exporte à lui seul davantage que l'ensemble des autres pays latino-américains et à hauteur de 89 % vers les États-Unis. Le commerce entre ces deux pays représente à lui tout seul 10 % de l'ensemble des échanges internationaux du monde. Mais du côté de l'agriculture, les choses se sont déroulées bien différemment. La productivité du travail agricole est 18 fois plus forte aux USA, les conditions climatiques et de sols y sont nettement plus favorables et les rendements moyens du maïs quatre fois plus élevés. Sans compter que l'agriculture mexicaine est deux fois moins subventionnée que l'américaine (en 2000, le secteur du maïs étasunien a reçu aux États-Unis 10 milliards $ de subventions, soit dix fois la totalité du budget agricole du Mexique). Au total, le Mexique achète 30 % de son maïs chez son voisin. Quand, début 2007, les États-Unis ont décidé de consacrer leurs surplus de maïs à fabriquer de l'éthanol pour leurs voitures au lieu de l'exporter, les prix de la tortilla, galette de maïs à la base de l'alimentation mexicaine, ont augmenté de 50 %, et le niveau de vie de l'ouvrier mexicain a baissé d'un seul coup de 18 %.

De plus le commerce international des produits alimentaires ne porte que sur 15 % de la production mondiale et moins de 10 % des échanges de marchandises dans le monde. En cas de problèmes, les pays exportateurs commencent par garder leur production pour eux, car le premier marché pour nombre d'entre eux est d'abord domestique. Ils sacrifient donc d'abord la part qu'ils exportent.

Que faudrait-il faire pour sortir de la crise ?

Probablement revenir aux solutions des années 1980, c'est-à-dire d'avant la vague libérale, en retenant ce qui fonctionnait alors le mieux. N'excluons pas qu'il faille aller carrément dans le sens inverse de ce qui était encore récemment préconisé, à savoir fermer les frontières et généraliser le soutien aux agricultures.

Les grandes agricultures du monde (Chine, États-Unis, Europe…) se sont développées à l'abri de frontières maintenues sous contrôle et grâce à des politiques publiques soutenant la modernisation de la production agricole et la régulation des marchés. Par ailleurs, dans la crise de 2008, les pays qui soutenaient leur secteur agricole ont tous pu nourrir leur population. Cessons donc de disserter sur l'arrêt des aides aux agricultures et généralisons ces dispositifs (en veillant cependant à bien les répartir) ; dans chaque cas et sous toutes les latitudes, réintroduisons des politiques agricoles adaptées à la situation locale.

Les défis énormes de l'époque ne doivent pas inciter à réduire, faute de moyens, les investissements dans l'agriculture mondiale. Bien au contraire, il n'y a rien de plus urgent que de réorienter les priorités des différents gouvernements en faveur d'un soutien résolu à l'agriculture, aux paysans et à la recherche dans ce secteur. Quitte à refermer certaines frontières pour que chaque grande région du monde puisse se nourrir à base de produits régionaux avec une certaine sécurité. Il faudrait donc mettre en place un plan très ambitieux de soutien au redémarrage de l'agriculture vivrière, en particulier africaine, et de protection de cette agriculture contre la violence de la confrontation directe avec le monde extérieur.

L'équivalent en termes financiers d'un nouveau « plan Marshall[1] », donc de dizaines de milliards de dollars, à la différence près qu'il ne s'agit plus d'imposer de l'extérieur un modèle nord-américain ou européen à base de mécanisation, d'artificialisation et de peu de main-d'œuvre, dont chacun a pu voir qu'il était inadapté, mais de soutenir l'émergence de modèles locaux.

Rappelons, s'il en était besoin, que l'agriculture est bien au cœur des grandes problématiques du XXIe siècle : elle a la lourde charge de nourrir toute la population mondiale dans les meilleures conditions possibles (en veillant à ses besoins immédiats et à sa santé à plus long terme) et de fournir un emploi et des moyens de subsistance à des milliards de paysans. Mais elle a aussi pour mission de fixer le carbone en excès dans l'atmosphère et de régénérer l'oxygène, de préserver la qualité de l'eau, la biodiversité ainsi que des paysages accueillants, protégés des constructions urbaines à tout-va. Pour ce faire, une réorientation des politiques de recherche s'impose, pour inventer au plus vite une nouvelle agriculture à haute intensité environnementale, et mettre au point des gènes qui simplifieront la tâche. Simultanément, une nouvelle organisation de l'agriculture s'impose, à base de soutien résolu aux agriculteurs dans des grandes régions géo-écologiques et économiques relativement protégées des concurrences extérieures.

Si, faute de soutien résolu et efficace du reste de la société, elle échoue, les crises et pénuries seront terribles pour une part sans cesse croissante des 7 milliards d'êtres humains qui peupleront la terre en 2011 (9 milliards en 2050). De crise en crise, le dernier mot pourrait revenir aux régimes autoritaires, de nombreux problèmes finissant par être résolus par les armes.

1/Le Programme de rétablissement européen, nommé généralement « plan Marshall » du nom du secrétaire d'État américain George Marshall, a apporté 13 milliards de dollars d'assistance économique américaine entre 1948 et 1952 à seize pays européens, vainqueurs et vaincus de la Seconde Guerre mondiale (dont 2,7 milliards de dollars à la France), pour les aider à se reconstruire et se moderniser, et ainsi endiguer la montée du communisme.

La crise alimentaire : quelles solutions ?

Sylvie Brunel

L'enjeu alimentaire tient aujourd'hui en quelques données clés :

– Alors que la population mondiale augmentera de moitié en moins d'une génération, les grands progrès agricoles s'essoufflent car le productivisme pratiqué jusqu'ici est passé par des techniques non « durables » : gaspillage d'eau d'irrigation, excès d'intrants (engrais, pesticides), consommation des meilleures terres.

– La faim reste une réalité pour plus de 920 millions d'êtres humains et ne désarme pas, malgré les progrès enregistrés dans les années 1970-1990. Paradoxe : ceux qui ont faim sont aux deux tiers des ruraux pauvres qui produisent de la nourriture ! Et le nombre de malnutris a augmenté de 75 millions au cours de la seule année 2008, principalement en Afrique et en Asie.

– Près de la moitié de la population mondiale vit désormais en ville et n'est donc plus – malgré certaines formes dynamiques d'agriculture urbaine – productrice de denrées agricoles.

– Les pays du Nord dominent le marché mondial des produits alimentaires. Malgré la montée des pays émergents, le Nord détient toujours l'« arme verte » et fausse le marché mondial par ses subventions et aides massives, ruinant les agricultures locales.

– Chaque année, environ 15 millions d'hectares de terres cultivables sont perdus par l'extension des activités humaines (réseaux et infrastructures diverses, villes, habitat pavillonnaire).

– Désormais les terres agricoles peuvent être affectées soit à la production de nourriture (*food*), soit à l'alimentation du bétail (*feed*), soit pour des biocarburants (*fuel*), soit encore à la conservation (*forests*).

Mener de véritables politiques de développement agricole

La crise alimentaire actuelle montre que l'agriculture telle qu'elle est pratiquée aujourd'hui n'est pas « durable » : donner la possibilité aux petits producteurs de vivre décemment de leur travail, d'être correctement rémunérés pour leurs récoltes est la seule condition pour résoudre le dilemme alimentaire, tout en permettant de faire baisser les prix de la nourriture sur les marchés internes. N'oublions pas que 10 à 15 % seulement de la production agricole mondiale est échangée sur les marchés mondiaux. Soutenir un petit capitalisme familial produisant et vendant à l'échelle nationale, voire régionale, est le seul moyen de sortir de la crise alimentaire mondiale.

Pourtant, il ne suffit pas, d'un coup de baguette magique, de décréter « la » solution miracle. L'échec des nombreux sommets qui se sont tenus au cours de l'année 2008 sur les moyens de sortir de la crise alimentaire le montre. Très vite, les participants butaient sur une question fondamentale : si la crise alimentaire est mondiale, les solutions doivent d'abord être déclinées à l'échelle locale et les premiers acteurs de leur mise en œuvre sont ces fameux États, si longtemps discrédités, et dont on sait pourtant, depuis le XVIIe siècle, que leur capacité d'intervenir et de réguler est déterminante.

Mener de véritables politiques de développement agricole suppose en effet plusieurs facteurs :
– que les États du Sud, y compris l'Inde et la Chine, réapprennent à prendre en compte leurs paysanneries, qu'ils ont trop longtemps négligées ;
– qu'un certain nombre de pays en développement, et notamment les pays africains, retrouvent la possibilité de protéger leurs frontières de la concurrence extérieure, de façon à valoriser les productions locales ;

– que des sommes importantes soient allouées par l'aide internationale au développement de l'agriculture, leitmotiv des rapports produits par toutes les grandes organisations internationales. Aujourd'hui, la grande différence entre les agriculteurs du Nord, qui ne représentent que 2 % de la population active, et ceux du Sud, qui en pèsent environ 60 %, réside dans le fait que les premiers sont formés, protégés, ont accès au crédit et à divers mécanismes d'aide, tandis que les seconds sont exposés de plein fouet aux fluctuations des marchés internationaux, à la hausse comme à la baisse.

La question de la sécurité alimentaire

C'est donc une question essentielle que celle de la sécurité alimentaire (« avoir accès en tout lieu et à tout moment, pour tout individu, à une nourriture saine, suffisante et acceptable culturellement ») à l'heure de la mondialisation et du développement durable.

Si la sécurité alimentaire s'analyse en termes qualitatifs dans les pays du Nord, elle se pose en termes quantitatifs dans les pays du Sud, où plus de 900 millions de personnes souffrent de malnutrition (« ration alimentaire inadaptée en quantité et en qualité, qui ne permet pas à l'individu d'exercer pleinement son potentiel d'activité »). On estime par ailleurs à 2 milliards les personnes qui souffrent de maladies de carence (anémie, rachitisme, cécité, goitre, etc.), y compris dans les pays développés. Aux obèses des pays du Nord (et de plus en plus des grandes villes et des classes moyennes du Sud), s'opposent les émaciés du Sud, dans des pays où une part importante de la population ne parvient pas à se nourrir correctement faute de pouvoir d'achat et de rendement agricole suffisant.

La sécurité alimentaire interroge donc pleinement le développement durable : la malnutrition est une des premières caractéristiques du sous-développement, mais la façon dont l'humanité a su répondre au défi ancestral de la faim s'est traduite par des atteintes très lourdes à l'environnement, notamment dans le cadre de la révolution verte. L'usage intensif d'intrants (pesticides, engrais, herbicides) et le recours à l'irrigation ont fait peser dans les régions qui ont levé la contrainte alimentaire (Nord de l'Inde notamment) des tensions sur les réserves en eau, la qualité des nappes et la pollution des sols (sans compter la multiplication des cancers chez les paysans utilisateurs de ces intrants) qui poussent certains à remettre en question la pertinence même de ces progrès.

On note ainsi le retour de réflexes néomalthusiens prônant une agriculture « respectueuse des écosystèmes » (agriculture « biologique »), en oubliant que le recours à l'intensification a été la condition essentielle qui a permis au cours du XXe siècle à l'humanité de lever le frein malthusien (rupture entre le nombre de bouches à nourrir et les quantités de nourriture disponibles). Le quadruplement des rendements agricoles a permis de dégager des excédents alimentaires, mais la flambée récente des prix des produits agricoles (sous la pression de la demande chinoise, indienne et la montée des classes moyennes des pays émergents, consommateurs de produits animaux – viande, œufs, lait – qui sont de mauvais convertisseurs de céréales) fait ressurgir aujourd'hui les inquiétudes quant à la peur de manquer, aboutissant certains à accepter le principe de « régulateurs » : hier Malthus, avec son *Essai sur le principe de population* de 1798 et sa métaphore du banquet – « au banquet de la terre, tous ne peuvent avoir leur couvert » ; au XIXe siècle l'administration britannique en Irlande (1843) puis en Inde (1882), estimant qu'il ne fallait pas secourir les « *starving sections* » car ce n'était que reculer le problème ; aujourd'hui tous ceux qui pensent que la « planète » ne peut pas supporter une humanité « proliférante », « parasite » et irresponsable. La « *deep ecology* », notamment, réduit le statut de l'être humain à celui d'une espèce vivante parmi d'autres sur la terre. Mais un écrivain comme Jared Diamond, avec son ouvrage *Effondrement*[1] réintroduit cette problématique malthusienne en énumérant un certain nombre de civilisations qui auraient disparu faute d'avoir su gérer leurs

1/Sous-titré : *Comment les sociétés décident de leur effondrement ou de leur survie*, Gallimard, 2006.

ressources. Même si l'approche de cet auteur peut être contestée[2], elle pose cependant la question clé du développement durable, celle de la durabilité, donc de la gestion des ressources.

La sécurité alimentaire soulève ainsi un certain nombre de questions essentielles en termes de développement durable : comment nourrir l'humanité sans détruire l'environnement et en assurant la pérennité des écosystèmes ? Le recours aux OGM est-il une solution ? Quelles sont les perspectives de la production alimentaire mondiale comparée à l'évolution de la population ? Les inquiétudes néomalthusiennes sont-elles fondées ? Le développement durable est-il compatible avec l'agriculture intensive ? La faim peut-elle être résolue à l'aide de moyens techniques ?

On peut répondre à ces questions par la synthèse suivante : si l'humanité a durablement vaincu les famines à l'échelle mondiale, elle n'a pas résolu le problème de l'insécurité alimentaire des populations à risque et doit affronter de redoutables problèmes environnementaux.

L'humanité a durablement vaincu les famines

L'histoire de l'humanité est celle de famines récurrentes et de maladies liées à l'alimentation (scorbut, béri-béri, ergot du seigle, botulisme...)

Les progrès colossaux de la révolution agronomique au XXe ont permis que les disponibilités soient aujourd'hui suffisantes, assurant la sécurité alimentaire mondiale. Pourtant le Nord détient toujours l'« arme verte » : c'est lui qui exporte les céréales de façon majoritaire. Voilà pourquoi de nombreux États attachent une importance stratégique à leur indépendance alimentaire.

Et demain ?

On note des visions divergentes de la FAO, qui insiste sur les réserves de production, considérables, et des géographes tels que Jean-Paul Charvet ou Philippe Coulomb, plus circonspects : à

2/J.-F. Dortier, « Île de Pâques : la catastrophe a-t-elle vraiment eu lieu ? » *in* « Paroles d'historiens », *Les Grands Dossiers de Sciences Humaines*, décembre 2008.

quel prix s'obtiendront les accroissements de production en termes économiques, sociaux, environnementaux, alors que la nourriture devient un bien de plus en plus cher, en raison de la demande chinoise et indienne croissante, y compris pour nourrir le bétail. La flambée des prix mondiaux s'explique aussi en 2008 par la recherche d'énergies de substitution : agro-carburants, nouvelle concurrence pour les terres agricoles…

Face à la résurgence des thèses malthusiennes légitimées par le discours catastrophiste souvent tenu au nom du développement durable et en considérant les perspectives démographiques, la question fondamentale est : la Terre (« la planète ») peut-elle nourrir 10 milliards d'hommes ?

L'insécurité alimentaire des populations à risque

La permanence de la malnutrition est liée à celle de la pauvreté : il existe une différence fondamentale entre la disponibilité de la nourriture et son accessibilité. Les marchés mondiaux s'adressent d'abord aux consommateurs. Ceux qui souffrent de la faim, à toutes les échelles, sont ceux qui n'ont pas les moyens d'acheter de la nourriture. Exemples types : Inde, Brésil, mais aussi « nouveaux pauvres » en Occident.

Les groupes à risque de la faim sur les cinq continents se recrutent d'abord au sein des ruraux pauvres, qui se caractérisent à la fois par un problème de disponibilité – vulnérabilité face aux aléas – et d'accessibilité – manque de pouvoir d'achat. La question du statut social aussi est essentielle : la quantité et la qualité de nourriture auxquelles un individu peut prétendre en sont un fidèle reflet. La faim est l'indicateur du sous-développement. Le pauvre est celui qui vit dans l'insécurité.

Comment élever le revenu du petit producteur ?

Il ne faut pas opposer cultures vivrières et cultures de rente (y compris agro-carburants) : c'est un débat daté et faussé. Car l'essentiel pour le producteur est de bénéficier d'une rémunération correcte pour son travail, donc de débouchés (marchés urbains, mais aussi industrie agro-alimentaire, ou secteur de l'énergie et des transports). Un exemple : la vision toujours négative de l'extension du palmier à huile (en Indonésie notamment) ne doit-elle pas être reconsidérée dans la mesure où elle signifie aussi de nouvelles perspectives de débouchés ? Or élever le revenu rural, c'est constituer un marché intérieur.

Les famines actuelles sont toujours liées aux guerres. Amartya Sen, le prix Nobel d'économie 1998, d'origine indienne, rappelle une notion essentielle : il n'existe plus de famines « naturelles ». La démocratie est la meilleure arme anti-famine en permettant la mise en œuvre rapide de stratégies de réponse et la représentation politique des minorités. En effet, l'enjeu fondamental est de permettre l'accès de tous à l'alimentation tout en préservant les ressources

Des problèmes environnementaux à résoudre

La sécurité alimentaire du Nord a été atteinte au prix d'une agriculture conventionnelle (« productiviste »), qui apporte une nourriture peu coûteuse et en grandes quantités mais standardisée, avec des dérives (« vache folle » et ESB, « veau aux hormones », utilisation massive d'antibiotiques dans les élevages, porcheries industrielles et pollution en Bretagne). Le développement durable aboutit à la promotion du « bio » (cf. Grenelle de l'environnement, Allemagne, etc.). Le problème, c'est que le bio reste une niche pour les consommateurs aisés car il se traduit par des baisses de rendements et des coûts accrus (recours au travail mécanique, donc à la main-d'œuvre, en lieu et place des adjuvants chimiques). Or l'enjeu aujourd'hui est de nourrir l'humanité dans son ensemble, y compris les pauvres.

Le changement climatique pose la question de la vulnérabilité accrue des pauvres. Face à cette question, la question de l'adaptation, donc de l'aménagement du territoire et de la coopération, est essentielle. Nous avons vu émerger la notion de « réfugiés climatiques », instrumentalisée certes (les îles tropicales sont pour la plupart d'entre elles en voie de subsidence, donc d'enfoncement pour des raisons qui n'ont rien à voir avec le climat) mais aussi réelle en raison de la littoralisation, conséquence de la mondialisation, et de l'urbanisation : comment nourrir les villes du XXIe

siècle alors qu'elles abritent déjà presque un humain sur deux ? C'est une question essentielle.

Les OGM ont souvent été présentés comme la solution face à la faim dans le monde. Des recherches importantes sont menées en Inde, en Chine (riz doré, protatoes, etc.). En réalité pour l'instant la croissance exponentielle des OGM depuis 1996 est mise au service de l'industrie agro-alimentaire : contrôle de toute la chaîne de production, aliments plus faciles à conserver, transporter, conditionner, dépendance croissante du cultivateur. Alors que les risques inhérents aux OGM, toxicité, dissémination, résistance, ne sont pas pris en compte.

La révolution doublement verte, chère à Michel Griffon, peut apporter une réponse au défi de produire plus en luttant contre la pauvreté et en ménageant les écosystèmes. C'est une solution intéressante à l'échelle de certains terroirs, pratiquant par exemple l'agro-foresterie, la zaï, ou la culture de varzéas. Mais à l'échelle mondiale, c'est toujours une super-révolution verte qui est nécessaire : pour nourrir le monde, il faut encore accroître les rendements dans les régions déjà les plus exposées. La Chine, l'Inde sont conscientes de ces problèmes.

Comment et à quel prix ? Les grands problèmes sont les fortes tensions sur l'eau, la peur de voir disparaître la biodiversité, notamment dans les fronts pionniers où se produisent des défrichements massifs.

Pourtant, le géographe sait bien que la capacité de charge d'un milieu dépend des techniques qui y sont mises en œuvre. Face au défi de l'alimentation, il faut rester très circonspect face à l'apologie de la conservation, émise au nom du développement durable. Le problème alimentaire, bien que planétaire, ne peut être résolu que par des approches à l'échelle des territoires, voire des terroirs, pour concilier les différents domaines du développement durable.

Une certitude cependant : concilier sécurité alimentaire et développement durable est parfaitement possible, à condition de mettre les progrès agronomiques au service de toute la frange de la population mondiale qui, faute de revenus et de techniques d'encadrement suffisamment élaborées, vit dans l'insécurité alimentaire. Mais cela nécessite une approche au cas par cas, en sachant qu'alimentation de qualité et quantité ne sont pas antinomiques. « Les pauvres aussi ont droit à la qualité », comme l'écrit Jean-Robert Pitte. Malthus hier s'est trompé car il n'avait pas pris en compte la révolution agricole. Ne reproduisons pas aujourd'hui la même erreur au nom du développement durable[3] !

3/S. Brunel, *À qui profite le développement durable ?*, Larousse, 2008.

Face à la crise alimentaire, l'action humanitaire de Solidarités

Alain Boinet

La crise alimentaire est mondiale et durable. Elle est aggravée par la crise financière avec ses conséquences économiques et sociales. Trente-six pays particulièrement touchés ont besoin d'une aide extérieure, parmi lesquels de nombreux pays pauvres victimes d'un conflit ou d'une catastrophe naturelle dans lesquels intervient l'association d'aide humanitaire d'urgence internationale Solidarités[1].

Une crise alimentaire mondiale

Selon une dépêche de l'AFP (Agence France Presse) à l'occasion de la Journée mondiale de l'alimentation du 16 octobre 2008, la FAO, l'Organisation des Nations unies pour l'alimentation et l'agriculture[2], a annoncé de nouveaux chiffres alarmants sur la faim dans le monde touchant aujourd'hui 925 millions de personnes contre 850 avant la flambée des prix et les émeutes de la faim qui l'ont suivie au printemps dernier.

Toujours selon la FAO, l'investissement dans l'agriculture entre 1980 et 2006 est tombé de 17 % à 3 % alors que la population

1/www.solidarites.org

2/*Perspectives de récolte et situation alimentaire*, n° 4, octobre 2008, FAO (Organisation des Nations unies pour l'alimentation et l'agriculture), SMIAR (système mondial d'information et d'alerte rapide sur l'alimentation et l'agriculture).

mondiale a crû pendant ce temps de 78,9 millions chaque année.

Au mois d'août, le Programme alimentaire mondial (Pam) avait annoncé la mise en œuvre d'une aide pour lutter contre la faim dans 16 pays dont l'Afghanistan, le Libéria, la Somalie. Mais selon cette agence de l'ONU, l'aide alimentaire internationale est tombée en 2008 à son niveau le plus bas depuis quarante ans. Si rien n'est fait pour lutter efficacement contre la crise alimentaire, d'ici à 2025 le nombre de personnes ayant faim pourrait être de 1,2 milliard d'êtres humains. Ainsi, à chaque fois que le prix des denrées alimentaires augmente de 1 %, le nombre de personnes affectées par la crise augmente lui-même de 16 millions !

Et si, paradoxalement, la production céréalière mondiale de 2008 devait progresser significativement, cela est essentiellement dû à de meilleures récoltes dans toute l'Europe, aux États-Unis (maïs), en Extrême-Orient (riz). Or, nous savons que les pays pauvres n'arrivent pas à subvenir à leurs besoins alimentaires et qu'une partie de leur alimentation est basée sur les importations. Ces pays et populations sont confrontés à une crise de l'accès et non de l'offre et le problème principal est celui de la production de 2,8 milliards de petits paysans et de leurs revenus.

En matière d'alimentation, n'oublions pas l'eau si étroitement liée à notre vie quotidienne (boisson, cuisine, hygiène, agriculture…). Alors que dans les pays développés l'eau est facile d'accès, potable et bon marché, savons-nous que dans les pays les plus pauvres l'eau insalubre cause des maladies hydriques (choléra, typhoïde, diarrhée…) qui sont la première cause de mortalité dans le monde ?

Savons-nous que 1,2 milliard d'êtres humains n'ont pas aujourd'hui accès à l'eau potable, que 2,8 milliards n'ont pas accès à l'assainissement et qu'il s'agit pour une large part des mêmes personnes qui survivent avec moins de 1 à 2 dollars par jour ?

Les pires situations sont celles des pays les plus pauvres, confrontés à une guerre ou victimes d'une catastrophe naturelle, alors que les services publics de base ne sont plus ou très peu assurés quand l'État lui-même est fragilisé, défaillant ou absent. C'est dans ces situations extrêmes que l'ONG humanitaire Solidarités intervient.

L'ingénierie humanitaire face aux crises

L'aide humanitaire se distingue de l'aide au développement en cela qu'elle intervient dans des pays pauvres en conflit ou victimes d'une catastrophe naturelle. Il s'agit donc d'une aide d'urgence qui peut parfois durer de nombreuses années et qui se poursuit, dès que le contexte le permet et le plus souvent dans le cadre d'un processus de sortie de crise, par des programmes de réhabilitation des infrastructures qui accompagnent la reconstruction de l'État et des services publics de base qui avaient le plus souvent disparu ou qui se trouvaient réduits au minimum.

Ces programmes humanitaires de reconstruction sont poussés souvent très loin et mettent en œuvre des compétences proches des techniques de développement. Mais il ne s'agit pas pour les humanitaires encore de développement à proprement parler car le processus de sortie de crise n'est souvent pas terminé et nous savons bien que fréquemment les conflits reprennent et mettent du temps à prendre vraiment fin.

C'est dans ces contextes, qu'une association humanitaire comme Solidarités a depuis vingt-huit ans construit des capacités et une expertise spécifiques à ces situations troublées, complexes et très incertaines dans le but de répondre au mieux aux besoins vitaux des populations et à leur évolution dépendant essentiellement de l'évolution du contexte. L'objectif des ONG humanitaires est enfin que le relais soit pris par des structures locales (municipalités, comités de gestion, ONG, entreprises…) et par les services publics, sachant que le retour à la paix permet aux populations de reprendre leurs activités et de répondre par elles-mêmes aux besoins de la vie quotidienne.

L'action humanitaire de Solidarités

Aujourd'hui, Solidarités pilote à partir de son siège à Paris seize missions dans 13 pays, du Tchad à la Birmanie, de la Somalie au Bangladesh, de la République démocratique du Congo à l'Afghanistan. Avec 40 permanents salariés au siège et 170 volontaires expatriés et 1 300 nationaux dans nos missions, au travers de plus de 100 programmes, nous avons pu venir au secours de 1,5 million de personnes en 2007.

Nous réalisons le plus souvent des programmes intégrés qui combinent une aide alimentaire avec un accès à l'eau potable et à l'assainissement avec en plus, fréquemment, l'apport de produits de première nécessité (couvertures, bâches plastiques, jerrycans, ustensiles de cuisine, savon…) pour des populations déplacées du fait du conflit ou d'un cataclysme et qui ont tout perdu.

Ainsi, dans le courant de l'année 2007, nous avons distribué 8 663 tonnes d'aide alimentaire d'urgence au Darfour, nous avons dans l'ensemble de nos missions construit ou réhabilité 744 puits, 96 pompes manuelles, 117 adductions d'eau et construit 7 700 latrines.

Dès que la situation le permet, nous faisons évoluer nos programmes de l'urgence vers la reconstruction et ainsi vers la relance de l'agriculture. Au Congo, dans la province de l'Ituri, nous avons distribué des semences, des outils et des plants, apporté notre soutien au petit élevage et réhabilité des routes et des ponts.

En Afghanistan, dans les provinces de Bamyan et Samangan, nous avons notamment assuré une formation aux paysans à la culture d'abricotiers, réhabilité les systèmes d'irrigation, construit des stocks, des serres et des étables, produit des semences améliorées, réalisé une étude destinée aux agriculteurs afghans sur la filière de la pomme de terre, apporté un soutien aux communautés locales et de femmes pour des projets générateurs de revenus.

Au Libéria, nous avons distribué des semences de riz et des semences légumières, distribué des outils agricoles, approvisionné des fermes piscicoles, construit des porcheries, relancé des forges et construit des ponts.

Face à la crise alimentaire, deux de ces programmes que nous mettons en œuvre depuis plusieurs années au Kenya et en Afghanistan sont particulièrement intéressants.

Une action humanitaire innovante au Kenya

Actuellement, selon une évaluation récente effectuée par le Groupe de coordination de la sécurité alimentaire, la situation des disponibilités vivrières de plus de 5 millions de personnes vivant dans des bidonvilles et en zone rurale continuera de se dégrader dans les prochains mois à moins qu'une aide extérieure ne soit fournie.

La crise alimentaire vient se surajouter à la crise politique. En effet, suite aux élections présidentielles, parlementaires et locales du 27 décembre 2007, des affrontements se sont produits qui ont fait plus de 1 500 victimes. Face à cette crise Solidarités est présente, au Kenya depuis mai 2006 au Nord du pays (North Horn). Nous nous sommes mobilisés pour répondre aux besoins des populations vivant dans les bidonvilles. À Nairobi, capitale du Kenya, 60 % de la population s'entasse dans de nombreux bidonvilles. Le bidonville de Kibera est l'un des 143 bidonvilles ceinturant la capitale kenyane. On estime aujourd'hui qu'entre 700 000 et un million de personnes s'entassent sur les 256 hectares de collines très pentues de Kibera à Nairobi.

L'action s'est déroulée en deux temps. D'abord en commençant par une aide d'urgence distribuée à 2 000 foyers vulnérables ciblés qui ont reçu des rations composées de farine de maïs, haricots, riz, huile, sucre et savon. Puis très vite, nous avons distribué, en partenariat avec des ONG locales, des semences de tomates, oignons, choux. La plupart des familles sont d'origine rurale et ont donc le savoir-faire nécessaire.

Dans de petits carrés de jardin, ou dans des sacs en plastique remplis de couches de terre et de couches de gravier alternées, 6 000 familles cultivent oignons, tomates et choux feuille, base de l'alimentation. Une pépinière a été créée dans le bidonville. Un groupe d'habitants assure la plantation, le repiquage et la récupération des semis, tandis que d'autres sont impliqués dans la formation des familles. Chaque sac représente environ 1 m^3, ce qui représente une surface de culture de 5 m^2 et les végétaux sortent par des trous tout autour dans le plastique et sur le haut du sac. Un seul sac peut contenir jusqu'à 50 plants d'épinards ou de choux et 20 plants de tomates et produire plusieurs kilos de légumes par mois. Une partie des légumes est consommée par les habitants, participant à la diversité du régime alimentaire, le reste est vendu sur le marché. En moyenne, chaque foyer voit augmenter ses revenus d'un dollar (USD) par jour.

Ainsi, grâce à l'agriculture en sac, un sac de 50 plants de choux peut rapporter en moyenne 20 dollars par mois, un sac de 50 plantations d'épinards 23 dollars et un sac de 20 plantations de tomates 12 dollars. Sachant qu'à Kibera le loyer moyen tourne autour de 6 dollars par mois, on se rend compte que le revenu que permet l'agriculture en sac est significatif pour ces familles[3].

La crise alimentaire en Afghanistan

Chacun sait qu'il y a une guerre en Afghanistan, que celle-ci va s'accroissant et que des soldats français, notamment, y perdent la vie. Ce que l'on sait moins, c'est que l'Afghanistan, qui compte environ 25 millions d'habitants dont 75 % de ruraux, est l'un des pays parmi les plus pauvres au monde, qui se classe en 174e position sur 178 selon l'Indice de développement humain des Nations unies-PNUD dans son rapport 2007[4]. Selon ce rapport 30 % des Afghans ne mangent pas à leur faim, 50 % des enfants ont un poids en dessous de la normale et 60 % de la population n'a pas accès à l'eau potable. Dans ce pays, l'espérance de vie est de 42,9 ans et un enfant sur 4 meurt avant l'âge de 5 ans !

C'est dans ce contexte de très grande pauvreté et d'un conflit qui dure, s'étend et s'approfondit, que la crise alimentaire vient aggraver dangereusement la vie des populations. L'insécurité et le manque généralisé d'accès à la nourriture sont accentués par la ré-

---

3/Ce projet très innovant démontre concrètement son utilité au point que les médias en rendent compte comme en témoignent des articles publiés dans *The EastAfrican Magazine* (2 juin 2008) ainsi que dans le quotidien *La Croix* (28 mai 2008).

4/Voir aussi « La société afghane : quelles dynamiques ? », *Les Nouvelles d'Afghanistan,* www.afrane.asso.fr

colte réduite de 2008. La production céréalière cette année est officiellement estimée à 3,8 millions de tonnes, soit un tiers de moins qu'en 2007. Par conséquent, les besoins d'importations céréalières en 2008/2009 sont estimés à 2,3 millions de tonnes. La capacité d'importer par les voies commerciales est estimée à 1,5 million de tonnes, le reste, soit 700 000 tonnes, devant être obtenu par le biais de l'aide pour un montant estimé à 400 millions de dollars. Quand nous avons rencontré le 20 octobre 2008 à Paris John Holmes, Secrétaire général adjoint des Nations unies en charge des opérations humanitaires, celui-ci n'avait réuni que 30 % de cette somme.

J'étais en Afghanistan au mois de mai 2008, et j'ai rencontré dans un quartier périphérique de la capitale une femme, mère de 7 enfants, Roya Jan. Son mari qui est fonctionnaire gagne 2 500 afghanis par mois, soit 50 dollars ou 33 euros. Entre février et avril, le prix du kilo de blé a doublé, passant de 20 à 40 afghanis, soit près d'un dollar. On imagine les difficultés à se nourrir, sachant qu'une famille comme celle de Roya Jan a besoin d'environ 2 kg de pain par jour dont le prix d'achat est plus élevé que leur salaire quotidien ! En moyenne, 85 % du revenu des Afghans est consacré à l'alimentation dont 60 % au pain qui est la nourriture de base.

L'urgence de l'eau potable et de l'assainissement à Kaboul

En 2004, la population de la ville était de 1,7 million d'habitants, elle en compte désormais près de 4 millions. En matière d'eau et assainissement, on peut différencier deux types de quartier : ceux compris dans le plan d'urbanisation de la ville (zone du Master Plan, dont la 1re version date de 1974) et les quartiers dits « non officiels » qui sont principalement de nouveaux quartiers où se sont installés les réfugiés de retour d'Iran et du Pakistan. Le Master Plan couvre seulement une zone abritant près de 2 millions d'habitants sur les 4 millions vivant dans la ville, selon l'étude d'Anne-Sophie Arnoux[5].

5/Rapport de Solidarités, « Afghanistan : l'enjeu de la solidarité ». Juin 2008. Téléchargeable sur le site www.solidarites.org

Dans l'ensemble des quartiers de Kaboul, hors Master Plan, cette situation entraîne des taux importants de maladie hydrique (diarrhée, dysenterie, fièvre typhoïde et même paludisme et choléra). En effet, dans ces quartiers pauvres, en l'absence d'un puits équipé d'une pompe installée par un particulier ou une ONG, vous avez le choix entre boire une eau insalubre extrêmement dangereuse qui explique une bonne part de la mortalité infantile ou acheter de l'eau potable à des fournisseurs privés. Quand j'étais sur place au mois de mai dernier, j'ai pu constater que des camions citernes vendent de l'eau potable sur place. Le prix d'un jerrycan de 20 litres était alors de 20 afghanis et un Afghan me confiait que pour sa famille de 7 personnes il avait besoin de 100 litres par jour, soit 100 afghanis ou 2 dollars alors qu'un professeur au lycée Istiqlal, le lycée français de Kaboul, gagne environ 3 000 afghanis par mois, soit 60 dollars !

C'est pourquoi, sept ans après le début de l'intervention de la communauté internationale en Afghanistan, des organisations humanitaires comme Solidarités interviennent toujours dans les quartiers périphériques de la capitale afghane pour apporter une eau potable gratuite ainsi qu'un système d'assainissement pour éviter notamment de polluer la nappe phréatique. Ainsi, en partenariat avec le service humanitaire de la Commission européenne[6], nous sommes engagés dans un vaste programme[7] au bénéfice de 74 592 personnes habitant dans les districts 5, 6 et 13.

Ce programme d'un montant de 1,23 million d'euros qui est en cours de réalisation, suite aux enquêtes nécessaires auprès de la population et en accord avec les autorités afghanes et la municipalité, va permettre de forer et d'équiper 212 puits profonds avec des pompes à main, la mise en place de 4 comités locaux de gestion de l'eau et de l'hygiène, la formation de techniciens locaux, la réhabilitation de 1 041 latrines, la mise en place de dépotoirs à déchets et d'un système d'enlèvement des déchets, la distribution de 6 000 kits d'hygiène, la réhabilitation et le drainage de 4 100 mètres de route.

6/La DG ECHO.

7/ Voir le petit film (5 mn) sur ce sujet sur le site www.solidarites.org

Cela va donc contribuer directement à apporter de l'eau potable gratuite aux habitants de ces districts et améliorer leurs conditions de vie, les aider à mieux faire face à la crise alimentaire tout en contribuant à réduire la mortalité infantile liée aux maladies hydriques. En Afghanistan, 39 % de la population seulement a accès à des sources d'eau potable, 34 % utilisent des systèmes d'assainissement et 26,2 % de la population de Kaboul, soit environ un million de personnes, n'a pas encore accès à l'eau potable !

Aujourd'hui, même si le monde entier est concerné par la crise alimentaire mondiale à laquelle vient se surajouter la crise financière, 36 pays sont particulièrement touchés dont la moitié sont victimes d'un conflit ou d'une catastrophe naturelle. La faim dans le monde affecte 925 millions d'êtres humains contre 850 millions il y a peu encore et 1,2 milliard de personnes pourraient avoir chroniquement faim d'ici à 2025. 1,2 milliard de personnes n'ont pas accès à l'eau potable et l'eau insalubre et les maladies hydriques constituent la première cause de mortalité dans le monde[8]. Les personnes qui ont faim et n'ont pas accès à l'eau potable vivent avec un dollar ou moins chaque jour. C'est dans ces populations que la mortalité infantile est la plus élevée et l'espérance de vie la plus courte ! Oui, il y a vraiment urgence pour notre solidarité.

8/M. Camdessus, *L'Eau*, Robert Laffont, 2004 et www.votregouttedeau.org

Une coopérative céréalière

Témoignage
Pierre Guez

Je suis le fils de petits paysans du Doubs qui, grâce à Edgar Pisani, a pu faire des études dans un lycée agricole.

En tant que directeur d'une grosse coopérative, Dijon Céréales, je constate que, parfois, notre image n'est pas très bonne auprès du public. Nous collectons 1 million de tonnes de céréales, dont 500 000 tonnes de blé, nous sommes meuniers et produisons de la farine, meuniers conventionnels, mais également meuniers bio puisque nous sommes propriétaires du premier meunier bio en France : par exemple, c'est dans nos fournils qu'a été inventée la boule bio de Carrefour. Ma coopérative a également participé au sauvetage d'une zone maraîchère en Côte-d'Or, à Auxonne : en dix ans, la production maraîchère de cette zone a été diminuée par dix, et nous reprenons entièrement ce dossier pour que, à nouveau, le maraîchage soit aux portes des villes.

Par ailleurs, depuis deux ans, je suis devenu le président du pôle de compétitivité Vitagora. Les pôles de compétitivité sont très importants, dans la mesure où leur rôle est d'aller chercher l'innovation : pour nourrir 9 milliards d'habitants en 2050, encore faut-il inventer de nouveaux produits et faire de la recherche-développement. Or, je pense que l'agriculture agro-alimentaire, qui est l'un des fleurons de l'économie française, ne fait pas assez de recherche-développement. Donc, la mission des pôles de compétitivité est de rapprocher les entreprises agro-alimentaires et les entreprises de la santé de taille moyenne des pôles universitaires et de l'Inra.

Le contexte actuel est celui de la flambée des prix agricoles et des émeutes de la faim. Les controverses sur les bio-carburants et les techniques agricoles relancées lors du Grenelle de l'environnement soulignent combien l'agriculture est un enjeu majeur de notre siècle. Je rappelle, à ce propos, qu'il ne faut pas oublier que la France est la première puissance agricole et que, de ce fait, elle est particulièrement concernée. Ces enjeux sont ceux de l'année dernière d'une part parce que les récoltes avaient été mauvaises, entraînant une flambée du prix des matières premières agricoles, mais aussi sous la pression des fonds financiers. Au contraire, en 2008, nous avons une grosse production et les prix ont été divisés par deux : par exemple, le prix du maïs payé au producteur est passé de 200 à 100 euros. Nous, agriculteurs, faisons un métier intéressant, mais aussi fort difficile.

Auparavant, le prix des matières premières agricoles étant très bas, l'Afrique avait effectivement intérêt à importer plutôt que de développer ses propres productions et on peut se demander quelle politique nous allons conduire dans ces pays si les prix baissent à nouveau.

Pour nourrir le monde, nous sommes condamnés à augmenter la production tout en tenant compte de l'environnement. Si l'image de marque des paysans est mauvaise, je le regrette, même si je suis intimement convaincu que le monde agricole a fait des erreurs vis-à-vis du grand public, mais, néanmoins, je pense que l'agriculteur est sans doute le premier défenseur de la nature. Nous aurons donc comme défi de produire plus et de produire mieux, pour répondre à la forte croissance de la population mondiale.

En France, je suis inquiet devant l'urbanisation et la croissance des villes qui se fait de manière totalement incohérente. En caricaturant à peine, dans vingt-cinq ans, la plaine de Dijon, qui est la région la plus productive, sera entièrement urbanisée et il n'y aura plus d'agriculture, alors que l'on n'a pas développé l'urbanisation au nord, sur le Châtillonnais, dont les terres sont très mauvaises et caillouteuses.

L'un de mes soucis est l'eau parce qu'elle se raréfie et je pense que la profession agricole doit travailler davantage qu'elle ne l'a fait jusqu'à aujourd'hui sur ce problème. Avec ma coopérative, nous sommes à l'origine de la mise en place dans la région dijonnaise de lacs collinaires permettant de récupérer l'eau pendant l'hiver afin de l'utiliser au printemps : on n'irriguera pas de blé ou de maïs, mais on utilisera plutôt cette eau pour irriguer des oignons, des pommes de terre – qui restent encore un aliment de base très important et dont la production peut baisser rapidement si l'on n'y prend pas garde. Je suis également inquiet pour les pesticides dont on sait qu'ils sont nocifs, y compris pour les agriculteurs eux-mêmes.

Produire plus et mieux pour nourrir 9 milliards d'habitants en 2050 ?

Témoignage

Alain Lefebvre

Première puissance agricole européenne, la France exporte environ un tiers de sa production. La France est aussi le premier pays européen dans sa consommation de pesticides : 77 300 tonnes de matières actives ont été épandues en 2007 ; quatrième place mondiale dans la consommation de pesticides, derrière les États-Unis, le Japon et le Brésil. À première vue ce bilan est flatteur, mais quel est le coût environnemental à payer ? Quel est l'impact des pesticides sur notre santé et dans les comptes de la Sécurité sociale ? Quelles sont les conséquences de nos exportations dans l'économie agricole des pays qui importent nos produits ?

Ces vingt dernières années, en Bourgogne, nous avons perdu pas moins de 200 points de captage suite à des contaminations en nitrates et/ou en pesticides qui dépassent les normes de potabilité. Deux solutions sont généralement mises en œuvre en Bourgogne et en France :
– tirer des tuyaux entre points de captage pour ramener la pollution du mélange d'eau en dessous des normes de potabilité ;
– investir dans des usines de décontamination avec des filtres à charbon actif ou par osmose inverse.

La restauration de la qualité des eaux souterraines dégradées coûte très cher. À titre d'exemple, pour desservir une population de 7 500 habitants qui consomment ensemble 430 000 m^3, une telle usine coûte 1 500 000 €, le mètre cube d'eau potable revient à 0,45 €, soit environ 200 000 € par an.

Les exportations, réalisées à grand renfort de subventions, « cassent » les agricultures vivrières des pays dans lesquels ces produits arrivent. La France n'est pas isolée dans cette politique de « dumping *» : en 2007, les pays membres de l'OCDE ont versé plus de 370 milliards de dollars de subventions à leurs agriculteurs. Des ailes et croupions de poulet surgelés d'origine française, ou des cuisses de volailles en provenance des USA, arrivent à des prix défiant toute concurrence sur les marchés d'Afrique et empêchent le développement de la production locale.*

Cette agriculture française conquérante s'est développée dans un contexte d'énergie abondante et bon marché avec des introductions massives d'engrais azotés et de pesticides. Le seul poste de fertilisation azotée en céréales consomme l'équivalent énergétique de 540 litres de pétrole à l'hectare pour 180 kg d'azote par hectare. C'est cinq à six fois plus que les carburants utilisés dans les tracteurs et les moissonneuses-batteuses. Ces systèmes de production « énergophages » rendent nos agricultures occidentales très fragiles car dépendantes du coût de l'énergie et ne sont pas généralisables à l'ensemble des terres arables pour produire de la nourriture.

Ces agricultures productivistes ont réussi, grâce au lobby agro-industriel, à externaliser, sur le reste de la société, les coûts sociaux et environnementaux. Que devient le bilan de cette agriculture triomphante lorsque l'on déduit le prix de l'énergie nécessaire pour fabriquer engrais et pesticides, la défiscalisation sur les agro-carburants, les coûts de dépollution des nappes phréatiques, les coûts des soins des allergies, des maladies neurologiques et cancers liés aux pesticides : « On ne peut plus être, en permanence, dans les seules mains des firmes phytosanitaires. » (Nicolas Sarkozy, discours de clôture du Grenelle de l'environnement)

Cette politique de produits alimentaires à bas prix n'est que de la poudre aux yeux : ce que le consommateur ne paye pas lorsqu'il achète un produit bon marché, il le repaye dans sa facture d'eau avec des redevances plus élevées ou en tant que contribuable avec ses impôts directs ou indirects, sans parler des médicaments ou traitements anticancéreux.

Mais la pauvreté n'est-elle pas la première cause de malnutrition ? « Trois milliards de personnes ont moins de 2 € par jour pour vivre. Il n'y a jamais eu autant d'agriculteurs dans le monde qu'aujourd'hui : 1 340 milliards, dont un milliard de paysans qui travaillent strictement avec des outils manuels tels que la hache, la machette, la houx, la faucille, le bâton fouisseur qui est de très loin l'outil le plus répandu du monde, etc. Sur ce milliard de personnes, une bonne moitié n'a même pas les moyens d'acheter des semences, des engrais ou des pesticides. Ces personnes cultivent au maximum un hectare et produisent au maximum 10 quintaux de céréales, l'équivalent d'une tonne de céréales à l'hectare » (Marcel Mazoyer, ancien président du Comité des programmes de la FAO, 9 juin 2008).

Seuls des systèmes de production agricole autonomes, économes en énergie et produisant à partir des potentialités locales en matières organiques, tout en faisant appel à des cultures de légumineuses, capables d'enrichir les sols en fixant l'azote de l'air, permettront de développer une agriculture durable : c'est le cas de l'agriculture biologique. « L'agriculture biologique a le potentiel de satisfaire la demande alimentaire mondiale, tout comme l'agriculture conventionnelle d'aujourd'hui, mais avec un impact mineur sur l'environnement », selon la FAO (Conférence internationale sur l'agriculture biologique et la sécurité alimentaire, Rome, mai 2007). Enfin, face au « dumping *» des agricultures occidentales, chaque pays doit pouvoir, dans le cadre de l'application du principe de la souveraineté alimentaire, protéger son marché intérieur et ainsi mettre à l'abri ses paysans de la concurrence sauvage, libre et faussée.*

Les Auteurs

Danièle Alexandre-Bidon
Groupe d'archéologie médiévale EHESS-CRH.

Olivier Assouly
Professeur de philosophie.

Arnaud Basdevant
Professeur de nutrition, université Pierre-et-Marie Curie, Paris-VI/Inserm U872.

Alain Boinet
Directeur général et fondateur de l'association Solidarités.

Sylvie Brunel
Professeur des universités à Paris-Sorbonne, ancienne présidente d'Action contre la faim.

Micheline Durand
Conservateur en chef des musées d'Auxerre.

Anne Flouest
Docteur en paléoclimatologie, adjointe au directeur du musée de Bibracte.

Michel Foucher
Géographe et diplomate, Professeur à l'École normale supérieure de Paris-Ulm, ancien ambassadeur, membre du Conseil des affaires étrangères.

Philippe Frémeaux
Directeur de la rédaction du magazine *Alternatives économiques*.

Pierre Guez
Président de Vitagora.

Hervé Le Bras
Démographe et historien, directeur d'études à l'EHESS, directeur du laboratoire de démographie historique (EHESS-CNRS).

André Lefebvre
Directeur du Service d'Éco Développement agrobiologique et rural de Bourgogne.

Nobutaka Miura
Professeur d'études françaises à l'université Chûô (Tokyo).

Boniface Mongo M'Boussa
Écrivain, enseignant à Sarah Lawrence College (Antenne parisienne).

Anne Muxel
Directrice de recherches au Cevipof (Sciences Po).

Bruno Parmentier
Directeur général du Groupe ESA (École supérieure d'agriculture) d'Angers.

Pascal Perrineau
Professeur des universités à Sciences Po, directeur du Cevipof.

Edgard Pisani
Ancien ministre de l'Agriculture (1961-1967).

Daniel Sauvaget
Critique de cinéma ; chargé d'enseignement à l'université de Paris-III Sorbonne.

Michel Wieviorka
Directeur d'études à l'EHESS et directeur du Cadis (Centre d'analyse et d'intervention sociologique).

Table des matières

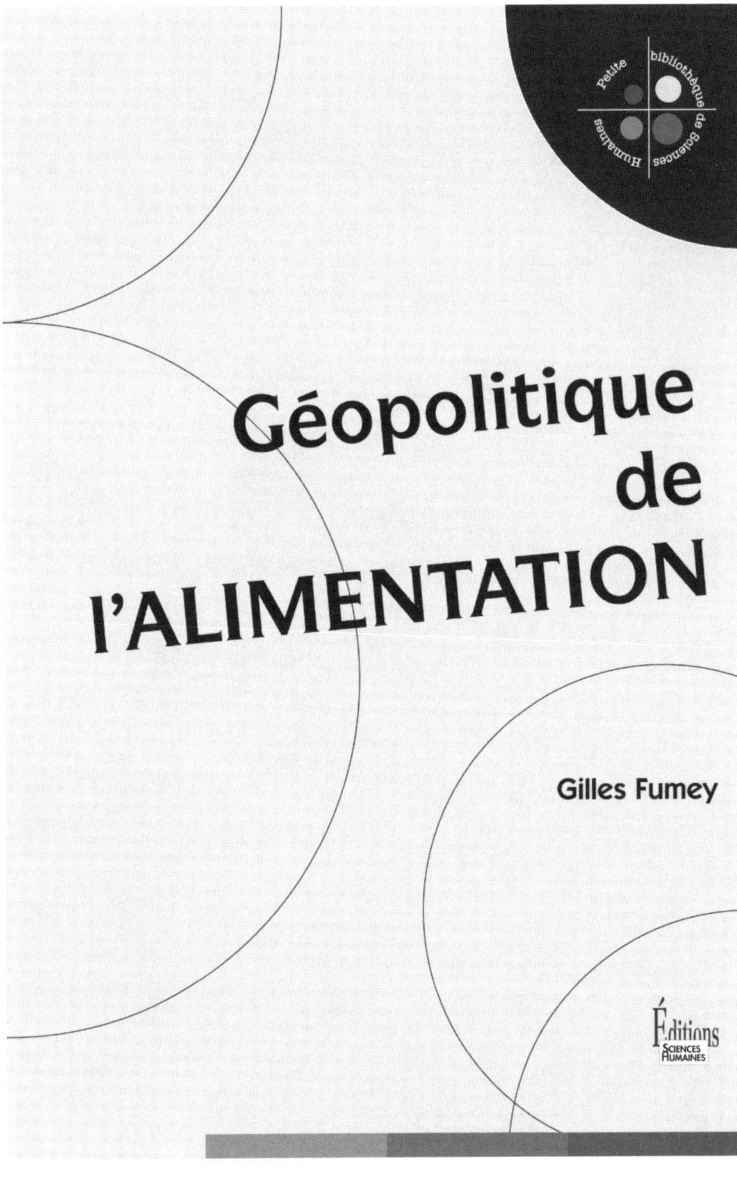
Petite bibliothèque de Sciences Humaines
Géopolitique
de
l'ALIMENTATION
Gilles Fumey
Éditions
Sciences Humaines

Achevé d'imprimer en mai 2009
par Lannooprint en Belgique
Dépôt légal deuxième trimestre 2009